现代中职生丛书

XIANDAI ZHONGZHISHENG
CHUANGYE DAOXIANG

现代中职生创业导向

陈 平 主编

郑国强 副主编

厦门大学出版社　国家一级出版社
XIAMEN UNIVERSITY PRESS　全国百佳图书出版单位

图书在版编目(CIP)数据

现代中职生创业导向/陈平主编. —厦门:厦门大学出版社,2013.6(2013.7重印)
ISBN 978-7-5615-4576-8

Ⅰ.①现… Ⅱ.①陈… Ⅲ.①职业选择-中等专业学校-教材 Ⅳ.①G717.38

中国版本图书馆 CIP 数据核字(2013)第 053700 号

厦门大学出版社出版发行

(地址:厦门市软件园二期望海路 39 号　邮编:361008)
http://www.xmupress.com
xmup @ xmupress.com

三明日报社印刷厂印刷

2013 年 6 月第 1 版　2013 年 7 月第 2 次印刷
开本:787×1092　1/16　印张:16.25
字数:336 千字　印数:1 001~5 000 册
定价:25.00 元

本书如有印装质量问题请直接寄承印厂调换

中职生要有创业抱负

任 勇*

中职生毕业后,可以就业也可以创业,但我还是希望中职生有创业的抱负,创业应是所有劳动者的抱负。

中职生的创业,可以是中职毕业后进行,也可以先工作一段时间后进行。

在经济越来越市场化的今天,中职生的创业的机会越来越多,自主创业,路在脚下。

中职生创业,你准备好了吗?

创业,要做好充分准备。心理的,有思路才有出路;知识的,有眼界才有境界;技能的,有实力才有魅力。创业,并不神秘,但创业也非易事。在学生时代,多学习知识,多培养技能,多修炼品格,就能为同学们今后创业打下良好的基础。

创业,要学习创业方法。这本书,就是介绍创业方法的书。让我们懂得:公司如何注册?市场如何调查?财务如何管理?人员如何用活?让我们了解商业道德与法律知识等。掌握了一定的创业方法,就能让同学们更有信心地去创业。

创业,要借鉴他人经验。牛顿说:"如果说我比别人看得更远些,那是因为我站在了巨人的肩上。"各行各业的有成就者无不如此,善于学习别人的经验,找到正确的方向是取得成功的重要因素之一。这本书就专门提供了15项创业设计方案选和10个创业名人的故事,读之,一定能够获益。

创业,要找准商机活用资源。应当联系实际情况,发挥自身的专业优势,这样就会增加创业成功的可能性,做自己"熟悉"的领域。从成功创业的案例来看,他们大多依托了当地资源,充分利用了闲置资源。既用好了"我有",又学会不求我有,但求我用,"无中生有"活用资源。

创业,要有一双发现的眼睛。罗丹说:"美是到处都有的,对于我们的眼睛,不是缺少美,而是缺少发现。"创业也是这样,创业之机处处都有,就看你会不会发现,"借我一双慧眼吧",我要把创业之机"看得清清楚楚明明白白"。读此书吧,你就有"慧眼"了!

当然,创业有风险,三思而后行。能否成功,就要看创业者自身的创业素质,打铁还得自身硬。

---

* 任勇:厦门市教育局副局长,特级教师。

未来是属于青年人的,因为你们年轻,所以你们拥有;但未来未必属于所有的青年人,它只属于那些有准备的头脑、有进取精神的青年。

趁早学会创业方法的同学,就是有准备的头脑、有进取精神的青年。

这样的青年,能不拥有吗?

目 录

第一章 创业准备 ………………………………………………………………（1）
  第一节 爱拼才会赢
      ——谈创业心理准备 ……………………………………………………（1）
  第二节 志存高远，脚踏实地
      ——谈创业知识准备 ……………………………………………………（5）
  第三节 成功需有才
      ——谈创业能力准备 ……………………………………………………（9）
  第四节 敢教日月换新天
      ——谈创业创新意识 ……………………………………………………（13）

第二章 公司注册 ………………………………………………………………（18）
  第一节 赢在起跑线
      ——谈公司法律形态选择 ………………………………………………（18）
  第二节 众里寻他千百度
      ——谈公司地址选择 ……………………………………………………（22）
  第三节 巧妇难为无米之炊
      ——谈创业资金准备 ……………………………………………………（27）
  第四节 良好的开端是成功的一半
      ——谈公司登记注册 ……………………………………………………（31）

第三章 市场调查 ………………………………………………………………（36）
  第一节 寻找我的奶酪
      ——谈创业项目选择 ……………………………………………………（36）
  第二节 顾客永远是上帝
      ——谈了解顾客需求 ……………………………………………………（40）
  第三节 知己知彼，百战不殆
      ——谈了解竞争对手 ……………………………………………………（44）

第四节　酒香也怕巷子深
——谈公司广告 ……………………………………………………（48）

第五节　梦想成真的试金石
——谈制订营销计划 ……………………………………………（52）

第四章　财务管理 …………………………………………………………（57）

第一节　凡事预则立，不预则废
——谈创业盈利模式 ……………………………………………（57）

第二节　没有最好，只有更好
——谈创业财务管理方案 ………………………………………（61）

第三节　精打细算，步步为"赢"
——谈创业经营成本控制 ………………………………………（65）

第四节　为有源头活水来
——谈创业利润分配方法 ………………………………………（69）

第五节　吐纳有度，渐入佳境
——谈创业风险控制 ……………………………………………（74）

第五章　人员管理 …………………………………………………………（79）

第一节　精诚协作，互利共赢
——谈与创业合伙人合作 ………………………………………（79）

第二节　有才有德，优先录用
——谈公司人才招聘 ……………………………………………（83）

第三节　物尽其用，人尽其才
——谈公司人才管理 ……………………………………………（87）

第四节　逆水行舟，不进则退
——谈公司人员培养 ……………………………………………（90）

第五节　人心齐，泰山移
——谈公司文化建设 ……………………………………………（94）

第六章　商业道德与法律 …………………………………………………（98）

第一节　小胜凭智，大胜靠德
——谈商业道德 …………………………………………………（98）

第二节　没有规矩，不成方圆
——谈依法创业 …………………………………………………（103）

第三节　关爱员工，一起成长
——谈尊重职工权益 ……………………………………………（106）

第四节　不怕一万,只怕万一
　　——谈商业保险 …………………………………………………… (110)
第五节　天下兴亡,匹夫有责
　　——谈创业的社会责任 ………………………………………… (114)

第七章　创业设计方案选 …………………………………………… (118)
校园网络二手交易市场创业设计方案 …………………………… (118)
"非凡皂艺"创业设计方案 ………………………………………… (123)
沁景坊·掌上盆景创业设计方案 ………………………………… (133)
"锄山牌野菊花"创业设计方案 …………………………………… (141)
合作舍创业设计方案 ……………………………………………… (146)
格里童话创业设计方案 …………………………………………… (154)
Sunflower 托管所创业设计方案 …………………………………… (164)
贵州印江苗族野生金银花创业设计方案 ………………………… (173)
"厨房小囡"创业设计方案 ………………………………………… (177)
越光慢递公司创业设计方案 ……………………………………… (183)
领智教育机构创业设计方案 ……………………………………… (187)
果蔬美容院创业设计方案 ………………………………………… (195)
梦吟浅痕咖啡屋创业设计方案 …………………………………… (204)
汽车修理创业设计方案 …………………………………………… (209)
翔安湾岛屿生态游创业设计方案 ………………………………… (213)

第八章　创业名人的故事 …………………………………………… (221)
从茶楼的跑堂伙计到世界华人首富
　　——李嘉诚的创业故事 ………………………………………… (221)
中国首善
　　——陈光标的创业故事 ………………………………………… (225)
兴趣为帆,努力为船
　　——丁磊的创业故事 …………………………………………… (228)
独特多产的房地产商
　　——潘石屹的创业故事 ………………………………………… (231)
磨出来的成功
　　——俞敏洪的创业故事 ………………………………………… (234)
"困难无其数,从来不动摇"
　　——柳传志的创业故事 ………………………………………… (237)

创业教父
　　——马云的创业故事 …………………………………（240）
"搜"出未来
　　——李彦宏的创业故事 ………………………………（243）
华为"教父"
　　——任正非的创业故事 ………………………………（245）
赤脚走出来的黄金路
　　——刘永好的创业故事 ………………………………（248）

第一章 创业准备

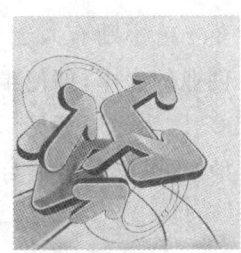

第一节 爱拼才会赢
——谈创业心理准备

故事引入

马云曾说:"只要你敢于梦想,一切皆可能。"马云在大学毕业之后,教了5年英语。即使在当老师的时候,他仍然有想成为企业家的冲动,始终坚持有朝一日要创立自己的公司。1995年在美国接触网络后,看好物联网的发展前景,尽管此时他已经是杭州市十大杰出青年教师,却毅然下海,开始筹备创业。之前他与24位朋友一起探讨创业,其中有23位持反对意见,只有1个人说可以试试看,不行赶紧逃回来。马云想了一晚上,第二天一早还是决定继续做,于是成立了中国黄页。马云事后说:"其实我知道,即使24个人都反对,我也会做下去!"……后来他创建了电子商务网站——阿里巴巴。

纵观成功的创业者多是白手起家,出身草根,靠的是勇气和智慧,勤奋和执着。创业确实让很多人实现了人生理想,对创业者来说,既是一件极具诱惑的事,又是一件极具挑战的事。对创业者来说既会领略到蓝天白云,风和日丽的顺境,又会陷入步履维艰的困境,不是人人都能成功,也并非想象中的遥不可及。一个梦想成功的中职生,只要通过学习创业知识、参加创业培养,树立创业的精神,摆脱传统的择业观克服自身的心理障碍,勇于创新,敢于实践,那么成功将会属于您!

从2008年开始,由厦门市教育局职成处主办、厦门市教育科学研究院承办的一年一度的"厦门市中等职业学校学生创业设计大赛"活动,为中职生提供了一个创业模拟的平台。

联想集团董事局主席、联想控股总裁柳传志认为:创业之路就像一列前进的火

车——不断有人上车下车,都很正常,但总有人想要去更远的地方。如果你坐上了这列创业的火车,即使半路又因为某种原因下了车,也比你从来没坐上这列火车要幸运得多,因为你毕竟见识了更多的沿途风景。当然,要随着这列火车到达你想要到达的目的地,你就必须要做好充分的心理和身体准备,对一路上的艰苦要有所准备。

一、创业需要梦想与激情

苏格拉底说:"有梦想就有希望。"人生是一个个梦的组合体,每个人都有梦想的权利。处于花季的中职生拥有许许多多的梦想,创业需要梦想,有梦想未来才会异彩纷呈。亨利·福特说:"如果你想永远做个雇员,那么下班的汽笛响时,你就可以暂时忘掉手中的工作;如果你想继续前进,去开创一番事业,那么,汽笛仅仅是你开始思考的信号。"人生需要激情,创业更需要激情。

创业是艰苦的,也是快乐的。艰苦是因为许多条件暂时还没有,如果什么条件都具备了,还"创"什么呢?快乐是因为通过我们的工作、创新,使一个东西从无到有,把它创造出来,直至产生很大的影响,这既是一种创造财富的过程,也是实现梦想的过程,创造快乐的过程。在创业的路上你可以看到别样的风景,在获取创业成功的同时也会拥有精彩的人生历程。

阿里巴巴的马云说:创业需要激情、执着和谦虚,激情和执着是油门,谦虚是刹车,一个都不能缺少。亲爱的同学们请带上你的激情去创造吧!用自己的热情、眼光和能力抒写属于自己的辉煌。

【案例】张进,山东烟台信息工程学校电子商务专业学生,17岁的她从平常的鞋子中发现了商机——制作手绘鞋。有一天,她看着自己那双黯淡无光的鞋子,脑海里突然闪过一个想法:为什么不给那些看起来普普通通、价格便宜的鞋子"增光添彩",让它们亮丽起来呢?张进开始思考如何将手绘鞋创意变成一个小企业,以谐音的方式给自己的手绘鞋起名"独脚戏",宣言是"让每一个青春的独到之处,从脚开始"。2010年11月的全国光华创业精神大奖赛上,手绘鞋的创意因为独到青春,别具一格,获得大奖赛第一名……随后得到了实际的订单,将手绘鞋创意变成一个小企业。

二、创业需要行动与执着

同学们学习了《职业生涯规划》之后,萌发了自己的职业生涯规划、萌发了自己的创业梦想,在校期间应该一步一个脚印地朝着创业的梦想迈进,创业前期锻炼其实就是在学校里的创业教育学习和文化知识、专业知识学习及社会实践活动。一个人需要有远大的奋斗目标,同时也要有脚踏实地的努力,才能够实现自己心中的梦想,"千里之行,始于足下"。

俄国寓言大师克雷洛夫有句名言："现实是此岸,理想是彼岸,中间隔着湍急的河流,行动则是架在川上的桥梁。"任何的创业梦想、创业计划,最终必然要落实到行动上,行动才能检验一切,行动是成功的保证,用积极的行动去实现自己的璀璨人生,那么成功的创业之路就在脚下。

创业是时代的音符,要奏出时代美好的音符需要千锤百炼,持之以恒,坚持不懈铸成就。创业需要执着,执着成就梦想。

【案例】"肯德基"创始人、美军退役上校桑德斯的创业史是对永不放弃的最佳诠释。他退役时,生活贫困潦倒,妻子带着幼小的女儿离他而去。年过花甲的他想起自己童年时曾吃过母亲做的炸鸡,其美味记忆犹新。于是问自己,何不以炸鸡谋生呢?经过试验,他摸索出了炸鸡秘方,然后找了几家餐馆要求合作,但都遭到了拒绝。他先后从美国的东海岸走到西海岸,历时两年多,推开了1008家餐馆的大门,都没有成功。桑德斯为此感到非常沮丧,也曾想到过放弃,但他始终有个念头——为何不再尝试一下,于是幸运之神开始注意到这位坚韧不拔的老人。当他小心翼翼地试着推开第1009家餐馆的大门,这家老板买下了他的炸鸡秘方。从此,"肯德基"炸鸡遍布美国,名扬世界。

三、塑造自我创业个性品质

创业者在创业的实践活动中所表现的坚持力、自信心和克服自卑的人格因素以及优良的个性品质,是促进创业成功的主要心理素质。创业个性是千差万别的,每一个成功创业者都有自己独特的个性。所谓个性,就是与众不同的创业目标、创业途径、生产产品、服务内容和创业方法等。创业个性又往往与创新结合在一起,因此,要形成创业个性,必须树立两种心理品质:第一,敢作敢为的性格;第二,独立与合作的品质。

立志创业的中职生,就应该着力培养良好的创业心理品质,既要培养敢想敢作敢为、勇于创新的心理品质,也要树立经得起风浪、艰苦奋斗的精神,锻炼坚韧不拔的意志。"宝剑锋从磨砺出,梅花香自苦寒来。"既然树立了创业的目标理想,就应朝着这个方向努力奋进。正如狄更斯所说,顽强的毅力可以征服世界上任何一座高峰。

【案例】北大卖猪肉才子——陈生,曾扬言"卖猪肉比卖电脑更有技术含量"。不到两年的工夫,他就在广州开设了近100家猪肉连锁店,营业额达到2个亿,人称广州"猪肉大王"。在广州,陈生打造的猪肉品牌"壹号土猪",排骨每公斤卖到58元,却天天有人排队来买。原因何在?陈生笑称,这是自己的定位:卖猪肉里的"奔驰"、"宝马"。对一个传统行业来说,企业首先就是要找准定位,从养殖到营销都是品牌经营。当2010年肉价持续下跌、全行业亏损的情况下,陈生的"壹号土猪"仍获得12‰的增长……

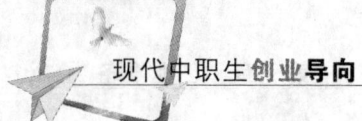

四、秉持积极向上的心态

通过对成功的创业者的素质研究,专家发现良好的创业心理素质主要体现在以下几个方面:(1)敢于冒创业风险;(2)不惧怕创业失败;(3)对自己高度自信;(4)能勤俭,吃苦耐劳;(5)有强烈的成功欲望。拥有积极向上的心态,才能战胜在前进道路上的艰难险阻,走向成功的彼岸。

有人说,良好的心态是成功的一半,它不仅是我们日常生活中维护身心健康的关键因素,更是我们在创业道路上开启事业成功之门的不可或缺的钥匙。良好的心态,有助于我们面对日益激烈的社会竞争,有助于我们正确认识外部环境并有选择地接纳那些被我们认可的外部信息,为我们所用,化为内部动力,实现我们的创业梦想。

【案例】中国十大精英企业家——东方希望集团董事长刘永行曾说:"困难之中,也是投资的最好时候,检讨失误的最好时候,做重大决定的最好时候。"他以1000元起家,从种植业开始,发展到目前成为已在全国建有60家饲料厂、农业股份公司、金融投资公司、国际贸易的综合性集团公司,公司资产达20多亿元,成为四川省最大的民营企业。其间,刘永好在创业的过程中,曾经历过一次大失败,用他自己的话说,当时面前只有两条路:要么跳悬崖,要么拼死一搏。但他以顽强的精神,克服困难,使企业起死回生,得以发展壮大。

有梦想,就有未来。中职生朋友们,只要你拥有一颗坚持创业梦想的心,有一种坚持到底的不灭信念,永不言弃,那么成功就不再是遥不可及的神话,它就会停在你的前方,胜利就属于你。把握机遇,积极投身到自主创业的过程,就会赢得属于自己的灿烂人生,就能攫取创业之旅上的第一桶金。爱拼才会赢。

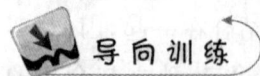

1. 在创业之前,您会做哪些准备?(   )
   A. 参加创业计划大赛　　B. 看创业书籍　　C. 到企业实习
   D. 求助创业型企业　　　E. 其他____
2. 你创业的首要出发点是什么?(   )
   A. 解决就业　　　　　　B. 获取更多财富　　C. 挑战自我
   D. 寻求刺激　　　　　　E. 其他____
3. 你对自己创业的前景预测是一种什么感觉?(   )
   A. 自信　　B. 迷茫　　C. 有压力　　D. 赌博感　　E. 其他____
4. 在创业历程中,如果遭遇失败和挫折,你将会以何种心态来应对?(   )
   A. 积极面对,勇往直前　　　　B. 不在乎失败,任其自然发展
   C. 消极应对,停滞不前　　　　D. 直接放弃,失去信心,心灰意冷

5. 测测你有多少老板天赋：

你去找一个未谋面的朋友，只有他的住址但不知道具体位置，你会用什么方法到达目的地呢？（　　）

　　A. 看地图　　　　　　　　　B. 找路标或标志性建筑物
　　C. 问路边的行人　　　　　　D. 直接坐出租车

选择 A　你非常独立，适合单独做投资决策，你在做出决策后会非常自信，觉得自己可以承担由此带来的风险。相信自己的直觉是你的特点。

选择 B　你的独立性一般，喜欢在做出投资决策前询问别人的意见。即使做出了决定，你也会不断考量决定的正确性。

选择 C　你有些依赖别人，希望别人能够帮你做出投资决定。如果要你独立来做一个投资决定，你会感到非常恐惧，甚至要选择逃避。

选择 D　你非常依赖别人，如果没有别人替你做决定，你在投资理财方面很有可能会无所作为。如果这样发展下去，你的投资很难获得成功。

（厦门市教育局　任　勇）

第二节　志存高远，脚踏实地
——谈创业知识准备

故事引入

丁磊，著名的网易公司的创始人。在短短的三年时间就把网易打造成为在美国纳斯达克上市的知名互联网公司，2003年成为"中国首富"。十年他从一个小小的打工仔变为身价上百亿元的大富豪，创造了一个中国版本的创业神话。"丁磊"这个名字是富含多种意义的符号——当代青年创业的典范、新经济的代表、知识英雄和财富英雄。从创业到现在，丁磊每天都在关心新的技术，密切跟踪Internet新的发展，每天工作16个小时以上，其中有10个小时是在网上，他的邮箱有数十个，每天都要收到上百封电子邮件。

在知识经济的今天，知识就是资本，是创造财富的手段。谁拥有新知识、新信息，谁就可以创造财富，获得生存与发展。创业者应了解国家的产业政策、法律知识，掌握专业知识、职业知识，懂得经营管理等，只有这样才能正确分析形势，抓住发展的机遇，因

势利导,实现自己的创业目标。正如一首诗歌所描绘的:凝神仰望,那灿烂星空/谁是学习的英雄?一个声音在耳边回响/那么学习过如何学习的人,成为银河中耀眼的明星/啊,也给我一个支点吧,我能撑起地球! 创业需要知识,需要具备特定的素质和能力。美国国家创业指导基金会创办者史蒂夫·马诺提曾列出 12 种被普遍认为是创业者需要的素质和能力:适应能力、竞争性、自信、纪律、动力、诚实、组织、毅力、说服力、冒险、理解和视野。

在中央电视台举行的一次创业计划大赛中,评委发现一个共性的问题:许多参与大赛的创业者无法把自己的创意准确而清晰地表达出来,缺少个性化的信息传递。对目标市场和竞争对手情况缺乏了解,分析所采用的数据经不起推敲,没有说服力等等,这些无一不反映出学生创业知识的缺乏。不久前,中国、日本 5 所职业院校的学生同台展示"商业计划书",给创业者教育带来新认识,创业教育需要开放的国际眼光。大赛评审认为,中国学生的创业方案,重视物质产品的创新和生产,而日本学生的创业方案,体现了以国际化的眼光组织和运作商业活动,在独创性、国际性、社会需求、经济效益和可行性等方面更符合评审专家的标准。这就提醒我们中职生在进行创业知识准备时需要打开国际视野,放开国际眼光。

一、了解产业创业的政策、法律方面的知识

我国目前正处于加快推进社会主义现代化的关键时期,工业化、城镇化、市场化、国际化加快发展,转变经济发展方式,改造传统产生,振兴战略性新兴产业,推动经济结构调整和产业升级,特别是发展现代农业、先进制造业和现代服务业。这给广大的中职生提供创业发展的平台,同时也是创业的航标,中职生要及时了解关注国家产业政策,合理地利用相关优惠政策促进创业成功。

厦门被列为首批国家级创建创业型城市以来,建立了"政府扶持、创业服务、创业培训"三位一体的工作机制,形成了全方位、多层次的创业扶持体系,使越来越多的劳动者通过创业走上致富路。厦门市政府鼓励支持大中专毕业生积极参与创业,成就未来企业家。厦门市青年创业协会的成立,标志着青年就业和创业工作进入了新的发展阶段。集中青年创业专家的智慧,培养青年创业带头人,实现"扶助一个青年,成就一个未来企业家"。

为鼓励大中专学生创业,政府出台了一系列优惠政策,颁布和完善了相关的法律规定,为大中专学生的创业提供了一个良好的创业环境。相关法律的出台也为大中专学生的创业提供了法律保障。在创业准备期,一定要熟悉相关政策、法律的内容,从而为自己的创业提供方便。

【案例】"沃头蠔干粥"董事长蒋才建以其机敏的商机意识,于 2003 年成立了厦门沃头中餐有限公司。"沃头蠔干粥"的故乡在沃头(今翔安区新店镇),自古以来沃头海域

以盛产"珍珠海蛎"而得名内外,"蠔干"也就成为当地居民不可或缺的食品。其所推出的产品实现了传统工艺与现代美食、营养健康与新鲜美味的完美融合。如今"厦门沃头蠔干粥"店已如雨后春笋般遍布大江南北,在全国各地区拥有158家连锁店,已开发蠔种系列、沃头一品粥系列、海鲜系列、猪肉系列、家畜系列等59种粥品,有25种精美小菜。以其"奇香、味美、营养"盛名,在民间小吃评比中获得了许多殊荣,如"中国小吃名店"、"福建省最佳小吃名店"、"最佳厦门小吃"等多项殊荣,深受顾客的欢迎。

二、拥有专业知识

创业的专业知识是指有关创业的对象的行业知识,以及职业知识、经营管理知识等。创业者在创建自己的第一个企业时,一般应该从自己熟悉的行业或者自己感兴趣的行业选择项目。当然也可借助他人,特别是雇员的知识技能进行创业,但如果能从自己熟悉的领域入手,那么创业就能轻车熟路,大大提高创业成功的几率,否则就会事倍功半。

所谓的行业知识,就是对一个行业的了解,如果一个人对电子器件十分陌生,而准备进入家电维修行业,那么成功率肯定比懂行的人低得多,况且还需要花很多时间去学习。从事过某个行业的人,对其行业的方方面面有所了解,创业起来就能得心应手。否则,你就得花很多时间和精力去调查,诸如价格、销售、管理费用、行业标准、竞争优势等等。

职业知识,是指面向职业的专业知识体系,例如,职场公关知识、职场礼仪知识等。职业知识,可以帮助创业者成为一个合格的职业经理人,可以保证职业生涯的专业与理性。

经营管理知识。创业不仅要有先进的专业技术知识和行业知识,同时需要有先进的经营管理水平,否则创业活动会受到阻碍。创业者应根据自己所选择的创业项目,有选择地学习经营管理知识。经营管理知识涉及管理学、战略规划、市场分析与决策、管理心理学、投资学、市场营销、经济学、服务管理等学科知识。

【案例】2002年,在丁雪莹临近中专毕业的时候,老师看她专业基础扎实,鼓励她放开眼界,出去闯一闯。恰好此时刚刚创办的山东金铸基集团来学校招人,专业对口,还可以参与创办企业的一些重要工作,"找一下创办企业的感觉"。作为公司的第一批员工,丁雪莹凭借着"做任何事情都要踏踏实实地坚持去做,需要真心付出才能真正做好"的信念,很快成为企业技术骨干。2007年,丁雪莹成为集团一个下属公司的副总经理,当时她自己还只是一个20岁的年轻姑娘。她坚持服务营销的企业理念,在短短一年的时间里,让公司的销售额达到了5000万元。2009年,集团创办了山东广元药业有限公司,丁雪莹因为技术过硬、有管理特长和工作业绩出色,作为不二人选被任命为总经理,从此开始了独当一面创办企业的新征程。

三、拥有社会知识

社会知识就是指关于社会信息以及社会经验方面的知识,在书本上学习不到,是在实践中不断总结,不断修正而获得的知识。

斯宾塞·约翰逊博士的《谁动了我的奶酪》一书,刻画了四个角色,代表的是我们人性中简单的一面和复杂的一面,当然也可以解读为代表四种不同的态度,也就是我们在面对变化的时候每个人可能出现的各种态度。但是"不管我们选择哪一面,我们都有共同的一面,那就是:需要在迷宫中找到我们自己的道路,帮助我们在变化的时代中获得成功"。这告诉我们应对变化的办法就是改变和适应。改变自己的态度,适应新的情况。用一种积极的心态迎接变化是必不可少的,用积极的心态去寻找创业之路的"奶酪"。

创业是一项综合的社会实践活动。在创业的过程中,创业者要参与社会的各种活动,与工商、税务、劳动、卫生等部门打交道,有的还要涉及环保、消防等部门;同时创业者还要与生产供应商、中间商、消费者(客户)等打交道,这些环节需要创业者有良好的沟通能力,具备心理学、人际关系学、公关学等学科的知识。这需要在实践中学习与积累。

创业如今也成为许多市民交流的"热词"。一位在厦门打工多年的外来务工青年,多次创业,如今他的环保包装材料非常走俏,连香港联交所的负责人都来参观。厦门一家网上零售企业在金融危机中萌发网上零售正品鞋的想法,如今这家公司每天能卖出数千双名牌鞋。从小公司到小型工厂,从代理贸易到网上零售,厦门的青年创业者们将人生描绘得有声有色。

一位学者曾经说过:学习知识的目的是提高能力,掌握知识固然重要,但如果转化不了能力,那再好的知识也不能为社会带来财富。知识经济时代的创业者需要复合型的知识结构。创业者既要懂得管理学的知识,又要了解相应行业的科学技术知识;既要懂得市场又要懂得法律,还要了解财务知识、心理学知识以及风土人情等等。因此,创业者必须善于学习,为创业做好知识准备。

【案例】许舒恭是厦门电子学校的毕业生。1993年在厦门创办模具厂,1995年移至东莞,2007年创办兴科集团股份有限公司,现有员工13000多人,总建筑面积20万平方米,总资产超过10亿人民币。在厦门电子学校学习的时候,他特别喜欢电子、机械方面的知识,这为他毕业后的创业奠定了良好的基础,许舒恭当时最喜欢做的两件事情,就是看书和手工制作。他学着制作各种小电子整机,利用课余时间帮实验室老师修理仪器,制作电子实验板、演示板、教具,他和班上的同学还为学校的教学楼安装照明电路,他们把理论用于实践中,学习书本上没有的东西,每一次制作都享受过程的乐趣和成功的喜悦。他认为:作为一个职业学校的毕业生,应当掌握一技之长。

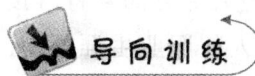 导向训练

1. 你认为所学专业与创业的关系是:( )
   A. 密切关系　　B. 有关系但是不太大　　C. 基本没关系　　D. 没关系
2. 你希望通过怎样的途径获得创业方面的知识和技能?( )
   A. 老师授课　　B. 活动训练　　C. 亲身实践　　D. 其他____
3. 你认为现有的创业方面的知识和技能可以满足创业的要求吗?( )
   A. 满足　　　　B. 基本满足　　C. 说不清　　　D. 不满足
4. 看看你适合创业吗?你可以探索以下几个问题?
   (1)你能用语言清晰地描述你的创业构想吗?
   (2)你真正了解你所从事的行业吗?
   (3)你看到过别人使用过这种方法吗?
   (4)你的想法经得起时间的考验吗?
   (5)你的设想是为自己还是为别人?
   (6)你有没有一个好的网络?
   (7)明白什么是潜在的回报吗?

(厦门海沧职业中专学校　陈　平)

第三节　成功需有才

——谈创业能力准备

故事引入

浙江宁波格莱特休闲用品有限公司掌门人——王华军,是浙江省余姚市第五职业技术学校1996届毕业生,在短短的几年时间里,他凭借着一双创新之手,将名不见经传的小企业发展成了中国户外休闲家具"第一股",创新力推动企业成功转型,并顺利将公司股票推上了法国泛欧证券交易所,成为全球休闲家具行业第一家也是余姚市首家海外上市企业。他曾说:"商海的变幻莫测让我在创业路上经历了困难和挫折,这使我意识到,企业管理除了要企业家本身不断摸索之外,还必须不断学习。这样才能改变企业被市场淘汰的命运。"

目前,中等职业学校的学生毕业之后,除少数同学读高职外,绝大部分同学将直接走入社会、走向工作岗位。自主创业能力的强弱将直接影响到个人的职业生涯规划。同学们准备好,掌握自己人生创业之旅的本领。

对创业者来说,具备各种能力是创业成功的充分条件。创业者开始创业或者在创业的过程中要不断地培养和提高创业能力,为创业做好能力的准备。创业者的能力是决定创业前途的重要环节。创业者的能力是一个较为笼统的概念,涉及的内容和范围较广。在这里,我们将创业者能力概括为四种能力,即创业者的领导力、社会适应能力、敏锐的判断力、学习能力等。

一、创业者的领导力

管理学家哈罗德·孔茨认为:领导是一种影响力或叫做对人们施加影响的艺术过程,从而使人们心甘情愿地为实现群体或组织的目标而努力。领导力就是在管理的范围内,充分利用人力和客观条件,以最小的成本办成所需的事,提高整个团体的办事效率。一个优秀的领导者,要能有效地激发员工的工作热情,让他们全力以赴地参与工作。曾有管理专家这样说:一流的老板是员工拼命为他拼,二流的老板是他和员工一起拼,三流的老板是自己拼,四流的老板没的拼。

华为技术有限公司总裁任正非被誉为华为"教父"。他认为:"我们既要把社会责任感强烈的人培养成领袖,又要把个人成就感强烈的人培养成英雄,没有英雄,企业就没有活力,所以我们既需要领袖,也需要英雄。"领导者的责任就是要使自己的部下成为英雄,而自己成为领袖。德国领导力学院院长丹尼尔·皮诺在对企业的跟踪研究中提出了强大的领导人的六个特点:第一,他有指引企业前进方向的能力;第二,他在关键时刻能快速决策,具有决断力;第三,自信,具有点燃别人的能力;第四,具有强大的沟通能力;第五,具有与人打交道的兴趣,有强大的影响力;第六,具有资源管理能力。

【案例】十多年前美国作家罗伯特·清崎的《富爸爸穷爸爸》一书曾风靡全球。他的主人公就向读者提倡这样一种精神。富爸爸说作为一个创业者实现自己财富自由,有一个非常光明的经济前途;而穷爸爸非常努力,好好学习,努力工作,到最后却永远不能实现经济上的巨大成就。

二、创业者的社会适应能力

社会交往和公共关系能力是创业者取得创业成功的重要条件。美国著名学者卡耐基在"成功之路"丛书中写道:一个人事业上的成功只有15%取决于他的专业技术,而85%要靠人际关系、处世技巧等。卡耐基的这个观点有待商榷,但他讲的人际关系,实际上就是社会交往和公关关系,核心就是学会与社会上的其他人共处,学会合作,才能达到双赢。

信息传递是社会交往的最基本功能,情感沟通是社会交往的润滑剂,也是交往水平高低的标准之一,构建关系在创业中是可利用的社会资源网,因为创业需要上下、左右各方面的关系,这种关系是十分有价值的信息资源、销售渠道以及消除障碍的依靠力量。延伸价值指的是创业者的形象在别人心目中的市场价值。除社会交往的一般功能外,人际沟通还可以将社会关系的功能延伸,以达到其他的各种目的,比如建立长期合作交往关系,必要时可以借助对方的力量获得影响其他关系的多种资源,达到为我所用。

创业者在创业之前,应及时注意捕捉商机,面对来自四面八方的信息,要去伪存真,去粗取精,为我所用,结合自己的实际情况(兴趣爱好、市场需求)、资金因素、地域条件、人脉资源等发展潜力、竞争能力、产业政策等来综合分析,最后做出是否创业的决定。

【案例】中山圣雅伦有限公司创始人梁伯强就是抠出商机的创业者。创业前梁伯强在一张旧报纸上偶然看到一篇题目为"话说指钳"的文章。内容介绍时任国务院总理朱镕基在参加一个与轻工业有关的会议上说过一句话:"我从来没有用过一个好的指甲钳。"文章还说,朱总理当时以一个剪指甲时不会指甲乱飞的韩国指甲刀为例,要求轻工业努力推高产品质量,开发新产品。就是这篇文章,让梁伯强看到了全新的商机。他马上走访中外企业,经过反复比较,研制出一种名为"非常小气"的指甲刀,首创性地将名片功能与剪指甲的功能有机结合。由于设计新颖,价格适中,产品成为商业活动中用得最广的礼仪产品,十分畅销。如今,中山圣雅伦有限公司在全球指甲钳行业中排名第三。

三、创业者敏锐的判断力

找准事业发展的方向和突破口是创业成功的关键。法国著名艺术家罗丹说:"美是到处都有的。对于我们的眼睛,不是缺少美,而是缺少发现。"创业中的机遇也是如此,在稍纵即逝的机会面前,创业者是否能敏感捕捉、明智决断,将直接影响到创业者的前途命运。俗话说,机不可失,时不再来。

判断力从经济管理的层面来看,其实就是决策中的一种发现并选择合理方案的能力。创业者一定要注意培养自己的判断力,良好的判断力意味着理性,理性的结果是以更小的成本获得更大的利润,占据更多的市场。反之则会给自己造成经济损失。中职生在创业的时候,必须掌握好准确的市场信息,进行市场调查,对市场要有较为充分的了解,以准确的判断来寻找我们的切入点。创业伊始投资不能太大,哪怕失败了,也能承受得起。

获取正确而周全的信息,审慎地比较,多提出假设,养成全局观念,从战略层次来看问题,发现问题,解决问题。在商海搏击的浪潮之中,只有想在人先,做在人前,以变应不变,才能掌握胜机,立于不败之地。机会无处不在,只要你做生活的有心人,那么你随时都有可能发现有创业的机会,机遇总是垂青于有准备的创业者。

【案例】"楼宇电视广告的分众观念是我们一闪念而来的。"一天,江南春和一群人百

无聊赖地站在电梯间的门口等电梯,电梯很久都没有来,这时江南春发现身边的一位中年人正盯着电梯口的粘贴广告细瞧,正是这位中年人的举动,让江南春灵感乍现。江南春心想,如果我把粘贴广告换成液晶显示器,那么每一位在等电梯的人都会仰着头看我的广告啊……江南春找到一家生产液晶显示器的厂家,首先在上海最好的50栋写字楼装上了这批液晶显示器,分众传媒从此诞生了。随后,江南春又开始把目光转到北京、天津、大连等城市。如今,江南春又将分众传媒的业务推向国外。江南春说,我要让世界上那些等电梯觉得无聊的人都能看到我做的广告,我的广告帮助他们打发了无聊的时间,他们也帮助我赚到了企业的广告费,一举两得。

四、创业者的学习能力

创业激活学习,学习赢得未来。学习是迈向成功未来的通行证,正如比尔·盖茨所说的"在知识经济时代,知识是您成功发展的基本条件"。一个人善于学习,凡事要弄出个究竟,就会进入一种创新的境界。创业者需要时刻关注新的信息,学习新的事物,不断充实自己。在学习中培养独具慧眼,善于从各种文字材料信息进行综合、分析、加工,小中见大,静中见动,透过现象,寻找商机的本质。从"死"的文字背后抠出"活"的商机。

联合国教科文组织在《学习:财富蕴藏其中》一文指出未来终身学习的四大支柱:学会求知——学会再学习知识的本领;学会做事——学会把本职工作做好;学会合作——学会与人协同合作;学会发展——学会超越,更上一层楼。当今社会是知识爆炸的时代,一个人如果不具备学习能力,就必然会落伍,会被社会所淘汰。对于创业者而言,不具备学习能力,就没办法紧跟市场,贴近市场。创业者想要在激烈的竞争中立于不败之地,就必须不断地有所创新,而创新则来源于知识,知识则来源于学习。

【案例】马云之所以成功,首先归功于选对了一个新兴产业——电子商务。马云1995年到美国,在朋友的公司偶然"触网",他发现当时的网络上没有任何关于中国的资料,出于好奇,便请人帮忙做了一个翻译社网页,没想到3个小时就收到了来自美国、日本、德国的4封邮件,询问翻译价格。马云感到了互联网的神奇,敏锐意识到:互联网必将改变世界!

创业是一项系统的工程,创业者作为其中最关键、最具能动性的因素,其能力和素质直接关系着创业活动的成败。素质越高、能力越强,所能发现的机会就越多,把握机会的几率就越大,成功率就越高。

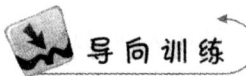导向训练

1. 在日常生活中,你从生活环境中获取创业方面信息的模式是:( )
　A. 主动地寻求　　　　B. 强迫式地接受　　　　C. 从来没有接受过此类信息

2. 影响中职生创业的因素很多,请依次排列其重要性____
A. 家庭经济条件　　B. 个人能力　　C. 政府的政策　　D. 市场大环境
E. 创业伙伴　　　　F. 机遇

3. 成功者的基本个性测验。

请回答以下问题,仔细想想这些问题与成功有什么关系。

(1)你是否一次只能做一件事?

(2)你是否总是急着回答问题?

(3)你觉得倾听别人的谈话是一种艺术,也是一种收获吗?

(4)你觉得发问是一件轻而易举的小事吗?

(5)轮到你主持的会议是否都会拖延很久?

(6)你做一件事,是否不喜欢变动更改?

(7)你是否善于为自己的过失找理由?

(8)你判断事情能做到客观不带偏见吗?

(9)你遇到困难容易紧张吗?

(厦门海沧职业中专学校　陈　平)

第四节　敢教日月换新天

——谈创业创新意识

故事引入

乔布斯一手缔造了苹果帝国,创造了 iPod、iPad、iPhone 等风靡世界的数字产品。产品之所以能独领风骚,那是因为公司以创新而闻名。苹果公司有一个座右铭——"不同凡想"。正是这个处处"不同凡想",使得它的技术不同凡响。当所有的电脑公司都在用微软操作系统时,"苹果"却在独立开发完全自主的操作系统;当所有的公司在台式机和笔记本上用力时,"苹果"却在悄悄地开发平板电脑;当所有的公司都在着力开发各种打字输入法时,"苹果"却使用了手写输入法;当所有手机都着力于计算速度时,"苹果"却将界面做得精美无比……他被称为"计算机狂人",在智能手机和平板电脑等领域有着革命性贡献。他说,活着就是为了改变世界。他做到了。

成功创业源于创新意识,只有标新立异才能独领风骚,也只有不断创新才能获得成

功。常言说:"人无我有,人有我特,人优我专。"日本企业界巨擘松下幸之助在总结经商之道时提出一个著名的口号:"做别人不做的事。"在商海搏击的浪潮之中,只有想在人先,做在人前,以变应不变,才能掌握胜机,立于不败之地。做别人不做的事,也就是敢于打破常规,开辟新市场、新领域,具有敢为天下先的精神。它昭显的不是追求另类,而是追求空当和机会。

创新意识不是空乏无物的。从创业角度看,一是要有新的立意,想人家没想到的,想人家不敢想的,想人家想不到的,这样才能有新意。许多创业成功者当年的创业便是如此。二是要新的做法,光想不行,必须得去做,一般的做法不是创业,创业者有不同于其他人的做法,第一个吃螃蟹者往往会成功,就是因为用了不同的做法。创业成功者多半比人家超前一步,而不是步人家后尘。

创新精神——创业成功的"维生素"。金利来的创始人曾宪梓说:"做生意要靠创意而不是靠本钱。"在激烈的市场竞争中,缺乏创新的创业很难站稳脚跟,改革和创新永远是企业活力与竞争的源泉,难怪微软时时刻刻提醒自己离破产只有18个月。

创新并非只是科学家、发明家的事,创新也并非神秘莫测、高不可攀;只要做生活的有心人,掌握一定的创新方法,那么就能实现陶行知先生所说的:"处处是创新之地,天天是创新之时,人人是创新之人。"创新是当代青年学生综合素质的核心。

准备创业的中职生,必须学会创新,拥有以下几个方面的创新品质。

一、拥有创新意识

创新意识是一种独特的思维意识,是创新思维和创新活动的基本前提与条件,它直接决定创新活动的产生和创新能力的发挥,常表现为不受传统观念的束缚,敢于大胆幻想,敢于联想和想象。

创新意识从何而来呢?创新意识存在于我们的现实生活中。只要你拥有一点想象力,拥有一颗好奇的心,敢于打破思维定式,那么,你就会不断地发现新事物,不断地有新的成就出现,哪怕这个发现仅仅源于一句话,或者一个手势。

【案例】重庆的火锅,闻名全国,许多人都喜欢吃。火锅的锅在创新:从瓦罐锅、陶器锅、铜锅、不锈钢锅,从中间放几个方格子的锅,到鸳鸯锅,到子母锅、一人一锅……锅里面涮的东西也一再创新,现在是"天上飞的,除了飞机;地上走的,除了汽车;河里游的,除了轮船,几乎都用来涮了……"重庆的"鸳鸯火锅"被认为是中国最简单的创意而最赚钱的"革命"。

二、拥有创新思维

所谓创新思维即发明或发现一种新方式用以处理某种事情或事物的思维过程。它是创新能力的核心,是创新活动的关键。

经济学家曾经在大约200家中国优秀企业的CEO中做了一项关于"员工最致命的弱点是什么"的调查研究,得到的普遍回答是:缺乏创造性思维。

在美国钢铁大王安德鲁·卡内基的书桌上方贴着醒目的三句话:"不能思考者是傻瓜,不想思考者是顽石,不敢思考者是奴才。"他说:"我们每个人拥有两种最伟大的东西:思考与行动。"你的思考决定了你的行动。只有思维上的创新,才有行为上的变革。

创造性思维的关键在于多角度、多侧面、多方向地看待与处理事务、问题和过程。创新思维的主要表现形式有:多向思维(也叫发散思维、辐射思维或扩散思维)、侧向思维、逆向思维、联想思维等等。

【案例】日本理光公司发明了一种"反复印机",已经复印过的纸张通过它"反复印"以后,之前的图文消失了,重新还原成一张白纸。这样一来,一张白纸可以重复使用许多次,不仅节约了资源,创造了财富,而且使人们树立起新的价值观:节俭固然重要,创新更可贵。

三、拥有创新人格

人格泛指一个人具有一定倾向性的心理特征的总和,这些特征通常表现为个性特质。中外的大量研究表明,要提高一个人的创新能力,就需要培养与创新有关的个性特质。这主要包括意志力、观察力、乐观、独立、幽默、富于社会责任感等人格品质。心理学研究表明,在智力因素相近的情况下,人格因素可能成为创造力的关键因素。

创新素质是一种综合素质,意志力、自信心、团队精神、自我激励等非智力因素往往对人的创新活动起到重要的启发、引导、维持、强化和调节的作用。北京师范大学心理学教授、博士生导师林崇德提出:创新人才=创新性思维+创新性人格。他认为创新人才的特征多是好奇、思维灵活、独立行事、喜欢提问、善于探索等。

【案例】纪念中国共产党成立90周年"双百"人物中的共产党员——邓建军,从一名只有中专文凭的普通技工成长为世界纺织机械领域的专家型工程师;从面对一台故障设备的束手无策到主持新园区9条生产线、近千台大型设备调试工作的从容不迫。技术工人邓建军用持之以恒地在工作中学习、在学习中工作的行动,阐释了当代工人如何在平凡岗位上造就辉煌的业绩。

四、拥有创新智慧

创新智慧泛指个人认识客观事物规律并用以解决问题的能力,是人生经验的高度凝聚。一般来说,一个人随着年龄的增长,其智慧程度也不断提高。用孔子的话来说,智者可达到"随心所欲而不逾矩"的境界。这不仅是做人的最高境界,也是创新的最高境界。

上海新航新投资集团的董事长何志明在谈到成功创业秘诀时说:"在我的人生轨迹中,思考、学习、创新、激情,已经成为一种常态、一种生活方式和存在方式。创业是条不归路。我把每一次创业,作为人生多彩多姿的一部分和新的起点;把取得的每一个成就,当做过眼烟云。因为我要尝试自己的极限,不断发挥潜在能力,激发更大的热情,去开创新的境界。"

【案例】海尔能从一个名不见经传、濒临倒闭的小厂发展到今天,拥有在全球建立了29个制造基地,员工超过6万人,连续8年蝉联中国最有价值品牌榜榜首的规模。它的博大来自于创新,海尔树立了这样的理念:"创新是海尔的灵魂","用创新的精神创世界品牌"。海尔能紧跟市场的需求,不断创新。根据消费者夏天洗衣次数多、单次量少的特点,推出了省水、省电的"小神童"洗衣机;发现四川等地的农民用洗衣机兼洗地瓜之后,就迅速改善了洗衣机的出水装置;在美国海尔发现了大学公寓市场,及时推出了能用来当书桌的冰箱……

机会总是垂青于有准备的人。一个人只有充满对生活、对人生的热爱,才会有浓厚的兴趣去完善生活,改进生活,方便生活,才能催生创新的萌芽。同学们,做生活的有心人,用心观察,用心感悟,创新意识就在我们的身边,成功的机会就在我们的手中。

1. 有一位学者,在演讲前举起一只手,略有高度地向前伸,问大家:"我这个动作是什么意思?大家尽量想,想到的越多越好。"你能想到些什么?

2. 一位老师在讲创新思维时做了以下的互动:老师在黑板上用白色的粉笔画了一个点,略大一些,然后问大家:"你们看到了什么?大家展开想象的翅膀去思考。"此时此刻的你想到了什么?

3. 在保留以下主体功能不变的情况下,加上其他附加物,以改变、改善或扩大其功能,将结果填入表格内。

主　体	附加物	改进后的名称
示例:手表	日历	带日历的手表
扇子		
钢笔		
橡皮		
铅笔刀		
皮靴		
钱包		

4. 在动物园中,人们通常把猛兽捉起来后关在铁笼子里供游人观赏。有的动物园

改为将游客关在笼式汽车里,观赏车外自由活动的猛兽,这种动物园称作"野生动物园"或"天然动物园",招揽来不少游客。请问这个动物园采用的是什么思维方式?

5. 河西发现了一个金矿,但这里的人们都住在河东,得知这一消息,大家都想去淘金,但河水深而急,每个人都想尽快抓住这一迅速致富的机遇,请问你的策略是什么?

(厦门海沧职业中专学校　陈　平)

第二章 公司注册

第一节 赢在起跑线
——谈公司法律形态选择

故事引入

几个人在岸边垂钓,旁边几名游客在欣赏海景。只见一名垂钓者竿子一扬,钓上了一条大鱼,足有三尺长,落在岸上后,仍腾跳不止。可是钓者却用脚踩着大鱼,解下鱼嘴内的钓钩,顺手将鱼丢进海里,周围围观的人响起一阵惊呼,这么大的鱼还不能令他满意,可见垂钓者雄心之大。就在众人屏息以待之际,钓者鱼竿又是一扬,这次钓上的是一条两尺长的鱼,钓者仍是不看一眼,顺手扔进海里。第三次,钓者的钓竿扬起,只见钓线末端钩着一条不到一尺长的小鱼,围观众人以为这条鱼也肯定会被放回,不料钓者却将鱼小心地放进自己的鱼篓中。游客百思不得其解,就问钓者为何舍大而取小。想不到钓者的回答是:"喔,因为我家里最大的盘子只不过有一尺长,太大的鱼钓回去,盘子也装不下。"鱼大鱼小并不重要,关键是找到适合自己的那一条。创建企业同样需要找到适合自己的类型。

创办企业一般都是小型企业,从工商部门统计数据看,个体工商户、个人独资企业、个人合伙企业、股份有限责任公司四种企业法律形式是我国当前创办企业最常见的企业法律形式。对于中职生创业,登记注册的企业法律形式基本上是以上四种。

一、企业的不同法律形态

不同的企业法律形态有不同的要求,从而对企业产生诸多影响。这些影响包括:开办和注册企业的成本,开办企业手续的难易程度,业主的风险责任,寻找合伙人的可能性,寻求贷款的难易程度,企业的决策程序,企业的利润分配。

【案例】 刘新的表弟张能取得了厨师证,他想和人合伙开个饭店,但是他只会炒菜,却没有资金,于是他就想只出力不出钱,却遭到了其他合伙人的反对。张能没办法向刘新求助,刘新也感到很困惑。

二、各类企业法律形态的特点

不同的企业法律形态都有各自的特点(详见表2-1),了解它们,有助于你为自己的企业选择适当的法律形态。

表 2-1 企业法律形态比较表

特点＼企业类型	个体工商户	个人独资企业	个人合伙企业	有限责任公司
企业法人及承担责任	非法人企业 承担无限责任	非法人企业 承担无限责任	非法人企业 承担无限连带责任	法人企业 有限责任
投资人及注册资本数量	1. 投资人是个人、家庭 2. 无注册资本数量限制	1. 投资人是1个人且只能是中国人 2. 无注册资本数量限制	1. 投资人2人以上 2. 无注册资本数量限制	1. 由2人以上50人以下的股东组成 2. 注册资本因不同经营内容而规定出法定下限
成立条件	1. 有相应的经营资金和经营场所即可 2. 可以为企业起字号	1. 自然人 2. 有合法的企业名称 3. 申报出资款 4. 有固定的生产经营场地和必要的生产经营条件 5. 有必要的从业人员	1. 有2个以上合伙人,都依法承担无限责任 2. 有书面合伙协议 3. 有合伙人实际缴付出资 4. 有企业名称 5. 有经营场地和经营的必要条件	1. 股东符合法定人数 2. 出资额符合法定最低额 3. 制定公司章程 4. 有公司名称与符合有限责任公司的组织结构 5. 有固定的生产经营场所和条件。
投资者与管理者的关系	资产属私人所有。自己既是财产所有者又是劳动者和管理者。	财产为投资人个人所有,投资人既是投资者,又是经营管理者。	依照合伙协议,共同出资,合伙经营,共享收益,共担风险。合伙人是投资者,也可以是管理者。	公司设立股东会、董事会和监事会。股东是投资者,公司由董事会聘请职业经理管理公司经营业务。

19

续表

特点＼企业类型	个体工商户	个人独资企业	个人合伙企业	有限责任公司
利润分配和债务责任及转让	1. 利润归个人或家庭所有。 2. 由个人经营的，以其个人资产对企业债务承担无限责任，由家庭经营的以家庭财产承担无限责任。 3. 所有权归业主，转让无限制。	1. 利润归个人所有。 2. 投资人以其个人资产对企业债务承担无限责任。 3. 转让无限制。	1. 合伙人按照协议分配利润。 2. 并共同对企业债务承担并负无限连带责任。 3. 按照合伙协议占有合伙权，转让受限。	1. 股东按出资比例分配利润。 2. 并以出资额为限承担有限责任。 3. 股东出资不能随意转让。
成立的法律依据	《城乡个体工商户管理暂行条例》	《个人独资企业法》	《合伙企业法》	《中华人民共和国公司法》

【案例】沂蒙山区某纺织厂的女工李大姐因公司改革被解聘了，但是她凭着一股子不服输的劲头，经过考察，开起了一家煎饼店，由于她摊的煎饼味道纯正、卫生可靠，顾客盈门。后来，她又联合本村的五个姐妹筹资 20 万元办起了一家农副土特食品公司。

李大姐在建立自己的农副土特食品公司时原本想把公司名称定为"六姐妹煎饼股份有限公司"。但当她们到工商局办理登记手续时，被告知她们不符合成立股份有限公司的条件，而建议她们注册成立"六姐妹煎饼有限责任公司"。

三、选择合适的企业法律形态

创业者创建一个什么样的企业，怎样选择适合自己意愿的企业法律形态，要从多方面考虑。要考虑的主要因素有：

经营风险：个人资产是否负连带责任；

创业资金：不同企业形式对注册资金规定不一样；

经营场地：有无场地要求；

名称要求：要依据《企业名称登记管理实施办法》规定考虑企业名称；

税负因素：申办经营许可所需的费用，纳税的税率，纳税手续的繁简程度；

经营便利：企业的形象，有无规模局限性，是否适合长远发展；

创业合作：是否需要合作伙伴，有无与境外投资人合作的机会；

技术因素：掌握的专业技术是否符合国家扶持政策。

选择企业的法律形态并非易事，要考虑很多方面。你在选择企业的法律形态和注册企业时,应该寻求更多帮助。我国有专门为扶持小企业提供咨询的政府机构(如国家和各地区的工商管理局等)和非政府组织(工商联合会等),还有帮助下岗失业人员创业的劳动就业部门。

如果你要开办一家大型或结构复杂的企业,你应当听取律师的意见。

不同的企业法律形态各有利弊,在选择自己企业的法律形态时,要考虑你的企业和对你企业将产生的影响:

如果你的企业不打算借债,是否限制业主个人对企业债务所承担的责任就无关紧要,可以采用简单、经济的形式开办企业,如个体工商户或合伙企业就比较适合。

如果你的企业需要借大笔钱,企业负债很高,那么限制业主个人对企业债务所承担的责任就很重要,选择有限责任公司的法律形态较为适合。

如果你有国外亲戚朋友愿意投资帮你创业,可以选择中外合资或中外合作的法律形态。

如果你的资金和技术不足,但有志同道合的朋友愿意一起干,不妨选合伙企业、有限责任公司的法律形态。

如果你不喜欢与他人合作,怕麻烦或怕得罪人,你就考虑个体工商户或个人独资企业。

【案例】黄亮和李燕开办企业的构思是以家庭经营为基础,所以决定选择个体工商户这种法律形态。他们这个决定出于以下几个方面的考虑:

第一,法律对个体工商户没有最低资金额的限制,注册手续比较简单。他们想办的企业启动资金只需要几千元。而建立一家生产性的有限责任公司,注册资本则至少需要30万元人民币,注册费用很高,他们不可能铺这么大的摊子。

第二,从风险角度看,他们的资金、经验、技能、知识和精力足以开好一个家庭规模的小企业。他们做事谨慎,想一步一步地摸索。如果一开始还没有把握就拉别的合伙人或股东的资金进来,会带来过重的心理负担。

第三,从决策的角度看,开办企业千头万绪,必须有人说了算。夫妻俩自己好商量,决策快。如果有几个人合伙人或股东搞在一起商量,人多嘴杂,不仅麻烦还容易得罪人。

第四,从纳税角度看,个体工商户的经营利润也就是业主的收入,企业不交所得税,由业主交个人所得税。另外,增值税较低,只有6%。

第五,他们相信,有2~3年的时间,他们就能够积累足够的资金和管理经验来扩大企业。到那时候可以雇佣能人参与或者拉能人入伙,但也还是以他们自己为主说了算。3年后女儿18岁,万一她考不上大学,就可以接替家长管理部分工作。

导向训练

一、问答

1. 个体工商户与个人独资企业的区别是什么?
2. 合伙企业与有限责任公司各自有哪些利弊?

二、案例分析

创业青年赵勇住在离城30公里的郊区,他看好并构思了一个手工艺品加工项目,准备了10万元创业资金。该项目的启动资金最低只需6万元。他没有行业经验,也不会加工技术,不过有的厂家可以免费提供一些加工技术培训。由于初次做新项目,他需要摸索和学习,而在这一过程中他难以赢利,他希望尽量减少开办费用和初创经营的成本。另外,他有志将自己的企业从小做大,将来打入国际市场,甚至实现企业上市。他想尽快启动创业,但不知应注册何种形态的企业。他感到非常困惑。

请你帮赵勇分析并提供解决方案:应怎样选择企业形态和申办经营许可才能满足他的所有愿望?

三、请自行设计并填写"个人独资企业设立登记申请书"、"个体工商户申请开业登记表"。

四、思考与讨论

如果你经商创业的话,就应该了解《民法通则》、《刑法》以及《民事诉讼法》等法律。那么在有关创业的法律法规中,你认为哪些你将来可能最需要?请举例说明,你可能在什么情况下需要应用这些法律知识。

(集美轻工业学校 肖育发)

第二节 众里寻他千百度

——谈公司地址选择

故事引入

1986年9月下旬,美国著名特许连锁企业——肯德基家乡鸡公司开始考虑如何打入世界上人口最多的中国市场。时任肯德基东南亚地区的高级管理者托尼·王着手考虑和评价在中国选择投资地点的各种方案,选择哪一个大城市开设中国的第一家店却颇费心思。托尼·王对天津、上海、广州、北京等大城市的优势和弱势分别进行了考察。权衡各个方案的利弊得失,肯德基决定把北京作为其进入中国的首选城市。肯德基决策者认为北京与其他城市相比具有突出的综合优势:首先,北京有较大的消费群体,具有较高的消费能力;其次,北京是国外游客必到之地,获取一定的硬通货对肯德基汇出利润十分重要;再次,可以直接与中国政府打交道,减少谈判的层次,有利于提高合作效率;最后也是最重要的是,北京在中国举足轻重的影响力,肯德基如果能在北京站住脚,将会使其顺利地扩展到中国其他地区。

位置决定"钱"途。要开公司,首先得选好注册地址。选哪里,大有讲究。好的注册地址为你节省开支,减少日后想不到的麻烦,因此选注册地址也要考虑周到。

经营选址是指选定企业的经营场地或住所,这既是工商登记的要求,也是企业经营的需要。经营场地的费用是企业固定成本中的一大项开支,而且企业的经营位置关系到与客户的往来和销售,因此,选址的好坏直接影响到企业的经营效益。

在企业开办中,开门办店或在商铺经营的企业对于选址的要求一般要远远高于开办公司和在写字楼里办公的企业。因此,本节所讨论的选址,主要针对门市经营的企业,但有些选址考虑同样适用于写字楼里经营的企业。经营选址一般需经过以下步骤:商圈调查、确定选址范围和目标,取得合适的经营场地。

一、商圈调查

商圈一般是指零售企业的顾客所在或所来自的区域。广义上的商圈可以是任何企业的顾客或客户所在的区域。

进行商圈调查,就是要了解顾客来自何方;顾客找你或者你找他们是否方便;如果是家零售店,顾客人流量会有多大;商圈内,尤其是周边是否有竞争对手,它们的经营状况如何等。

1. 商圈调查的范围和内容

就从事零售服务的多数企业来说,它们的商圈调查范围应是店址周边半径 2 公里以内的区域,很多零售企业的主要商圈范围更小。商圈调查的内容主要包括:

顾客和人流:了解你所调查的区域内,你的潜在客户有多少,他们的分布情况,他们的消费能力,他们对你所经营产品的认知和消费倾向等。零售店主要靠吸引上门顾客来实现销售,因此,还需要观察和测算拟经营地址的过往人流量,同类经营店铺内的日常客流量等。

交通便利程度:了解你的企业所在位置是否位于交通要道,公共交通是否方便,有无停车位等,以确定你的顾客是否方便上门,你的员工送货或外出销售是否便利。

同类竞争者的分布:了解你的商圈内有多少竞争对手,他们的经营与你的企业有何差异;租金或维持成本;了解你的选址区域内所需经营场地的平均租金水平外,有无其他维持费用,如物业管理费、水电费等。

2. 商圈调查的方法

作为小本创业者,常用的包括以下几种:网上收集信息,电话查询,走访考察,蹲点观察和测算,问卷调查,活动调查,等等。

【案例】肯德基的选址步骤

第一步:划分商圈——用数据说话

肯德基计划进入某城市,就先通过有关部门或专业调查公司收集这个地区的资料,

有些资料是免费的,有些资料需要花钱去买。把资料买齐了,就开始规划商圈。

商圈规划采取的是计分的方法,例如,这个地区有一个大型商场,商场营业额在1000万元算1分,5000万元算5分,有一条公交线路加多少分,有一条地铁线路加多少分,这些分值标准是多少年平均下来的一个较准确经验值。通过打分把商圈分成好几大类,以厦门为例,有市级商业型(中山路等)、区级商业型、定点(目标)消费型,还有社区型商务两用型、旅游型等等。

第二步:选择地点——在最聚客的地方开店

商圈的成熟度和稳定度也非常重要。例如,规划局说某条路要开,在什么地方设立地址,将来这里有可能成为成熟商圈,但肯德基一定要等到商圈成熟稳定后才进入。肯德基开店的原则是:努力争取在最聚客的地方和其附近开店。

二、确定选址范围和目标

1. 搜寻目标场地

根据商圈调查的结果,你可以初步物色好适合你企业的地段、街道、小区、楼宇等。下一步就需要实际找到你的经营场地。搜寻途径很多,例如,房屋中介公司,你中意楼宇的物业公司或租赁处,各种商用房、写字楼等的招租广告,实地查找。

搜寻的办法可以是在你感觉中意的社区或街道里逐门挨户地探寻,或从屋主直接发布招租信息的渠道里找。目前这种信息渠道主要有:房屋租赁网站,专业服务公司的信息平台,屋主在报刊上登载的招租广告,屋主在打算出租的房屋门窗上或附近醒目处张贴的招租告示。

2. 创业企业选址时应考虑的因案

(1)市场因素。可以从顾客和竞争对手两个角度来考虑。

(2)商圈因素。就是指要对特定商圈进行特定分析。

(3)物业因素同样也不能忽略。

(4)所区因素,指的是经营业务最好能得到当地政府的支持,至少不能与当地的政策背道而驰。

(5)个人因素,有时会被一些创业者过多地关注,一些人常常选择在自己的住所附近经营,然而这种做法,可能会令创业者丧失更好的机会或因经营受到局限,购买力无法突破。

(6)创业者在购买商铺或租赁商铺时,要充分考虑价格因素,包括资金、业务性质、创业成功或失败后的安排、物业市场的供求情况、利率趋势等。

三、取得合适的经营场地

商铺:临街的商铺、门店或门脸房,便于顾客上门,企业的独立形象好,但租金较贵,尤其是位于好地址的一楼商铺。有的零售或服务不必在一楼，选择二楼或三楼商铺可以节省一定的租金。一些批发市场或商城里的精品店铺，以及购物中心里的店铺，虽然不临街，但如果客流量大，也是很好的选择。

摊位：批发市场内和一些大型商场或超市的过道等零售摊位。就大型商场的情况而言，一个摊位的面积一般在几平方米至十几平方米之间，单位平方米的租金往往比多数街道上的独立商铺还贵，但因为批发市场或商场和超市的人流很大，摊位的销售流水按单位面积计算也比较高。

专柜：很多商场或超市会把场地空间分割，把部分或全部的商品经销分别以专柜形式包给不同的个体户经营。从事这种专柜经营，有的是租赁经营，有的是与商场或超市联营。

办公室：选择在写字楼里经营的一般都是不做商品零售的企业。有些服务性零售企业，也可在写字楼里经营。写字楼的租金比商铺要低，同时写字楼里不会出现商铺里人流嘈杂的情况。

购房：适合于经济条件较好的创业者。可以个人投资买下所需的商铺、写字间或商摊，然后出租给自己的企业。多数情况下，只需支付20%～40%的首期付款，即可买下。

利用本人现有住房：有临街自住平房的，比较容易改为经营场地。目前也有越来越多的人选择利用自己的商品住宅楼房从事经营活动。

与业主联营：与有经营场地或房屋的业主联营，用经营收入支付房租，可以大大降低场地的固定成本，但这种机会不多。

【案例】便利店的选址秘籍

1. 居民区入口处或主要交通道路。便利店的目标顾客为稳定的居民，应考虑居民出入小区的路线。

2. 面积限制在50～200平方米以内。这是便利店的最佳面积范围，既不会因面积太大而导致投入（如便利店的设备和装修等）和费用（如租金与人工费用等）太高，又可以保证有足够的商品陈列面积摆放所需的商品。

3. 便利店应保证在建设物的底层开设店铺，一般不要设在夹层或二层，楼层间高度保证在3米以上。

4. 足够的配电功率，完善的水电和消防设施等。

5. 便利店商圈半径为500米，在方圆500米的范围内至少有3000个商圈人口。

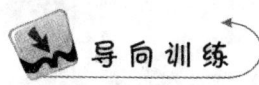
导向训练

一、在选址中需要考虑若干因素，其中你最重视的是什么？请举例说明。

二、好场地的租金一般较高，风险也同样较高，你会怎样努力降低这种风险？

三、案例分析

创业者马明把创业目标锁定在与汽车有关的项目上,因为他非常喜欢汽车。为实现创业梦,马明做了充分的准备。在对火爆的汽车市场进行调查后,他决定开一家汽车饰品店,并相信爱车的人肯定注重车内装饰,因此他的生意肯定会不错。

他从网上搜索了一些经营汽车饰品的代理商,并对各家的产品质量和价位进行了比较,最后选定从一家太原的代理商那里进货。他与该代理商签好协议,在交了6000元的加盟费后,就开始租房子。为了节省房租,他在离市区较偏的地方找门脸房,相信开车族不在乎路远或地方偏,只要商品好而且价值实惠,就不愁没有客流。终于,马明在一条交通主干道边选择了店面,这条路上每天往来车辆很多,尤其是大货车。

马明开始装修、进货。他进的汽车饰品丰富多彩,摆设得也很好看。他每天早早开店,很晚才打烊,商品的价格也定得很低,可是开张后,顾客却寥寥无几。开业半年,总共才卖出两三千元的货。这时,房租也到期了,马明不敢再恋战,把剩下的货放到朋友空着的车库里,从此不提开店的事。回忆起自己创业的日子,马明很痛苦。付出很多,回报却太少。

请分析:马明失败的主要原因是什么?假如你要开一家汽车饰品店会如何做?

四、分组讨论

以下企业分别应该选择在什么地方经营?你的选址考虑是什么?

1. 风味小吃餐馆
2. 办公用品批发兼零售企业
3. 宠物美容店

五、模拟练习

按以下条件模拟两个不同项目的租房谈判,每次由不同的学员分别扮演业主和寻求租房的创业者(租赁合同文本可另行准备)。

1. 场地招租面积100平方米;
2. 临街一层,地处繁华都市内人流不少的一条普通街道上;
3. 按当地的商铺租赁行情,业主每月可收租金1万元左右;
4. 适合餐饮、美发、服装、百货等经营。

(集美轻工业学校　肖育发)

第三节　巧妇难为无米之炊

——谈创业资金准备

> **故事引入**
>
> 　　在中国航运史上,有2位"船王"都是靠"乞贷买船"发财的。其中一个是香港船王包玉刚。他开始创业的时候,就是向伴侣借的钱。他乞贷先买了一条破船,然后,用这条船去银行抵押贷款,再买第二条船。然后,再用第二条船作抵押,去买第三条船。他就是采取这类"典质贷款"的方法,转动发展起来的。有一次,他竟两手空空,让著名的汇丰银行给他买来了一艘极新的汽船。他是如何操纵的呢?他跑到银行,找到信贷部主任说:"主任,我在日本订购了一艘新船,代价是100万,同时,我又在日本的一家货运公司签订了一份租船协议,每年租金是75万,我想请贵行支持一下,能不能给我贷款?"信贷部主任说:"您这个点子不错,但您要有担保。"他说:"可以,我用信誉状担保。"什么是信誉状?就是"货运公司"从其他银行开出的信誉证明。很快,包玉刚到日本拿来了信誉状,银行就批准了他贷款。他就是用这类"转动式"的"典质贷款"谋划法,在大洋里越滚越大,成为天下航运之首。

　　"有投入才会有产出",要创业赚钱,就需要先投入资金。对于大多数创业者来说,资金是制约创业和发展的最大困境之一。只有做好资金的规划和筹集,才能保障你的创业不会因陷入"无米之炊"而夭折。

　　个人创业需要什么样的资金条件呢?一是要有固定资金和流动资金。私营企业资金包括固定资金和流动资金两部分。固定资金是以货币形式表现的固定资产的价值,它包括垫支于厂房、建筑物、机器设备和运输工具等主要劳动资料上的资金。固定资金的来源主要靠私营企业开业者自筹。流动资金是用于垫支劳动对象和支付其他全部费用的资金。私营企业的流动资金也靠开业者自筹。二是注册资金。作为私营企业登记注册的资金数额,也就是国家所承认的私营企业的所有财产、所经营管理的财产的货币表现。企业的注册资金应与实有资金相一致。银行贷款、借款不能作为私营企业的自有资金注册。

　　一个企业必须具备一定规模才能进行生产经营活动。一定的生产经营规模就表现为企业所有或所经营管理的财产,即注册资金具有一定数额。例如,具有法人资格的私营企业生产公司的注册资金不得少于人民币30万元,以批发业务为主的商业公司的注册资金不得少于50万元,以零售业为主的商业性公司的注册资金不得少于30万元,咨

询服务性公司的注册资金不得少于10万元,其他企业法人的注册资金不得少于3万元。不具备法人条件的企业,如独资企业、合伙企业,各地根据当地的实际情况确定,未规定最低限额但原则是与其经营范围、经营方式相适应,注册资金与实有资金相一致。

一、创业资金规划和筹集的原则

1. 自备一定的创业资金

鉴于创业的风险,完全靠外部筹资来准备启动资金不太现实,尤其是初次创业者。因此,应当尽量自备创业所需的全部或部分资金。自有资金如果占创业所需资金的50%以上,比较有利于向外筹集不足的资金,也有助于创业成功。

2. 向外借款量力而行

尽量将外部筹借的资金额控制在自己将来可偿还的范围内,估算好自己通过打工或其他方式可具备的还款能力,以便万一创业失败后,还能保持有尊严的生活。

3. 给自己和家庭留足必要的生活费用

不要把所有的资金都投入创业。在规划创业成功后的美好前景时,也应为万一创业失败预留生活退路。毕竟创业有风险,而且创业不是人生的全部。

【案例】王佳原来在一家电脑公司做推销员,后来一位当老板的朋友多次鼓动他自己创业,并许诺如果需要贷款可以提供担保。有好友的鼎力相助,他便辞去了这份收入不菲的工作,自己注册了一家电脑公司。在好友帮助下,他顺利从当地信用社取得了30万元贷款,信用社的服务非常完善,可就是贷款利率比法定贷款利率上浮30%,另外还要从贷款中扣除两笔莫名其妙的"咨询费"和"理财顾问费"。这样他实际贷款的年利率达到了7%以上。当时王佳没有过多考虑贷款成本,可由于电脑业竞争激烈,他只能微利经营,到年底一算账偿还贷款本息后正好不挣不赔,用他的话说等于白白给信用社打了一年工。

二、创业资金的筹集方式

以下不同的筹资方式,操作难易程度不同,利弊也不一样。

1. 利用自有资金

最简单易行,也最为保险,然而一旦失败,自己的资产和生活将会受损。自有资金来源一般为个人资产,如银行储蓄、小汽车、房屋、珠宝、有价证券等。

2. 向亲人和好友借款

比较可行,但借款额最好在自己有能力偿还的范围内,否则,创业失败可能会给你与亲朋好友的感情和关系带来伤害。

3. 争取政府的创业扶持资金

包括小额创业贷款、科技型中小企业技术创新基金以及一些特定的项目扶持基金等,往往与政府的其他扶持优惠挂钩,能够连带享受政府的免费创业服务,有助于创业成功。

4. 争取项目方融资(设备款、贷款、特许加盟费等)

非常有利,但目前国内愿意提供这种融资的项目招商方很少。

5. 融资租赁

融资租赁是一种以融资为直接目的的信用方式,表面上看是借物,而实质上是借资,以租金的方式分期偿还。融资租赁这种筹资方式,比较适合需要购买大件设备的初创企业,但在选择时要挑那些实力强、资信度高的租赁公司,且租赁形式越灵活越好。

6. 从银行贷款

贷款是最为传统的筹款方式,银行贷款被誉为创业融资的"蓄水池",主要方式有信用贷款、担保贷款、贴现贷款,现在为创办中小企业提供贷款银行有四大国有商业银行正筹建的中小企业信贷部。民生银行主要为民营企业提供贷款。

7. 合作融资

寻求合作伙伴共同创业,可以减少你在资金、技术、设备、场地、人等方面的投入,为此你需要出让企业的部分股权。

8. 风险投资、天使投资或其他机构的投资/赞助

非常有利,但只适合有较好发展前景、有较大市场、将来有望上市的企业项目,同时,必须出让相当的股权,很多情况下初创企业必须出让控股权。

9. 其他融资渠道

典当行及一些民间社会团体内部的互助金,不失为可行的应急融资方式。此外,许多投资咨询或贷款公司能够提供融资服务,但目前该领域尚不规范,创业者须谨防少数不法服务的欺诈行为。

【案例】 毕业于上海同济医科大学的王丽娟一直想创办一家自己的企业,专门为医院、诊所订制义齿。说干就干是东北人的性格。"口腔治疗、义齿、美齿的市场前景非常好可就是缺钱呀。"为了解决资金短缺问题,王丽娟多次找到银行,从工行到长春市商业银行,都因为她拿不出银行需要的固定资产抵押物而借贷无门。偶然的机会王丽娟得知吉林省高新技术产业发展投资担保有限公司可以为中小企业提供融资担保而且方式灵活。在担保公司的指导下,她把 10 台牙椅做抵押品,把股权做质押,用自己所有家底凑足了双倍于贷款额度的抵押款,从担保公司拿到了 100 万元 1 年期的委托贷款。久旱逢甘霖,她的吉林省百合齿科医械技术有限责任公司终于在 2001 年成立了。由于有专业技术和人才,王丽娟的公司很快在吉林叫响继而赢得沈阳、哈尔滨的众多客户,企业效益良好。到 2002 年底王丽娟又萌发了创办百合口腔医院的念头,并再次得到担保公司的融资担保,从长春市商业银行获得 290 万元的贷款。医院如期创办。由于有开办诊所和专业公司的经验。医院运营一切正常。利润率达到 30% 左右,有稳定的现金收入,成为银行的优质客户。

 导向训练

一、问答

1. 创业筹资应遵循哪些原则？
2. 筹集创业资金有哪些渠道和方式？

二、案例分析

刘江是运营连锁超市的部门经理，近年来超市连年亏损，总公司决定将该超市转让拍卖。刘江认为超市地理位置十分理想，亏损主要是因为经营不善，只要适当的调整就能赢利。但是，要将超市竞拍到手，需要有 120 万以上的资金，而他的资金实力有限。因此，刘江找在某集团公司任职的同学曾源求助。曾源了解超市的情况后提出以合资的方式参与合作竞拍。一个月后，刘江在该集团公司 70 万元风险投资的支持下，一举拍得了该连锁超市，实现了自己当老板的愿望。

请分析：刘江可能缺少多少资金？该集团公司的投资通常会换取多少股权？刘江的老板身份可能有多大的发言权？它对我们融资有无借鉴意义？

三、本人创业项目练习，评估你的财务状况

	项　目	金额
资金来源	个人储蓄	
	亲戚与朋友借款	
	银行贷款	
	其他	
资金合计		
日常开支 （按 3 个月）	日常生活开支	
	办公费用	
	人员工资	
	银行利息	
支出合计		
剩余资金		

四、思考与讨论

1. 为什么说"自有资金如果占创业所需资金的 50% 以上比较有利于你向外筹集不足的资金，也有助于你创业成功"？你是否同意这种筹资观念？为什么？
2. 向外借款怎样才算是量力而行？借款前应如何评估你将来的还款能力？
3. "给自己和家庭留足生活费用"的数额怎样定？你应根据什么标准来估算你需要留足的生活费用款？

（集美轻工业学校　肖育发）

第四节　良好的开端是成功的一半

——谈公司登记注册

> **故事引入**
>
> 综观驰名商标,如"海尔"、"红桃K"、"娃哈哈"、"乐百氏"、"EXXON"、"SONY"、"ACER"等好品牌,它们无一不得益于当初高度重视命名这个投资环节。世界上成功的大公司,更是无一不看重命名这个投资环节。如美国一家石油公司为设计出既符合世界各地风俗,又符合各国法律的名字,邀请各方面的专家,历时6年,耗资1亿余美元,调查了55个国家和地区,最后从设计的1万多个商标中选出一个商标,这就是著名的埃克森(EXXON),如今它的品牌价值已达到上百亿美元。其他诸如"SONY"、"ACER"等命名,也都是一笔巨大的投资,当然,其最终的回报也是相当丰厚的。

创业要申请注册,需要了解公司注册方面的法定程序和工作流程,然后针对每一个程序和流程的要求预先作好计划,并准备相关要件和资料。

一、新创企业名称设计

创业者在企业正式成立之前,必须进行企业名称设计,这是新创企业注册的第一步。人们对一个企业的记忆和印象直接来自名称,孔子曾说过,"名不正则言不顺",企业的名称对企业形象有重大影响。

1. 构成企业名称的四项基本要素

行政区划名称＋字号＋行业或经营特点＋组织形式,这是国家对公司起名的一般要求,也是强行规定。

行政区划名称是指企业所在地县以上行政区划的名称。

字号是构成企业名称的核心要素,应由两个以上的汉字组成。企业名称中的字号是某一企业区别于其他企业或社会组织的主要标志。字号应置于行政区划之后,行业或经营特点之前。

企业名称中的行业应当反映企业经济活动所属的行业,或者是反映企业经营特点的用语。

公司名称的组织形式:依据《中华人民共和国公司法》、《中华人民共和国中外合资经营企业法》《中华人民共和国中外合作经营企业法》《中华人民共和国外资企业法》，申请登记的企业名称，其组织形式为有限公司(有限责任公司)或者股份有限公司；依据其他法律、法规申请登记的企业名称，组织形式不得申请为"有限公司(有限责任公司)"或"股份有限公司"，非公司制企业可以申请用"厂"、"店"、"部"、"中心"等作为企业名称的组织形式，例如，厦门天宇广告有限责任公司，厦门菲格口腔门诊有限责任公司。在这两个名称中，"厦门"代表地域，"天宇"和"菲格"分别代表两个公司的字号，"广告"和"口腔门诊"表示产品或行业特点，"有限责任公司"反映企业的法定形式。

2. 考虑取名的原则

企业的名称是宣传企业和产品的最佳途径之一。一个好的名称，可以随同企业的成功成为无价的无形资产。为此，可遵循以下取名原则：

(1)好叫、好听、好写、好记，而且独特，让人过目不忘，或听一次就印象深刻。

(2)简洁，字数尽量少，两个字的字号重名几率太高，所以一般选4个字或3个字比较容易通过核名。

(3)尽量使名称能够反映企业的业务、核心产品、价值观、企业文化等，以便通过名称进行宣传。

3. 企业取名的一些常用方法

以创业者的姓名或其谐音字作为名称中的字号，如日本松下电器集团公司，是以被誉为"经营之神"的松下幸之助先生的姓而起的。

直接用产品或产品的名称来反映企业的业务或核心业务，让人一眼就能了解公司或者产品的功能和特点。如"马兰拉面"中的"拉面"。这些名字简单明确，易读易记，容易打造优秀品牌。从宣传企业的角度，选用表示企业精神、美好愿望、远大理想、事业兴旺，或吉利好记等的字词，如联想公司、海尔公司。

从让客户喜欢的角度，选用反映客户喜爱的人或事、价值观念、吉祥富贵等的字词，例如，以个性休闲男装为品牌诉求的福建七匹狼实业股份有限公司的名称"七匹狼"，当年以儿童营养液创业成功的杭州娃哈哈集团有限公司的"娃哈哈"字号。

根据地名简称、地理位置或地方特色命名。往往以人名和地名命名，看起来朴素简洁，但是名称会响亮大方，寓意也十分丰富。这类公司名称也有很多。如李嘉诚的"长江集团"、"青岛啤酒"、"燕京啤酒"、"汾酒"。

以外文字译名。如雅戈尔集团公司的"雅戈尔"，是从英文的"YOUNGER"音译而来的。

用奇异、幽默或逆反等字词，别名俗语命名法。如天津狗不理包子铺、陕西"老孙家"牛羊肉泡馍、"平娃"烤肉、"大娘水饺"等。这些别名俗语贴近生活，十分亲切自然，传播速度快范围广，社会影响力大，生命力强，具有很多名字不能企及的效果。

原料命名法。就是用产品的原料来命名，这是一种特殊的命名方法，特点是独特个性，引人注目。这样命名的公司和产品也不在少数，最著名的就是"五粮液"了。"五粮液"是中国著名白酒品牌,是由高粱、玉米、小麦、大米、糯米五种粮食酿制而成的,故而名为"五粮液"。

取名应考虑企业的长远发展,要有利于长久的使用,而不应根据短期的兴趣或利益随便定名称。如果你的企业做大了,名称自然成为品牌和无形资产,再改变名称就很不合算。

4. 我国在公司登记中实行公司名称预先核准制

《企业名称登记管理规定》第三条规定:"企业名称在企业申请登记时,由企业名称的登记主管机关核定。企业名称经核准登记注册后方可使用,在规定的范围内享有专用权。"

【案例】 "海尔"集团本来是不生产电视机的,只是在近几年来才开始涉足这领域。但是,"海尔"集团进军电视机市场后,却一炮走红,很快提升了自己的市场份额,在竞争激烈的电视机市场占有了一席之地。可能有人会认为这是奇迹,但实际上"海尔"集团只是充分发挥了自己名字所带来的市场效应罢了。

二、经营许可申办

企业要合法经营,就必须向政府主管部门申办经营许可,即完成经营登记手续并领取营业执照。工商部门负责审批企业的营业执照。但如果企业的经营项目或业务需要其他政府主管部门的批准,企业还必须向这些主管部门特别申请经营许可。

申办经营许可,就是进行企业设立的登记,主要为工商登记和税务登记。

1. 申办经营登记的一般流程

申请企业名称核准→注册资金入资和验资→向工商局提交申请表和开业申办文件→领取经营许可执照→申办企业代码证书→刻制公章→申办和领取税务登记证→银行开立基本账户→领购发票→正式开业经营。

2. 企业工商登记的程序

领取注册登记所需的相关表格→填写并提交《名称预先核准申请书》→领取《企业名称预先核准通知书》,同时领取《企业设立登记申请书》→经营范围涉及前置审批的,办理相关审批手续→办理入资和验资手续→递交《企业设立登记申请书》及全部相关材料,领取《准予行政许可决定书》(一般当场可以领取)→交费并领取营业执照(一般在5个工作日内)。

3. 企业税务登记的程序

从工商局领取《企业法人营业执照》或《营业执照》后,先办理组织机构代码证书→刻制公章→填写和递交《企业税务登记表》以及税务登记所需的相关材料→领取税务登记证→购领发票。

按规定,必须在领取工商营业执照后的30日内办理税务登记手续。

【案例】小王厌倦了为他人工作,他中学时候便梦想着开一家属于自己的公司,并且到30岁时能够成为百万富翁。小王现在已经29岁了,虽然下一年他很有可能成不了百万富翁,但他却打算用现有的5万元开一家公司。那么,5万元能成立一家什么类型的公司呢?这样的一家企业又能选择何种组织形式呢?小王经过调查后,发觉男士美容方面的产品市场潜力较大,经过一番仔细的市场调查后,便决定成立一家专门销售男士美容产品的企业,而且已经找好了几家供应商,而在组织形式方面,他倾向于成立有限责任公司。但他只有5万元,不能成立一人有限责任公司。于是,小王找到了朋友小陈,因为他知道小陈也想自己创业,小王将自己的想法告诉了小陈,两人一拍即合。接着,便开始找地方,进行企业的注册登记。

三、其他登记事项

成立新的企业需要在政府部门办理的其他登记手续包括:

统计登记:需要在领取营业执照后的30天之内向当地统计局办理统计登记。

社会保险登记:向当地人力资源和社会保障局的社保中心办理。

如果是聘用会计公司为企业做税务登记和每月的报税工作,可把统计登记和社保登记工作交由它们处理。

【案例】北京延庆姑娘李玉芳从城里的职业美容美发学校毕业后,回乡办了一个执照并利用自家的门面开了一个美发屋。由于李玉芳的手艺不错,人又热情,周围的乡里乡亲都爱到李玉芳的店里理发。李玉芳忙不过来就请了一个人做小工,帮助打扫店内卫生。

李玉芳的同班同学小陈住在北京市区,家里经济条件比较好。小陈毕业后,家里为小陈投资,在北京开了一家美容美发有限责任公司,小陈做起了老板,公司雇佣了5个美发师、美容技师和3个小工。

5年后,在同学的聚会上,李玉芳和小陈各自聊起自己的小生意,在谈到养老保险的问题上,两个人都出现了疑惑:究竟他们两个要不要为自己的雇员缴纳养老保险呢?两人找到北京市劳动与社会保障部门,工作人员为他们做了解答。李玉芳因为是回乡利用自己在农村的住房进行经营活动,暂时没有被强制要求为雇佣的小工办理养老保险的义务;但是小陈作为一个私人有限公司的老板,则应当按照国务院《社会保险费征缴暂行条例》关于适用养老保险的范围的规定,为他雇佣的8个雇员根据不同的标准办理养老保险,并缴纳基本养老保险费用中应由单位缴纳的部分。

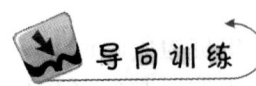

一、请指出下列名称中没有显示的部分可能有哪些。

(1)老家肉饼;

(2)马兰拉面。

二、请指出下面名称的取名利弊。

(1)治疗胃病的"胃必宁"药；

(2)如春饭店。

三、本人创业项目练习

请同学每2人一组,讨论给各自的企业起名,并请2~4位同学向全班介绍自己或同座学员的企业取名,其他同学点评这些名称的利弊。

1. 用什么方法才能找到或筛选出符合上述取名原则和方法的字词？

2. 企业的名称与产品或商标的名称是否应该一致？为什么？请举例说明。

四、请口述申办经营许可登记的一般流程,以及进行工商和税务登记的一般程序。

五、本人创业项目练习

请1~2位同学向全班同学介绍自己打算开办什么企业,选定哪种企业形态,需要申办哪些经营许可,该办哪些登记手续。请其他同学补充和(或)纠正。

(集美轻工业学校　肖育发)

第三章 市场调查

第一节 寻找我的奶酪
——谈创业项目选择

故事引入

李维斯年轻时候,带着梦想前往西部追赶淘金热潮。一日,他发现有一条大河挡住了他西去的路,许多人都无法过河,怨声一片。李维斯在河边凝思苦想,突然间有了一个绝妙的创业主意——摆渡。没有人吝啬一点小钱坐他的渡船过河,他获得了人生第一桶金。

一段时间后,摆渡生意开始清淡。他决定放弃,并继续前往西部淘金。来到西部,四处是人,许多地方已被人霸占,他找不到一块合适的空地挖金,多次被欺侮。走投无路的他看着西部茫茫戈壁,突然间又想出了另一个绝妙的创业主意——卖水。西部黄金不缺,但似乎自己无力与人争雄,西部缺水,可似乎没什么人能想起做这个生意。不久他卖水的生意便红红火火。

慢慢地,卖水的人越来越多,终于有一天,他旁边卖水的壮汉对他一顿暴打,连他的水车也一起折烂。李维斯不得不再次无奈地接受现实。鼻青脸肿的李维斯看着西部忙碌淘金的人,突然发现他们的棉衣极易磨破,到处都有废弃的帐篷,于是他又有了一个绝妙的创业主意——把那些废弃的帐篷收集起来,洗干净,缝成了世界上第一条牛仔裤!从此,他一发不可收拾,最终成为举世闻名的"牛仔大王"。

同学们,李维斯是如何选择他的三个创业项目的?前两次为什么失败了?为什么第三次创业成功了?希望读完这章,同学们能找到答案。

各位同学,俗话说"好的开始是成功的一半"!在创业过程中,创业项目的选择至关重要,很多人都希望通过自己创业获得人生的成功,但能成功创业者毕竟是少数。据相关统计,每年新创办的企业,在半年之内至少有一半以上就倒闭,而倒闭的主要原因,就是没有选择好项目。因此想要从事哪一行业,什么创业项目能让你赚到第一桶金,这些都是我们创业伊始最需要考虑的,也是最为费心费神的,更是最重要的一步。

常言道,"男怕入错行,女怕嫁错郎",选择好创业项目,对于创业者来讲,就像大闺女选择如意郎君一样。这关键的第一步走得好不好,顺利与否,往往决定了你的创业能否成功。创业道路上,不仅有成功后的鲜花,也充满了选择的陷阱,也许是一步棋走错,满盘皆输,难有翻身的余地,因此同学们一定要重视创业项目的选择。

该如何选择项目呢?这里给大家几点建议,希望各位同学在学习生活中关注身边的商机,找到适合自己的"奶酪"。

一、项目不能违反国家法律法规

这是选择创业项目最基本的要求,同学们在选择创业项目时,一定要认真学习和领会国家现阶段有关政策,把握哪些是国家鼓励的,哪些是国家限制和反对的,千万不能触犯法律,违法的成本与代价是人一生难以承受之重!一名创业者无论有多高的学识,具备多强的能力,所选择的创业项目一旦违法,那么最终一定以失败告终。

【案例】我市某中职学校一名化学工艺专业的辍学生,对化学实验感兴趣,辍学后躲在家里从网上收集一些化学违禁品合成的资料,研制冰毒,并进行试验,经过三次试验,竟合成了疑似冰毒的晶体。不仅如此,他还将制毒方法传到网上,进行有偿"传授",非法牟利1万余元。日前,同安区检察院以涉嫌制造毒品罪,批捕该犯罪嫌疑人。

二、从自己的专业特长出发,经营熟悉的项目

创业项目应有利于发挥自己的特长,同学们在学校经过2年的专业课程学习,自身的学识、能力、经验及对该行业的了解认知程度都比同龄人多,而这些对创业成功起着重要作用。不要从事不熟悉的业务,常言道"隔行如隔山",要想使自己的生意成功,就一定要选择自己熟悉的事来做,例如,具备某一类商品的知识、制造技术或从业经验。对刚毕业的中职生来说,创业之初会面临很多困难,诸如资金不足、客户不多甚至没有客户、对生意场上的复杂性估计不足等。如果从事自己不熟悉的行业,那么开业后亏本甚至倒闭的可能性就很大,除非创业者有钱并能雇到一个十分可靠而且胜任这个行业的经理。独自从事既缺乏相关知识,又无实际经验的工作确实难以成功,而导致新开业的企业或商铺倒闭的原因有40%归结于此。

当然如果专业特长又是你所喜爱做的事,那更好,当创业项目是自己喜欢做的事时,你就会投入巨大的热情,也就容易取得成功。在创业的初期,创业者对项目的喜爱程度也很重要。

【案例】孙正义,20岁时大学毕业后从美国回到日本,选出了50个创业目标,用一年时间逐个进行考察,最后选择了做软件这一新兴项目,成立了软银公司,10年后他身价过亿,20年后他的财富扩大了一百倍,30年后他成为亚洲首富。既然选择创业项目事关事业成败,就不可随随便便,要舍得花时间、花力气,要能够静下心,认真调查研究,选择项目重之又重。

三、立足市场,了解最新的市场发展方向

创业项目的选择要从市场角度出发,力求为顾客解决生活、工作中的实际问题。当今社会的发展瞬息万变,出现非常多新事物,因此也出现了非常多新的机遇与挑战,了解当今市场发展方向,是创业项目选择的基础,是创业成功的基本保证。我们可以把近年来发展比较快的行业市场,用排列法做综合的分析,找准发展方向。比如,房地产、医药、保健品、证券、建材、装修、交通、教育、通讯等,看看有哪些行业投入小见效快,目前做大做强的企业都属于哪些行业,自己的经营能力能适合做哪些行业。然后把项目发展方向,圈定在这些大的行业范围中,然后再确定行业内的项目。这就好比射击时候先找到靶子,接着把枪口瞄准靶心目标。在找准方向的前提下,开始锁定项目切入点,确定行业内项目,比如,发展方向是保健品行业,到底要做婴幼儿保健、成年人保健、老年人保健还是女性保健?这就要具体分析在这些行业中,在同样的条件下,哪个具体项目的事业机会更大,哪个有更大的前景和效益。

【案例】史玉柱在跟朋友借了50万元后,在长三角的无锡江阴,亲自下农村调查,在和老人的闲聊中找到了"老人希望健康,但不好意思跟孩子们要保健品"的准确消费者市场发展定位。开始打出了著名的"今年过节不收礼,收礼只收脑白金!"的广告语,而"脑白金"这一中老年人保健品更是创下上百亿的销售额。

四、从自身能力出发,选择适合自己的创业项目

在发现新的商机时,要认真思考自己是否有能力利用这个机会,要了解自己的现实条件,去思考如何利用这个机会。自身能力包括自己是否适合创业,资金、专业特长、风险承受能力等。

首先,要思考自己是否适合创业,世界上只有两种人,就是老板和伙计。大多数人都适合打工,只有少数人才适合当老板,所以你想创业当老板,还得好好想一下自己是否真的适合。否则,有可能成商海大潮中的牺牲品和垫脚石,就是在车站卖茶叶蛋的,还有赚有赔呢!

其次,要衡量自己资金状况。同学们中专刚毕业时,手头资金必定不多,那么钱稍微多一点的项目就不能要。

再次,是这个项目能否发挥自己的专业或特长。对一些自己有能力进入的行业又不太熟悉,这种情况下,就要寻找该行业有多年经验的专家咨询了解情况或者先在该行业打工一段时间,熟悉后再自己创业。

最后,是风险承受能力。如果你对自己抗风险能力不强,或不喜爱高风险投资,就要避开。

【案例】陈志佳是我市中职学校2003年物流专业的毕业生,在毕业时选择了房地产行业。刚刚中职毕业的同学们一没资金,二没人脉,三对这行业不了解,该如何进入房地产行业呢?陈志佳选择从新房销售入手,成为一名一线售楼顾问,经过两年的工作历练,熟悉了行业,积累经验,在2005年跳槽到一家二手房中介公司,成为房产中介顾问,又经过近4年工作的锻炼,积累许多人脉与二手房信息。2008年金融危机后,在2009年初,陈志佳终于在厦门莲坂开了一家自己的二手房中介公司,当起了小老板,生意经营得有声有色。

在选择项目上,各位同学还要注意避免两种倾向:一种是盲目"跟风"型,看人家干啥就干啥,缺乏主见。比如,做服装生意的人都知道抢占季节商机。在春季就已经着手夏季服装上市,夏季时已经开始秋冬服装的进货,使服装准备赶在季节之前。而那些盲目跟风的人,往往是看人家哪种服装赚钱时,才准备跟进,找货源进货,到头来只能是赔本赚吆喝。另一种是主观"决策"型,缺乏调查研究,主观武断,凭空想象。没有市场调查研究,就没有决策权。

希望各位同学在生活中不断学习知识、提高能力、积累经验,为将来自主创业创造条件,找到适合自己的致富"奶酪"。

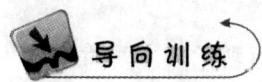导向训练

1. 拓展知识——SWOT分析法

这是一种企业内部分析方法,找出企业优势、劣势及核心竞争力。其中S代表strength(优势),W代表weakness(劣势),O代表opportunity(机会),T代表threat(威胁)。

请你用SWOT方法,分析你所学的专业或想从事的行业。

我所学的专业是_____,我想要从事的行业是_____。

内部条件【自身条件】	内部自身优势(S)	内部自身劣势(W)
外部环境【社会因素】	社会环境机会(O)	社会环境威胁(T)

2. 机会存在于常人认为是问题所在的地方。列出3个令你烦恼的问题,然后为每

个问题提出解决方案。

问　题	解决方案

3. 拓宽你的眼界

想要找到好的创业项目,最好的方式是不断用新的经验去开拓你的思维,无论你在做什么,时刻留心,一些好的、有趣的拓展思维的方法包括:

旅　游　　读　书　　接触陌生人　　参加讲座、音乐会
兼　职　　看新闻、读报　尝试新的爱好　与朋友讨论新闻事件

(福建化工学校　蔡佳伟)

第二节　顾客永远是上帝

——谈了解顾客需求

> **故事引入**
>
> 　　曾经有个鞋厂想去开发一个小岛的市场,老板先派甲去小岛,到了岛上甲看到居民都赤脚,他马上给老板打电话说:"这个小岛上的居民都赤脚,不需要穿鞋,我们在这里没有市场。"之后便打道回府。随后老板又派乙来开发岛上市场,他同样看到居民都赤脚,于是马上给老板打电话说:"老板你赶紧生产鞋子,这个小岛上的居民都赤脚,没鞋穿,这边有很大的市场需要,你把鞋子运过来肯定好卖。"讲到这里大家觉得甲和乙谁能成功?

　　大部分人都觉得乙能成功了,在这里要告诉大家乙非但没有成功,而且失败得一塌糊涂。为什么呢?希望大家读过这节能找到答案。

　　满足顾客的需要,是任何一个企业活动的起点,也是企业经营的根本目的。不论同学们在毕业后是否立即创业,了解顾客需要,更好地为顾客服务,对我们就业、创业都有重要意义。

　　顾客是人,人就有各种各样的愿望、欲望与要求,而这就是顾客需要的一种表现形式,顾客需要指的是顾客对某种商品或服务感到缺失,并力求满足的一种心态。例如,人们感到饥饿时,会产生对食物的需要;感到寒冷时,会产生对御寒衣服的需要;感到孤独寂寞时,会产生对交往、娱乐活动及礼品、娱乐品的需要;感到卑微渺小时,会产生对有助于提高身份的高档、贵重商品的需要。满足自己的需要就是顾客消费活动的内在原因与根本动力,顾客将花费自己的金钱或精力来满足自身需要。各位同学将来我们就要为顾客提供各类满足需要的产品或服务,并取得自己的报酬,甚至挖到人生的第一桶金,实现自己的人生价值。

当今社会,顾客的需要丰富多彩,纷繁复杂,并随着科技日新月异的发展,顾客需要不断出现新的发展和变化。尽管如此,顾客的需要仍有一些共同的地方,接下来让我们一起来认识这些需要的共性。

一、顾客的基本需要

顾客是我们服务的对象,但并不是我们能为所有的顾客都提供服务,毕竟顾客们每个时期的需要都是不同的,也就是说任何创业项目是有一个针对的顾客群体的,只能满足部分顾客的需要。那我们身边的顾客群体有哪些需要呢?让我们看看下面的分类。

1. 少年儿童的消费需要,主要包括增长身体和开发智力

少年儿童是祖国的未来,是父母的希望,现在很多家庭都是独生子女家庭,父母对孩子的关心爱护无微不至,只要有利于孩子的,父母都愿意为孩子付出。而这个时期未成年孩子的消费,很多时候还取决于父母,因此满足少年儿童的需要,就是满足父母对孩子美好期望的需要。

【案例】福建化工学校2005届高职班毕业生王冰(化名),在校期间在外兼职家教,补贴在校生活费,毕业后到海沧新阳小学担任了4个月的代课教师,敏锐地发觉在城乡接合部许多父母忙于生计,忽略了孩子的学习,直到孩子上了小学中高年级,成绩跟不上时才发觉问题严重,但自己文化程度不高难以辅导,只得在外请辅导老师。于是王冰回到翔安,在新店创立了家馨补习班,针对小学学习困难生的语文、数学、英语进行辅导,经过两年的艰辛创业,现在家馨补习班有60多位学生,请了4位专职教师,月盈利近3万。

2. 青年人的消费需要,主要包括对新颖时尚流行商品的追求与新婚消费

青年人具有越来越可观的经济收入,家庭负担轻,他们不愿压抑自己的消费欲望,青年人思想活跃、好奇心强、追求个性,因此,新颖、时尚、流行的产品总能第一时间吸引青年人的眼球,让很多青年人成为"月光族"。新婚是青年人生旅途的必经之路,新婚需要是多方面的,首先是住房、室内装修,其次是家具和生活用品,还有围绕婚礼的各种活动需要,这支出是一笔不小的数目,往往要花费多年的积蓄。因此青年人是一个最富有购买能力的庞大消费市场。

【案例】在厦门小鱼社区上,一位男子将自己计算的结婚费用"晒"到了网上:房屋一

套(岛外90平方米,均价10000元)90万元+7万元中等装修+5万元家电及家具+10万元普通轿车一辆+1.6万元新马泰港澳游或云南、海南蜜月游+3万元的两年谈恋爱吃饭、娱乐和送礼费用,所有这些加在一起,共是116.6万元。需要他不吃不喝地工作将近20年!

3. 老年人的消费需要,主要包括医疗保健与餐饮消费

老年人一般指60岁以上人群,他们最关心的问题是如何保重身体,延年益寿,所以迫切需要有益自己健康的低糖、低盐、低胆固醇、多蛋白质的饮食和医疗保健产品,但在很多商家心目中,老年人还是属于一个弱势消费群体,他们的消费需求遭到漠视。现实却是我国在1999年就已经进入老龄化社会,目前老年人口约1.78亿,在2014年预计达到2亿,是一个人口数量多,消费量大,需求特殊的消费群体,且在我国"尊老爱幼"素来是传统美德。因此如何开发和满足这一"银色市场"的需要,值得各位同学好好思考。

【案例】日本比我国提早十年进入老龄化社会,可以成为很好的参照。在传统的老年人食品行方面,每年都以10%的速度增长,除了适合老年人口味的软、甜、高营养外,单是具有医疗作用的食品就扩大到高营养流食、肾病食品、糖尿病食品、补铁、补钙、纤维食品等7类,年产值达到1200亿日元。除了衣、食、住、行等传统老年人产品服务外,现在还涌现出包括老年人家庭护理、老年人用品租售、养老培训、老年旅游等17个新兴的分类。而现在在日本,老年人产品服务仍属于一个新兴市场!

二、现代顾客需要的发展趋势

消费品需求将向高、新、好、美、廉的方向发展。

1."高"是指顾客需求中高档化的趋向。随着人们收入增加和消费观念改变,人们购买高档商品的需求也会越来越强。近几年来,一些传统的耐用消费品的需求量在下降,而高级音响设备、电脑、小汽车等的需求量大幅度增长,高档化趋向已很明显。

【案例】2011年,当中国的总体汽车市场已开始放慢增长步伐时,豪华汽车品牌在中国的表现特别出色。三大豪车品牌奔驰、宝马、奥迪的销量全都猛增了30%以上。中国更是超过了美国成为宝马汽车最大的单一国别市场。

2."新"是指顾客对具有新特色商品的需求会逐渐增加。特别是青年顾客,追求时代感,追求个性化,将成为他们消费的最显著特征。

【案例】根据全球著名调查机构Gartner提供的数据,安卓(Android)系统在智能手机市场的占有率在2011年第四季度达到52.5%,意味着2个人中就有1个人使用安卓系统的手机!去年同期为25.3%,而安卓系统诞生才不到3年时间,这个新的手机系统为什么吸引了那么多人购买或更换手机?原因在于他赋予了手机全新的功能,手机不仅仅接打电话,发发短信,手机能够上网聊天、收发邮件、游戏娱乐,成为个人的媒体中心,在不久将来甚至要代替电脑。

3."好"是指顾客对质量好的商品的需求。顾客不仅要求满足其一般需求,而且要求商品的质量越来越好,近年来出现的崇尚名牌的消费倾向就是例证。

4."美"是指人们对商品式样美观的要求。他们不仅要求商品的内在价值,更重视商品的外观形象意义,比如要求商品具有欣赏价值和象征性意义等。

【案例】2012年新春,苹果公司的新款手机iPhone 4S正式开始在中国内地销售。开卖当天,国内的苹果专卖店被消费者挤破了门槛,甚至出现了排队购买的顾客与专卖店保安的肢体冲突,引发了社会关注。iPhone 4S也在短时间里就宣布售罄断货。什么原因让顾客对售价高达5000元的iPhone 4S手机趋之若鹜?很重要的一点就是iphone 4S手机漂亮的外观和不错的整体性能,符合顾客求好、求美的需要。

5."廉"即物美价廉。商品价格问题永远是顾客最敏感的问题。

【案例】卖出15万台手机需要多久?2012年2月28日,小米手机告诉我们,只需要半小时,每秒卖出近100台!为什么在竞争激烈的手机市场,我们国产的小米手机能取得不俗的销量呢?这靠的就是价格优势,小米手机的售价比同等配置的国外品牌手机便宜了近1/3,这款物美价廉的手机,用销售成绩证明自己是最受年轻人欢迎的手机之一。

写到这里,希望能给同学们一些启发,创业项目一定要满足顾客的需要,能为顾客解决一些实际问题,这样才能吸引顾客。这就要求我们能转换角色,站在顾客的角度去思考,想顾客所想,知顾客所好,并设法投其所好,满足顾客的需要,如果我们积极地去了解并满足他,顾客必然会越来越多,生意必定也会越来越好。

为什么乙失败了,同学们想到了么?原因就是小岛居民长期赤脚,没穿鞋的习惯,使得他们的脚趾间距分得非常大,一般设计的鞋子根本就不适合他们穿。乙盲目地把鞋子拉到小岛,根本就卖不出去,最终一败涂地。

随后呢,老板又派了丙去小岛开发市场,到了后,他不但了解了小岛居民的脚型特征,还了解了当地的生活习俗。随后他给老板打电话说:"老板,请照我给你的信息,定制出适合小岛居民穿的鞋子,然后运一些样品来。"另外他实施了一系列的营销策略,在岛上一个出名的中央地带,他制作了一个当地著名人物的雕像,穿着他们所设计的鞋子,于是这家鞋厂的鞋很快就在岛上大畅销。

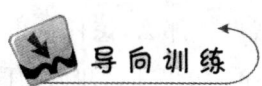导向训练

、列出你所在社区或周边存在的三个商机,它们各自满足顾客什么需要。

商业机会	满足需要

二、想出一种市面上尚未出现的产品或服务,是你非常愿意购买的,请说明理由。

_____

_____

（福建化工学校　蔡佳伟）

第三节　知己知彼,百战不殆
——谈了解竞争对手

故事引入

> 森林里两个猎人遇到了一只老虎。其中一位马上低下头去系鞋带。另一个人就嘲笑:"系鞋带干什么?你跑不过老虎的!"系鞋带的猎人说:"只要我跑得比你快就行!"选择不同的竞争对手就会导致不同的行为和结果:猎人的竞争者不是老虎,而是他的同伴。如果认为自己在同老虎赛跑,那么注定要失败。商战也一样!

对市场进行调查,只了解你的潜在顾客的情况还不够,你还需要了解竞争对手的情况。通常情况下,企业看好的顾客,竞争者也会看好。因为你多半得与提供相同或类似产品或服务的企业竞争,这些企业将是你的竞争对手。企业在确定业务领域时还必须对竞争对手进行深入的分析。通过了解你的竞争对手的情况,你可以学习到很多。通过了解他们做生意的方法,可以帮助你去琢磨怎样使你的企业构思变成现实。

准备创业的中职生,必须学会了解竞争对手的有关信息。正所谓"知己知彼,百战不殆",一句话形象地道出了商战中判断竞争对手的价值所在。而错误判断了竞争对手,就会直接影响决策的方向和目标,最终影响企业竞争行为的成败。那么,怎样从市场上众多的产品中去判断企业真正的竞争对手呢?怎样做竞争分析,做出知己知彼,有利于企业的决策呢?

一、谁是竞争对手

分析竞争对手的第一步首先应考虑的是:谁是我们的竞争对手?"同行是冤家",这只是泛泛之谈,任何一个企业都难以有足够的资源和能力,也没有必要与行业内企业全

面为敌,四面出击。企业通常面对竞争对手有三种情况:

1. 主要竞争对手:同品类价格、定位及服务相似的企业。
2. 行业竞争对手:同品类的所有品牌。
3. 替代品:任何具有替代作用的商品。

【案例】可口可乐,全球最大的饮料公司,拥有全球48%的市场占有率。经过多年的经营探索之后,最终确定了其主要竞争对手为百事可乐,这是目前在碳酸饮料行业里唯一能与可口可乐相抗衡的一家企业。可口可乐的行业竞争对手有非常可乐、汾湟可乐等,同时可口可乐也面临着诸多替代品的竞争对手如旭日升、美年达、七喜、健力宝等。

二、分析竞争对手

在确立了主要的竞争对手以后,就需要对每一个竞争对手做出尽可能深入、详细的分析,揭示出每个竞争对手的长远目标、基本假设、现行战略和能力,并判断其行动的基本轮廓,特别是竞争对手对行业变化,以及当受到竞争对手威胁时可能做出的反应。你可以先通过回答下列问题的形式来大致了解竞争对手的情况:

- 他们的产品或服务的价格怎样?
- 他们提供的商品或服务的质量如何?
- 他们如何推销商品或服务?
- 他们提供什么样的额外服务?
- 他们的企业坐落在地价昂贵还是便宜的地方?
- 他们的设备先进吗?
- 他们的雇员受过培训吗?待遇好吗?
- 他们做过广告吗?
- 他们怎样分销产品或服务?
- 他们的优势和劣势是什么?

更深入地讲,企业做竞争对手分析,大体包括以下几个方面:

(1)确认公司的竞争对手。关于竞争对手的界定,前面内容已详细介绍,在此不再赘述。

(2)确认竞争对手的目标。竞争对手在市场里找寻什么?竞争对手行为的驱动力是什么?此外还必须考虑竞争对手在利润目标以外的目标,以及竞争对手的目标组合,并注意竞争对手用于攻击不同产品/市场细分区域的目标。

(3)确定竞争对手的战略。公司战略与其他公司的战略越相似,公司之间的竞争越激烈。在多数行业里,竞争对手可以分成几个追求不同战略的群体。战略性群体即在某一行业里采取相同或类似战略的一群公司。确认竞争对手所属的战略群体将影响公司某些重要认识和决策。

(4)确认竞争对手的优势和弱势。这就需要收集竞争者几年内的资料,一般而言,

公司可以通过二手资料、个人经历、传闻来弄清楚竞争对手的强弱。也可以进行顾客价值分析来了解这方面的信息。

(5)确定竞争对手的反应模式。了解竞争对手的目标、战略、强弱,都是为了解释其可能的竞争行动,及其对公司的产品营销、市场定位及兼并收购等战略的反应,也就是确定竞争对手的反应模式。此外,竞争对手特殊的经营哲学、内部文化、指导信念也会影响其反应模式。

(6)最后确定公司的竞争战略。

【案例】提起"王老吉"凉茶,不管是不是广州人,都会知道。因为它太有名气,国内无人不闻。王老吉开始对竞争对手进行过分析,做凉茶困难重重,做饮料同样危机四伏。如果放眼到整个饮料行业,以可口可乐、百事可乐为代表的碳酸饮料,以康师傅、统一为代表的茶饮料、果汁饮料更是处在难以撼动的市场领先地位。只有掌握和了解自己的竞争对手,才能打好有准备的市场竞争战。

因为在凉茶和饮料这两方面,都有十分强硬的竞争对手,它们都早已占领了大部分的市场,但在功能饮料上,除了红牛(少年儿童不宜)外,还有较大的空缺,王老吉饮品可以通过功能饮料打入市场,并且能够以更多的特色满足用户特定的需求。3.5元的零售价格,因为"预防上火的功能",不再"高不可攀","王老吉"的品牌名、悠久的历史,成为预防上火"正宗"的有力的支撑。

再进一步研究消费者对竞争对手的看法,则发现王老吉的直接竞争对手,如菊花茶、清凉茶等由于缺乏品牌推广,仅仅是低价渗透市场,并未占据"预防上火"的饮料的定位。而可乐、茶饮料、果汁饮料、水等明显不具备"预防上火"的功能,仅仅是间接的竞争。王老吉把凉茶从"清热解毒祛暑湿"的药饮重新定位为"预防上火的饮料"。

三、竞争策略的选择

确定完竞争对手并对其进行详细分析之后,接下来就是竞争策略的选择。现代企业要在商战中求得生存和发展,长期保持有利的需求量不断增长,扩大市场容量。这就必须不断寻求产品的竞争地位,领先于竞争对手就必须制定适合自己的竞争策略。新顾客、新用途,鼓励原有顾客扩大使用量。

1. 低成本策略

企业通过有效的途径降低成本,使企业的全部成本低于竞争对手的成本,甚至成为同行业中最低的成本,从而获得竞争优势的一种策略。成功实施低成本战略的关键在于,在提供对顾客至关重要的产品和服务的前提下,实现相对于竞争对手的可持续性成本优势。

2. 产品差异策略

指企业向顾客提供的产品或服务与其他竞争对手相比独具特色、别具一格,从而建立起独特竞争优势的一种战略。这种策略的核心是取得某种对顾客有价值的独特性,最具吸引力的差异化方式是那些竞争对手模仿起来难度很大或代价高昂的方式。

3. 特殊战略

即企业针对某一特定需求群体或有某种特殊用途的产品或某一特定领域,将其设定为经营的重点目标。它要求企业能通过更好地满足特定目标的要求取得产品差异,或能通过这一特定目标服务获得低成本,或二者兼得。该策略也能在同业中获得超额利润,防御代用品的威胁,针对竞争对手最薄弱的环节采取行动。

【案例】2003年是饮料行业的果汁年。在碳酸饮料、瓶装水、茶饮料三大产品相继掀起市场热潮以后,果汁饮料以健康时尚的形象成为饮品市场的新宠。以混合果汁作为突破点,是农夫果园差异化策略的第一步。市场上饮料口味繁多,一般以橙汁、苹果汁、葡萄汁最为常见。农夫果园的混合线路可以避免与几大品牌的相互竞争,也可以确定在混合果汁市场中的领导地位。农夫果园的命名也是延续了农夫山泉的品牌优势。在产品定位基础上,农夫果园又相继推出了"喝前摇一摇"的宣传差异化,包装、容量、浓度的标新立异,以及价格策略的差异化等一系列的活动。

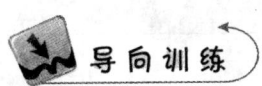
导向训练

1. 以诺基亚手机为例,分析它存在的问题,以及该企业如何在手机行业中进行竞争。
2. 确定你的竞争对手并做出优势分析。

项目比较内容	我的产品或服务	竞争者甲的产品或服务 姓名: 地址: 电话:	竞争者乙的产品或服务 姓名: 地址: 电话:	竞争者丙的产品或服务 姓名: 地址: 电话:
价格合理性				
质量可靠性				
购买方便性				
顾客满意度				
员工技术水平				
企业知名度				
品牌信誉度				
广告有效性				
交货及时性				
地理位置优越性				
特别销售策略有效性(如赊销、折扣)				

续表

项目比较内容	我的产品或服务	竞争者甲的产品或服务 姓名： 地址： 电话：	竞争者乙的产品或服务 姓名： 地址： 电话：	竞争者丙的产品或服务 姓名： 地址： 电话：
售后服务				
设备				
销售额				
我的产品或服务特征				
我的产品或服务的主要优势	与竞争者甲比			
	与竞争者乙比			
	与竞争者丙比			

（福建化工学校　杨松茂）

第四节　酒香也怕巷子深

——谈公司广告

故事引入

法国一家经营强力胶水的商店坐落在一条鲜为人知的街道上，生意很不景气。

一天，店主在门口贴了一张广告："明天上午9点，本店将用出售的强力胶水把一枚价值5000法郎的金币贴在这面墙上，若有哪位先生或小姐能用手把它揭下来，这金币就属于您！"次日，人们将这里挤得水泄不通，电视台的录像车也来了。店主当众拿出一瓶强力胶水，在一枚金币的背面薄薄地涂上一层，将它贴在墙上。人们一个接一个来碰运气，结果金币纹丝不动，这一切都被电视台拍摄下来。从此，这家商店的强力胶水销量大增，供不应求。

"酒香不怕巷子深",这是一句俗语,可是在当今社会,这句话应该是过时了,好酒大都是被处心积虑的自我包装推销出来的。在当今市场竞争趋向"白热化"的经济大潮下、信息时代下,现在谁敢说自己做得最好,谁能做到市场垄断?!不进则退,再好的产品,不去宣传,没有广告,是不会被人们了解的。不被知道,没有认可,就更谈不上去消费、去购买了,即使真的有一天被人发现你的"酒好",可是你一定有能力支撑那么漫长的时间而等到那一天吗?也许你的"酒"已经不是最香的了,更多的好酒涌现市场,甚至不如你的酒香,但人家已经是被人们认可的"品牌"了,此时的你何去何从?恐怕只能退出市场了。

许多人都认为自己的公司很有实力,很有知名度,规模也很大,不用做宣传。其实,一些世界著名品牌,他们一直遵循广告无处不在的原则,他们很清楚,如果放弃宣传,那就相当于放弃市场。

如何想让别人发现这深巷子里的酒呢?如何进一步实施这个策略呢?

一、广告媒体及其选择

广告是为了某种特定的需要,通过一定形式的媒体,公开而广泛地向公众传递信息的宣传手段。营销学中的广告是以促进销售为目的,通过支付一定的费用,借助特定的媒体,传播商品或服务等经济信息的活动。

广告媒体的种类常见的有:报纸、杂志、广播、电视、网络广告,户外广告,邮寄广告,除此之外,还有POP广告,广告册、黄页、橱窗、车船、电影广告、霓虹灯、商品包装等也是企业在营销中越来越常用的宣传方式。一般来讲,选择广告媒体要从企业或商品特点和促销目标出发,选择覆盖面广、传播速度快,直接接触目标市场,节省广告成本,能获得最佳促销效益的广告媒体。不同的广告媒体有不同特点,在运用时要考虑以下几点:

1. 目标市场。广告的目的就是影响目标市场的潜在顾客,从而促进购买。因而,选择广告媒体要考虑消费者易于接触,并乐于接受的媒体。并且要根据目标市场范围,选择覆盖面与之适应的媒体。如,开拓区域市场,可选择地方报纸、电台、电视台,如果提高在全国的知名度,则宜选择全国性的媒体。

2. 广告商品的特性。由于商品的性质、性能、用途不同,宜选择不同的广告媒体。例如,对于生活用品,可用电视、广播或进行家庭走访;对于专业技术性强的机械设备等,则宜利用专业性报纸杂志,或邮寄广告形式,以便更直接地接触广告对象。

3. 媒体性质。主要是考虑媒体本身的流通性、时间性、覆盖面和表现力等。

4. 媒体的成本。不同媒体费用不同,同一媒体不同时间、位置费用也会不同。企业在选择时要根据自身财力和对广告效果预期选择适宜的媒体。

【案例】有的广告做在漂亮的地方,看后赏心悦目。有的广告制作者别出心裁地把

广告做在厕所,也有别样效果。一天,美国史迪威广告公司的创始人理查德,在上厕所时无意发现厕所四周的墙壁上空空如也,觉得甚是可惜。此时,他心里突然冒出一个念头,认为人们在上厕所时往往心情最轻松,此时若在墙壁上出现任何广告,人们都会乐意驻足观看。

于是,理查德到处游说客户,让他们把广告张贴在厕所里,在厕所里张贴广告,费用较少。恰巧有一家法国的航空公司负责人愿意将他们的广告在厕所里张贴宣传。于是,理查德又去寻找合适的厕所,经过与一家超级商场协商,此建议一提出来,一拍即合,因为商场经理做梦也没想到厕所也能被用来发财。就这样,设计得极为优雅,排列得非常整齐的广告顿使厕所增辉。消费者看了这类广告反映良好,使得许多客户无不乐意让理查德来经手办理厕所广告。

二、广告设计的原则

广告的策划是一项有着特殊规律的系统工程,也是一种创造性的思维活动过程,不同类型的广告在设计上会有很大的差异,但是其中也有一些基本的原则需要共同遵守:

1. 真实性原则。广告的真实性,是广告的生命。广告设计要以事实为依据,反对虚假广告,可以运用夸张的手法,但是不能乱真。必须以信为本,讲求信誉,同时要求内容完整,向社会公众提出必要的忠告。如香烟广告"吸烟有害身体健康"。

2. 思想性原则。广告设计强调内容有深度,不能言之无物、空洞肤浅。应向消费者充分展示商品的性能、质量、功用和优点,以各种诉求打动消费者,影响和改变消费者的观念和行为,最后达到产品被销售出去的目的。

3. 艺术性原则。广告内容必须生动地体现主题,赋予生命力。艺术形象越鲜明,越具有创造力,就越会感染受众,产生更大的广告效益。广告向消费者传达的信息不是直接的叫卖与呐喊,应调动一切艺术的科技手段来刺激消费者现有的或潜在的欲望。

4. 大众性原则。广告内容设计简单明了、通俗易懂,一切围绕大众,为大众着想,站在大众的立场上思考和行动。

5. 民俗文化性原则。充分尊重社会大众中不同民族、种族的传统特点,充分利用大众喜闻乐见的文化形式、艺术形式,传播广告和设计信息。

【案例】真实性原则经常运用到保险类广告中,如美国西格纳财产和伤亡保险公司的广告:200 年来,灾害一个接一个。1798 年加勒比海船只失事,1835 年纽约船坞大火,1871 年芝加哥大火,1906 年旧金山地震和大火,1947 年纳布拉斯卡龙卷风,1971 年洛杉矶地震,1980 年华盛顿火山爆发,1987 年衣阿华龙卷风,1989 年胡戈飓风,1989 年旧金山地震。天灾人祸一直是保险行业兴起的根源。灾难是生活中的残酷现实。在以往的 200 年里,美国西格纳财产和伤亡保险公司处理了几千家公司的保险业务,哪儿有灾害,我们将会在哪里赔偿它带来的后果。

三、广告设计的程序

在广告策划的过程中,有许多工作要作,这些工作要依次来做才能有条不紊地进行。

1. 熟悉了解工作任务。广告设计第一步,也是最重要的一步。如果这一步没走好,没有领会广告意图,后面就会走弯路。对广告区域、诉求对象、经济条件等进行了解,确定广告主题。

2. 收集资料。明确任务后,根据表现主题收集有关资料。如对企业背景、产品资料、标志、文字资料、相关图片等,包括行业概况,同类产品和竞争对手的各种资料进行调研,详细分析,并寻找创意切入点。

3. 创意构思。广告大师大卫·奥格威指出:"要吸引消费者的注意力,同时让他们来买你的商品,非要有好的点子不可,除非你的广告有很好的点子,不然就像被黑夜吞噬的船只。"这里所说的"点子"就是指"创意"。

4. 设计制作。一个好广告除了好的创意,还应该有好的表达方式。再好的创意也只有创意者自己明白,必须将构思转换为具体的设计形象,用最佳的形式表现创意,反映主题。

5. 调整定稿。设计方案确定后,并不是每个细节都不可挑剔,往往一个细微的调整都将带来新意。

【案例】七喜(7-UP)汽水长期将自己定位为"清凉解渴型"软饮料,对消费者来说,它只是众多汽水中的一种而已。后来广告公司通过对同类产品和竞争对手的各种资料进行调研分析后,寻找创意切入点,大胆将它定位为"非可乐",在广告中告诉消费者:清凉饮料有两种类型——"可乐"和"非可乐",当你喝腻可乐或不愿喝可乐时,"非可乐"七喜汽水是你的另一种选择。非可乐定位广告推出后,七喜在短短一年内,仅次于可口可乐与百事可乐,成为第三大饮料品牌。

别再说酒香不怕巷子深,再香的酒,藏得远了,也会无人能知。"产品"一旦自我隐藏,不把"香气"散发出来,也只能自我埋没。"沉默是金"、"千呼万唤始出来"这样过时的真理已被历史摒弃,"孤芳自赏"是企业走向毁灭的催化剂。在经济全球化的时代,通过各种广告宣传推销自己的产品,是商家的必然选择。

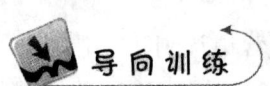
导向训练

1. 看看电视,认真分析10条电视广告,找出它们的产品定位。
2. 查找资料并分析同为宝洁旗下的五款洗发水:飘柔、潘婷、海飞丝、沙宣、伊卡璐各采用了怎样的广告策略,为什么要这样做?

(福建化工学校　杨松茂)

第五节 梦想成真的试金石
——谈制订营销计划

故事引入

1987年,瑞士雀巢咖啡进入中国市场就是营销组合成功的明显一例。当时,雀巢公司对中国内地和香港市场进行了全面的调查,聘请对中国问题非常了解的专业人士共同研究、制订了以下市场营计划:

(1)产品策略。雀巢通过调查发现,影响人们购买咖啡的主要因素是口味。国际上咖啡的口味主要分为以苦味为主的英国口味、苦和酸涩并重的美国口味、讲究淡味的日本口味。经过研究,雀巢认为中国内地的消费潮流受香港领导,于是将产品定位为英国口味。

(2)价格策略。在美国市场上,"雀巢"是名牌,而在中国内地的竞争对手麦氏咖啡则属杂牌,两者价格相差近30%。在中国内地是否仍然保持这种价格差呢?公司决定保持这种价格差,并同时以相应的促销策略作为配合。

(3)分销策略。为显示产品的档次,雀巢产品一般只供给中档以上的商店,不在小店出现。通过以上市场营销的组合策略,雀巢迅速进入了中国内地市场,取得了极大成功。

(4)促销策略。雀巢选择京、津、沪三大城市为突破口,在三大城市的地方电视台和中央电视台同时播出广告,通过集中、统一、有特色的密集性发布,传播了雀巢咖啡"味道好极了"的良好品牌形象;在营销推广上,雀巢没有采用欧美等国家常用的折扣、减价等方式,而是采用中国大陆消费者较为欢迎的买一赠一、买咖啡送伴侣等形式。

在掌握了顾客和竞争者的情况之后,你便可以着手准备市场营销计划了。制订市场营销计划的一种方法是从市场营销的四个方面,即产品(Product)、价格(Price)、分销(Place)、促销(Promotion)四个方面着手。因为这四个的英文的第一个字母都是P,所以常把市场营销中的四个方面简称为"4P"。

一、产品

创业首要考虑的第一个问题:卖什么样的产品?产品是营销计划中的核心因素,企业的其他各项营销计划都是以产品为基础进行制订和执行的。企业应根据需求的特点和竞争对手的实际情况,确定自己的产品结构和产品的升级换代。

产品是为目标市场而开发的,用于满足目标市场特定顾客的需求,包括产品类别、质量、设计、性能、款式、规格、材料、品牌、包装、服务、保证等。

【案例】在如今的中国,没有用过"宝洁"公司产品的人恐怕不多。宝洁公司对消费者的承诺是系列产品:海飞丝、舒肤佳、潘婷、飘柔、佳洁士、玉兰油……这些著名品牌是宝洁公司在追踪消费者需求基础上,经多年研究开发出来的,其产品可以用两个字来概括,一是老,二是新。宝洁公司至今已有160余年的历史,在世界500强里,算是历史悠久的了,说它是"百年老店"恰如其分。宝洁公司不断有新的品牌问世,到目前为止,已开发出300余种产品,说它新,一点也不为过。继第一款产品"海飞丝"之后,宝洁在中国市场相继推出"飘柔"、"碧浪"、"潘婷"、"舒肤佳"、"玉兰油"、"护舒宝"、"汰渍"、"佳洁士"、"沙宣"等一系列著名品牌,这些品牌在国内市场十分畅销。

宝洁公司认为,"新产品的产生,首先是对市场的调查研究,它有两个目标:一是已拥有这个产品,调查消费者还有什么要求;二是完全没有这种产品,这就需要了解消费者的需求,开发新产品"。宝洁公司建立了一支专业调查队伍,他们的足迹遍及全国城乡,与消费者同吃、同住,观察他们的生活习惯,看他们如何洗衣服、如何刷牙、如何洗头、如何给孩子换尿布。十年来,他们用这种办法,与数十万计的消费者进行了接触。

二、价格

价格是企业根据产品在目标市场中的定位,为企业的产品确定一个既能被目标消费者接受,又能为企业带来利润的价格。价格是营销计划中最灵活的一个因素,企业可以根据竞争的需要及时调整价格。因此企业制定的价格一般都是具有竞争性的。但实际收入还会受其他因素影响,如产品打折、赊销、付款期限、信用条件等。在制定产品价格时,你必须知道:

- 你的产品的成本;
- 顾客愿意出多少钱买你的产品;
- 竞争者同类产品的价格。

你要学会如何核算产品或服务的成本,收集顾客愿意出的价格,列出竞争者的价格,然后确定你认为合适的价格。

【案例】珠宝饰品价格是消费者与商家能否达成交易的关键所在,针对这一敏感的问题,在价格策略上,周大福创造了一套有别于其他同行的新路子,创新性地推出了"珠宝首饰--口价"的销售政策,并郑重声明:产品成本加上合理的利润就是产品的售价,通过"薄利多销"的经营模式,节省了消费者讨价还价的时间,让顾客真正体验货真价实的感受。为了降低经营成本,从而更好地参与市场竞争,周大福还自己创立了首饰加工厂,生产自己所售卖的各类首饰,减少中间环节,使生产成本降至最低,并获得了全球最大钻石生产商——国际珠宝商贸公司DTC配发钻石原石坯加工琢磨和钻石坯配售权,保证了它最低的原料成本和较强的竞争实力。

三、分销

分销是保证企业的产品能够及时、准确地到达消费者手中的渠道,是联系企业和市场的纽带。分销计划主要包括中间商、渠道、地点、市场覆盖面、仓储、运输等。

创业必须面临的一个问题是把自己的企业设在什么地方。如果你计划开办一家零售店或服务企业,地点对你来说非常重要,你必须把它设在离顾客较近的地方,这样便于顾客光顾你的店铺。一般来说,如果你的竞争者离顾客近,顾客就不会跑很远的路来你的商店。而对制造商来说,离顾客远近并不是最重要的,最重要的是能否方便地获得生产所需要的原材料。这就是说,工厂或车间应该设在离原材料供应商较近的地方,能获得低租金的厂房对于制造商来说也很重要。

创业选址也要考虑产品的分销方式和运输问题。仅仅生产好的产品是不够的,你必须要让顾客方便得到你的产品。企业应该时刻注意市场的变化和自身资源的关系,及时调整和监督分销计划,保证企业分销计划有效执行。

【案例】打火机原先一般都在百货商店或是在卖香烟的杂货店里卖。可是,日本丸万公司在十几年前推出瓦斯打火机时,就把它交由钟表店销售。如今,日本的钟表店到处都是卖打火机的,这在以前是根本没有的现象。钟表店一向被认为是卖贵重物品的高级场所,在这里卖打火机,人们一定会视它为高级品。而在暗淡的杂货店、香烟店里,上面蒙着一层灰尘的打火机和摆在闪闪发光的钟表店中的打火机,这两者给人的印象当然是天壤之别了。丸万公司采取在钟表店销售打火机的方式收到了惊人的效果,他们的打火机十分畅销。由于采取的是反传统的销售渠道,使他们的打火机出尽风头,令人们产生了丸万公司的打火机非常高级的印象,丸万公司的打火机目前风行到世界的每一个角落。因此,仅有好产品是远远不够的,必须建立、开发和设计一个有效的畅通的分销渠道。

四、促销

促销是企业把产品、价格和企业的营销方面的一些想法和观念传达给消费者的过程,是一种沟通和说服的过程,主要包括广告、人员推销、销售促进、公共关系等。

1. 广告——向你的顾客提供产品信息,让他们有兴趣购买你的产品。你可以通过报纸、广播、杂志、电视、网络做广告。招贴画、小册子、铭牌、价格表和名片也是给你的企业和产品做广告的方法。

2. 人员推销——企业派出销售人员直接与顾客接触,向其宣传介绍产品和劳务,并提供售后服务,以达到销售目的的活动。

3. 销售促进——企业通过各种营销方式来刺激顾客购买的促销活动。销售促进的手段很多,例如竞赛、抽奖、彩票、礼品与奖金、现场演示、表演、赠送样品、优惠与折扣、招待会、折让、展销等。

4. 公共关系——指企业为了获得人们的信赖,树立企业或产品的形象,用非直接付款的方式通过各种公共工具所进行的宣传活动。如记者招待会、演讲、研讨会、年度报告、各种庆典、捐赠等。

【案例】"没人上街,不等于没人逛街。"一句网上商城的广告词在2011年"光棍节"再次找到了贴切注脚。中国最大的B2C网购平台淘宝商城2011年11月11日零点开启五折促销活动引发网购潮,截至当日16时,促销活动成交额突破20亿元,促销产生的快递包裹已经超过1000万个。在淘宝商城"光棍节"促销页面上看到,小到零食、衣服,大到家具、电器甚至汽车,都有机会以五折价格买下。据介绍,共有2000多个品牌、数百万商品参与了这次光棍节"五折"促销。

"慢一秒钟,看上的宝贝很可能已经被抢购一空了。""'光棍节'来临的凌晨,大街上和平常一样静悄悄,但成千上万的电脑屏幕前,激烈的抢购简直就是一场狂欢大战。"淘宝方面表示,两年前创办"光棍节"大促销的初衷,正是想给年轻人在光棍节的娱乐狂欢热情找一个释放的平台。正如淘宝打出的口号,"就算没有男(女)朋友陪伴,至少我们还可以疯狂购物。尽管'光棍节'并不放假,但网购的便利让一切有了可能。"在传统商场看来,"光棍节"的促销价值并不大,但放在网上,极具活力和娱乐精神的网民就把这一概念的商业价值完全释放出来了。

导向训练

1. 假设你是一家校园超市的经理,运用4P策略说细分析你的营销计划。
2. 准备你的市场营销计划——价格

填表说明:

(1)在下表的顶端列出你的企业将出售的所有产品或服务。如果产品或服务超过5项,请自行增加列数。

(2)在表的第一列中补充你的企业的特征,并完成表格。

(3)在此,你应该先预测你的成本,以后你将再学习如何准确地计算成本。

特征 内容	(1)	(2)	(3)	(4)	(5)
产品或服务					
竞争者的平均价格					
我的预测成本					
我的价格					
如此定价的理由					
产品价格手册					
给谁折扣					
向谁赊销					

（福建化工学校　杨松茂）

第四章 财务管理

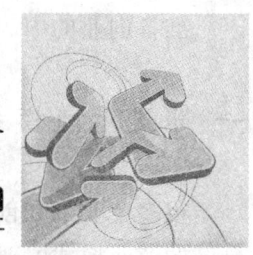

第一节 凡事预则立,不预则废
—— 谈创业盈利模式

> **故事引入**
>
> 有一只小鸡在草丛中觅食。小鸡的嘴啄来啄去,啄到了一颗钻石,一颗很值钱的钻石。钻石非常痛苦,觉得自己是明珠暗投了,这么值钱的尊贵之躯就要被一只小鸡糟蹋了。小鸡似乎看穿了钻石的心思,把钻石扔在一边,说:别看你那么值钱,对我来说,你还不如一颗麦粒,一颗麦粒还能让我填饱肚子,你除了让我难受并没有任何用处。
>
> 小鸡很聪明,它明白:适合自己需要的才是最好的,不适合自己需要的东西就是一文不值。如果我们都能像小鸡一样,选择适合自己的创业盈利模式,则意味着向成功迈出了第一步。

从起点出发,受尽苦难周折,却又回到起点。这是很多创业企业面临的最大困扰。是什么原因导致大量的创业企业甚至连进入利润区的大门都找不到?《科学投资》杂志社对创业企业案例库中的数百家企业进行统计,得到了这样一组数据:在创业企业中,因为战略原因而失败的只有23%,因为执行原因而夭折的也只不过28%,但因为没有找到赢利模式而走上绝路的却高达49%。

所谓赢利模式,说白了就是企业赚钱的方法,而且是一种有规律的方法。它不是那种东一榔头西一棒槌地打游击,更不是抖机灵。它是这样一种东西:能够在一段较长时间内稳定维持,并为企业带来源源不断的利润。

有多少企业就有多少赚钱方法,但只有最优秀的(而不一定是最大的)企业才谈得上模式。模式因为它的规律性,所以可以把握,可以学习,可以仿效,可以借鉴。它就像一块陶土、一个半成品,你可以根据自己的情况,加以改造。

准备创业的中职生,可以参照如下商业模式和赢利模式模型。

一、跟进尾随模式

很多企业家和创业者都在思考:如何通过学习或模仿优秀企业的商业模式来找到自己的商业模式?要想回答这个问题,企业首先要了解优秀商业模式的设计思想,并且充分掌握学习或模仿的方法,才能起到事半功倍的效果。

1. 全盘复制法

全盘复制商业模式的方法比较简单,即对优秀企业的商业模式进行直接复制,为我所用,当然有时也需要为适合企业情况略加修正。这种方法主要适用于行业内的企业,特别是同属一个细分市场或拥有相同的产品的企业,更包括直接竞争对手之间商业模式的互相复制。全盘复制优秀企业的商业模式有两点需要注意:一是需要快速捕捉到商业模式的信息,谁先复制就可能具备先发优势;二是需要进行细节调整,复制不等于生搬硬套,需要针对本细分市场或企业情况进行适应性调整。

【案例】"当当网——领跑电子商务"。亚马逊公司是电子商务企业中是最早做 B2C 商业模式的,当时的主营业务主要是在美国。中国的当当网复制模仿亚马逊商业模式,并且成功,目前保持国内 B2C 的领先地位,之后卓越网则是基本复制了亚马逊和当当网的商业模式,目前也取得了中国市场 B2C 的第二位,等亚马逊想进入中国市场时,发现中国市场 B2C 市场已经被当当网和卓越网垄断,以至于亚马逊为进入中国市场只能直接并购了卓越网。

2. 借鉴提升法

通过学习和研究优秀商业模式,对商业模式中核心内容或创新概念给予适当提炼和节选,通过对这些创新点的学习,比照本企业的相关内容,寻找本企业商业模式与这些创新点的不足,如果这些创新点能够比本企业现阶段商业模式中的相关内容更符合企业发展需要,企业就应结合实际需要将这些创新概念在本企业给予引用并发挥价值。引用创新点学习优秀商业模式的方法适用范围最为广泛,不同行业、不同竞争定位的企业都适用。

【案例】"百度——搜索改变生活"。百度初始的商业模式是通过给门户网站提供搜索技术,获取服务费用。后来又通过出售应用软件与服务获得经济回报,但是这个商业模式目标人群较小,不可能做大主营业务和持续发展。2001 年百度确定了现在的商业模式——基于竞价排名的网络推广方式,而这个创新是百度借鉴 Overture 公司的竞价排名,并将竞价排名作为自己的主要盈利模式,最终百度通过引用国外商业模式的创新点而使自己成功上市。

3. 整合超越的方法

基于企业已经建立的优势或平台,依托消费者对本企业的忠诚度或用户黏度,通过吸收和完善其他商业模式进行整合创新,使自己在本领域拥有产业链优势、混合业务优势和相关竞争壁垒。整合创新模式主要适用于行业领导者或细分市场领导者,其余企业尚不具备整合所需的各项能力和要素。

采取整合创新的方式学习商业模式时,需要特别关注企业现有平台是否具备一定优势,能否承担整合平台的重任,否则整合创新将失去基础,所以这种方法更多地被行业领导者或细分市场领导者所采用。

【案例】"腾讯科技——小企鹅,大平台"。在互联网行业,腾讯的商业模式造就了超高的用户黏度和超强的竞争壁垒,给它带来了巨大的流量,并借助长尾效应构建商业模式。腾讯从最初的移动增值服务,到后来的QQ秀、网络游戏,再到后来的QQ空间、QQ宠物、品牌广告,无一不是对商业模式的持续整合与创新,腾讯已经初步具有沟通、门户、商务、搜索和支付这五类互联网业务的最佳组合,已经成为"中国web2.0"的领导者。

二、产品金字塔模式

为了满足不同客户对产品风格、颜色等方面的不同偏好,以及个人收入上的差异化因素,企业为了使自己的客户群最大化,不得不推出高中低各个档次的产品,从而形成产品金字塔,在塔的底部,是低价位、大批量的产品;在塔的顶部,是高价位、小批量的产品。

1. 特点

大多数利润集中在金字塔的顶部,但塔底部的产品也具有重要的"防火墙"作用,可以有效阻碍竞争者的进入,保护顶部产品的丰厚利润。该模式最适宜应用在钟表业、汽车业、信用卡业、电脑业等领域。

2. 注意事项

(1)应建立以用户为中心的产品体系设计,注意用户的偏好和购买能力,适时调整自己的价格策略。

(2)每一个档次的产品所定位的客户群一定要明确,并把它们分别投放到各自适合的市场中去,切忌含混不清。

(3)高档产品力求利润,低档产品力求做"量"。

【案例】在南京的一条街上,曾在一年间冒出了多个泰迪熊专卖店。于是,这几家店的竞争很快就进入了白热化。其中一个店主,开始寻找新的赢利模式。经过长时间调查,他发现,大多数购买泰迪熊的消费者都是20岁以上的高薪收入阶层,主要盯紧中高档泰迪熊,每次新款一出来,连价都不问就会买下来。这个群体也会偶尔购买中低档次的泰迪熊,但对中低档次的泰迪熊,他们反而会讨价还价。与此同时,很多购买低档泰迪熊的人随着拥有泰迪熊数量的增多,就会开始希望选择更好的更有特色的产品。所以这个店主将店中的泰迪熊重新选择了一番,选出尾货数量比较多、别家店铺也有的中低档款式直接以进价大批量销售,以吸引人气和有效销售,同时使店中的资金流动起来。而那些只有他才能提供的泰迪熊则相应提高了价格。没到1个月,店铺的生意就开始好转起来。

三、利润乘数模式

借助已经广为市场认同的形象或概念进行包装生产,可以产生良好的效益,这种方式类似于做乘法。

1. 特点

利润乘数模式是一个强有力的赢利机器。一旦投入巨资建立了一个品牌,消费者就会在一系列的产品上认同这一品牌。企业就可以用不同的形式,从某一产品、产品形象、商标或是服务中,重复地收获利润。

美国迪斯尼公司是这一模式的缔造者和忠实实践者。它将同一形象以不同方式包装起来,米老鼠、美妮、小美人鱼等卡通形象出现在电影电视、书刊、服装、背包、手表、午餐盒、主题公园、专卖店上,每一种形式都为迪斯尼带来了丰厚的利润。

2. 注意事项

关键是你如何对你所选择的形象或概念的商业价值进行正确的判断。你需要寻找的是这样一种东西,它的商业价值是个正数,而且大于1,否则,这种东西就不但对你毫无意义,反而会对你造成伤害。

【案例】几年前,几个中国人倒腾出了网上即时交流平台ICQ的中国版——OICQ(也称QQ)。随后QQ以迅猛的速度得到发展,几乎覆盖所有中国网民。而且QQ的卡通形象——一只憨态可掬的小企鹅也渐渐被数以千万计的网民所熟知和喜爱。此时,以经营礼品进出口业务起家的广州东利行公司,看准了QQ小企鹅形象在商业领域拓展的前景,2000年12月与QQ的所有者腾讯公司签署了为期7年的QQ形象有偿使用协议。随后,东利行相继开发出精品玩具系列、手表系列、服饰系列、包袋系列等10大类106个系列,约1000种带QQ标志的产品。

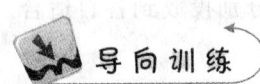

1. 社区便利店的未来之路

某个高级住宅小区,只有八幢楼,有一个小便利店。这个便利店是一对年轻夫妻在打理,不但经营辛苦,还赚不到钱。请你来给这家便利店诊断一下,为他们重组赢利模式。

2. 小李创业记

某校机械专业毕业的小李。毕业后盲目创业,学着别人倒菜、倒水果、倒服装,几经波折,没有一件事干成功,正当小李垂头丧气时,恰好社区组织个体经营者进行自我创业资源分析。经过分析,小李发现自己最大的长处还是所学的专业。在这之后,小李开了一家适合自己专业的小店,他感到一下子有了广阔的空间。如果你是小李,你会选择开一家怎样的店。

3. "不安分者"眼中的商机

高中毕业后干起家电维修的小胡和小姜,每天都以修收录机、电视机为生。经过几番摸索,小胡发现当地的农民用上了自来水后,将来就有可能使用洗衣机,有洗衣机便会有维修洗衣机的业务。于是,他买回本地市场上常见品牌的洗衣机供周围的人使用,目的之一是让人们尝尝洗衣机的甜头,目的之二是学习洗衣机的结构、保养和维修。果不其然,一年后,一台台洗衣机进入农村,维修业务几乎全被小胡包揽了,而小姜只能眼睁睁看着自己失去一次扩大维修范围的机会。请你分析小姜失败的原因。

4. 阿娟的工艺品店

阿娟和她先生开了一家陶瓷工艺店,他们自己能设计,自己能生产,自己能烧制,专门为顾客提供艺术陶瓷的花瓶、灯罩、水果盘、人物造型等等,但生意不是很好。有个朋友直言道:"你呀,有点不上不下,说你们的产品是艺术吧,似乎档次还差点,说你们是实用品吧,又太奢侈。"如果你是阿娟,你将如何改变?

(厦门工商旅游学校 梅小毅)

第二节 没有最好,只有更好

——谈创业财务管理方案

故事引入

股神沃伦·巴菲特1930年出生于美国内布拉斯加州的奥马哈市,从小就极具投资意识,他满肚子都是挣钱的想法,5岁时就在家中摆地摊兜售口香糖。稍大后他带领小伙伴到球场捡大款用过的高尔夫球,然后转手倒卖,生意颇为红火,等等。到2011年他的财富高居世界第三,他的成功说明他具有独特的投资观念、善于管理自己的钱财,在罗杰·洛文斯坦撰写的巴菲特传记中,篇首是世界首富比尔·盖茨的一篇短文。盖茨写道:"他的笑话令人捧腹,他的饮食:一大堆汉堡和可乐——妙不可言。简而言之,我是个巴菲特迷。"盖茨确实是个巴菲特迷,他牢牢记住巴菲特的投资理论:在最低价格时买进股票,然后就耐心等待。别指望做大生意,如果价格低廉,即使中等生意也能获利颇丰。这也许就是成功人士的理财方案。

"工欲善其事,必先利其器。"投资资金是一个创业者非常重要的必备条件,也是创业者最基本的、最难处理的一件事。但它犹如一把双刃剑,把有限的资金用在实处、用在最

急需的方面,其资金便会不断地积累、发展,最终滚动成创业者的财富。而有些创业者对资金管理不善,或资金的利用率不高,将直接导致其创业之路的崎岖坎坷,乃至最终创业失败。成功的创业之路是需要集成多因素于一体的,而拥有良好的财务管理方案乃是其重中之重。钱,管妥了,不会少;钱,管好了,会生钱;钱,管投准了,会几何倍增。这就是你不仅要会创业,更要精通管理,创业者创的不仅仅是业,还要创造出其应有的价值和财富。

对于创业者来说,拥有一套切实可行的投资理财方案,意味着你在创业的道路上成功了一半,你的创业之路将比别人走得更加长远。把握自己的每一分创业资金,将目光放在创业的初期和中期阶段,甚至更远一些,你的财富就离你更近了,相信自己是会成功的。准备创业的中职生,必须汲取创业成功人士的创业经验,加上自己的创业信心。还必须具备一些财务管理方面的基本知识。

一、企业财务管理

(一)日记账和流水账

创业之初不管资金规模是多少,都要做好来往账目;记好企业日记账和流水账,并且要日清月结;及时掌握企业现金流的情况,这些账表上的数据是创业者决策时的重要参考依据。

1. 流水账:是按照企业每天发生的收入和支出事项的时间顺序,把所花费和收入的金额及时记录下来的一种记账方法,同时也是理财最基本的最有效的方法。

2. 流水账记账步骤:及时收集单据,按时间排序记账,尽量日清月结,保存好凭证备查。

3. 日记账:日记账并不是规范的财务记账方法,但其特点是方便、简单,是创业者在企业开办初期常用的方法。

4. 日记账的分类:

(1)现金日记账——记录每日的现金收支情况;

(2)银行日记账——记录每天银行账户收支情况;

(3)销售日记账——记录每天的销售收入情况;

(4)采购日记账——记录每天采购的物品和支出情况。

5. 日记账的特点:以月为单位进行核算,通常也叫借贷记账法,有借必有贷,借贷必相等。

6. 日记账的作用:创业者可以通过对盈利、支出、应收应付账款的及时分析,正确把握企业发展方向,及时、合理地控制成本。

(二)资产负债表和损益表

资产负债表是表示企业在一定日期的财务状况的主要会计报表,是一张静态报表;损益表(利润表)是用以反映公司在一定期间利润盈亏的财务报表,是一张动态报表。

1. 资产负债表:关注企业的资产、负债及股东权益的增减;企业总资产在一定程度上反映企业经营规模;股东权益的增长幅度高于资产总额的增长时,说明企业的资金实力有了相对提高;当企业应收账款过多,占总资产比重过高时,说明该企业资金被占用的情况较为严重,不利于企业的发展。

2. 损益表:可以用来分析利润增减变化的原因,可以用来评价企业的经营效率和经营成果,可以衡量一个企业在经营管理上的成功程度,可作为经营成果的分配依据,有助于考核企业经营管理人员的工作业绩,可以用来分析企业的获利能力。

(三)现金流的作用

创业者在创业初注意资金不要被固定资产占用太多,因为企业的现金流决定企业的资金周转能力,倘若资金周转不灵,很容易造成企业运作的崩盘。并且现金流还是银行贷款时关注的重要指标,若企业的现金流越高,则证明其偿还贷款的能力越强,银行也会批准较高的贷款申请。

【案例】腾讯公司当年由五位伙伴共同创业,由马化腾出主要的启动资金。有人想加钱、占更大的股份,马化腾说不行,"根据我对你能力的判断,你不适合拿更多的股份"。因为未来的潜力要和应有的股份匹配,不匹配就要出问题。什么问题?拿大股的不干事,干事的股份又少,矛盾就会发生。不过,虽然主要资金由马所出,他却自愿把所占的股份降到一半以下,47.5%。"要他们的总和比我多一点点,不要形成一种垄断、独裁的局面。"而同时,他自己又一定要出主要的资金,占大股。这就是一种精明,马化腾用其独到的见解、良好的财务管理分配方案获得了今天的成就。

二、企业运行成本核算

(一)资金的时间价值

1. 明确资金时间价值的概念:今天的一元钱和明天的一元钱的价值是不等的;资金时间价值的表现形式就是利息和利润。

2. 明确资金时间价值的意义:资金时间价值或者说货币时间价值是一个经济学概念,是机会成本的变体;掌握资金时间价值理论,有助于企业科学合理地使用资金;企业任何资产只有参与资金周转才可能作为资金实现其时间价值。

3. 出钱的事慢点,进钱的事快点:出钱的事要慎重考虑再三,以免出现差错;进钱的事先进来再说,有差错再退回去,但不至于造成损失;尽量缩短资金回收期。

4. 缩短建设周期,加速资金周转:在进行项目可行性分析以及在证券投资方案评论中,资金时间价值就是最重要的依据;创业者节约使用资金,充分提高资金的使用效果;充分实现资金时间价值,使资金在有限的时间和空间范围内获取最大价值。

(二)机会成本

1. 机会成本的概念:指为了从事某件事情而放弃其他事情的价值;在需要做出选

择时,机会成本越小越好;在经济学里是指单笔投资在专注于某一方面后所失去的在另外其他方面的投资获利机会。

2. 掌握机会成本的概念的意义:一个成功的企业必定是一个善于避开不必要投资风险的企业;决策时,机会成本越低,风险系数越小;帮助创业者认识到机会成本的潜在损失;有助于我们作出正确的决策。

(三)沉没成本

沉没成本是指由于过去的决策已经发生了的,而不能由现在或将来的任何决策改变的成本。沉没成本是一种历史成本,对现有决策而言是不可控成本,不会影响当前行为或未来决策。从这个意义上说,在投资决策时应排除沉没成本的干扰。创业者由于经验不足,通常会花了一些不该花的钱,那就是沉没成本。其实,创业者或者企业家要学习不去因为沉没成本而影响接下去的决策,一切向前看。

(四)货币准备金率

央行提高存款准备金率,就是要收缩贷款总量;降低存款准备金率就是扩大贷款总量。提高存款准备金率是抑制经济过热的措施,此时不利于投资;降低存款准备金率是刺激经济增长的措施,应该看准机会加大投资。提高货币准备金率会导致物价下降,反之亦然。对于企业,物价上涨时期是赚钱的最佳时机。创业者的任何决策都是为了企业的生存,关键在于把握时机,有时退出比进入更需要智慧,选择时机是着眼于宏观的决策。创业者对金融政策的变动需要细心观察,跟上信息时代的脚步。

(五)现金流

现金流是用来衡量企业收入的一个指标,也是用来衡量企业盈利能力,以及自身融资潜力的重要指标,现金流等于企业内部融资能力,是银行衡量企业偿还能力的一大标准。

【案例】马云——阿里巴巴创始人,被称为"创业教父",其创业经历的艰辛使他得到了现有的成就。阿里巴巴集团创业之始,只有50万的资金,每人的工资只有500元,而所有人都将支出最小化,能省则省,克服困难,最后坚持了下来。而今的阿里巴巴集团该出手时就出手,资金已不再捉襟见肘。企业的财务管理是根据企业的资金情况来进行决策的,好的财管方案可以帮助企业渡过难关,因此要重视。

在当前略微萧条的市场经济下,对许多创业者来说,并非阻碍,而是契机。选择创业的人通常都是不愿意被拘束,他们有自由的梦,希望用自己的汗水和双手打拼出自己的事业,他们想得到的更多,因此需要付出的会更多,怀有热情就不怕失败。同学们,若想取得成就,便要付出与你所获相等的代价,创业之路会有挫折,会有阻挠,但是越过了它们,那么成功便近在咫尺。所以,不管你是否选择创业,从这一刻起,管好你手里的每一分钱,在摸索中前进,总会有适合自己的方法,将它培养成你成长路上的助力。

最后祝愿每位将要踏上创业路的同学们,在这个"快鱼吃慢鱼,大鱼吃小鱼"的经济时代,成为那一条精明的"游鱼"。

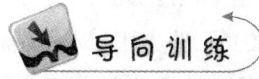

1. 现金流是衡量企业收入的重要指标,请说说你对现金流的看法,并且对现金流作用的理解,创业者应该如何提高企业的现金流?(自己组织语言说出自己的看法即可)

2. 倘若你现在是一家刚起步的技术型企业的董事长,你的企业正处于资金冰河期,你将如何规划管理企业的资金?如果你的企业正处于盈利期,资金充足,你又将如何分配资金?说出自己的想法即可。

(厦门工商旅游学校 邱丽萍)

第三节 精打细算,步步为"赢"

——谈创业经营成本控制

> **故事引入**
>
> 美国西南航空公司自1971年成立以来一直以其低廉的票价吸引大量的乘客,而支撑其低票价的根源在于其低成本的运营。西南航空公司是低成本的经营者,尤其近几年来,它的有效座位每公里成本不超过10美分,而许多同行每公里成本却在10美分以上。西南航空公司的主要依靠设计可重复使用的登机卡、在飞机上不供应餐点等方法来降低成本,通过成本降低从而制定低票价。该航空公司以低廉的票价带来了飞机的满员和顾客的忠诚,并且使竞争对手纷纷退出市场,不再与西南航空公司较为便宜的票价竞争。
>
> 西南航空公司立足于低成本、低票价换来了公司竞争力的提升。这个例子告诉我们,在激烈的市场竞争中,成本优势会创造竞争优势,从而使公司立于不败之地。

企业的决策总是在付出与收益之间进行权衡。其中,企业的付出就是企业的成本,正如管理大师迈克尔·波特所言,成本是企业竞争成败的关键。金融风暴,横扫全球,一个企业该如何生存和发展,恒久不变的真理是"节流"。如何"节流"就是揭开成本神秘面纱,让我们更有效地掌握成本、控制成本、利用成本。

何为成本呢?成本其实就是企业为生产产品、提供劳务而发生的各种耗费。在商品生产过程中用货币反映的已消耗的生产资料的价值和相当于工资的劳动者为自己劳动所创造的价值之和,即成本项目包括直接材料、直接人工和制造费用。此外,为了管理生产、筹集资金、促进销售还会发生一些其他耗费,构成企业的管理费用、财务费用、销售费用等期间费用。不管是构成产品成本的生产费用,还是直接计入当期损益的期间费用,都是企业经济资源的耗费,可统称为费用。费用的发生是必需的,收入和利润的产生与费用是密不可分的,但如果能将费用控制在最低限度,就能够增加企业的利润。成本管理已经成为企业获得更多竞争优势的一种工具,去掉一分成本,也许就能获得一倍利润。因此,加强对成本费用的管理和控制,对提高企业的经济效益有着重要意义。

新创业的中职生,必须正确界定成本,以形成成本管理方法和控制,不断降低成本,获取成本优势。

一、材料费用成本控制

在生产企业中,要大量消耗各种材料,材料成本是产品生产成本的主要组成部分,加强材料的核算与管理,可以提高物资管理水平,加快资金周转,降低产品生产成本,增加企业经济效益。在制造业中材料费用占了总成本的很大比重,一般在60%以上,高的可达90%,是成本控制的主要对象。而直接材料是材料费用中的基础,它指加工后直接构成产品实体或主要部分原料、主要材料与外购半成品,以及有助于产品形成的辅助材料等。如构成服装主要实体的面料、构成家具实体的木材等就是直接材料。材料是生产企业资产中数量最大的流动资金,是企业为销售而耗用的储备资产,对产品质量起着至关重要的作用。

影响材料成本的因素有采购、库存费用、生产消耗、回收利用等,所以控制活动可以从采购、库存管理和消耗三个环节着手。

1. 材料采购

材料采购在企业生产经营中的重要性决定了加强其内部控制与管理的必要性。采购部门按程序进行招投标采购,通过对至少三家以上供应商比价、议价方式确定材料供货渠道,签订采购合同,对所需材料的材质、数量、单价以及付款方式、运输方式等条款一一加以约定。然后材料到厂进行质量检验,最后入库办理库房登记,以及到财务办理付款结算手续。采购环节的内部控制是为了经济合理地进行各种采购业务,保证采购的物资及时、足额入库,保证采购物资的安全完整,同时及时支付各项货款,确保企业生产经营的正常运营。

2. 库存管理

库存管理主要的环节是建立健全验收制度。在材料进厂进行材料质检分析,检验材料的数量、品种、规格与采购计划是否相符,合格后方可正式入库。建立健全定期盘点制度。在对库存材料管理中,财务部门应与物资保管部门协作做好材料的盘点工作,做到账实相符。尤其是物资保管部门应掌握最新的存货数据,为采购材料提供依据,为生产投料做好准备。做好仓储与保管控制以及领用发出与处置控制。

3. 材料消耗

材料的消耗必须有一个可控的范畴,所以引入"定额消耗"的概念尤其重要。消耗定额管理是材料消耗管理最主要的管理方法。任何一种产品经过实验都有一个科学合理的消耗额,如何制定材料消耗定额是企业材料消耗的主要内容。另外,积极推进材料复用,最大限度地回收利用,也是材料消耗的关键内容。

【案例】奥克斯空调是中国空调行业的领导品牌之一,2007年荣获商务部评定的"最具市场竞争力品牌"。1994年进入空调领域,到了2002年奥克斯空调除了压缩机和包装物之外的90%以上的零配件都实现了自给自足。企业在确保质量的前提下,这些关键元器件的成本降至原来外购的3/5左右。"在竞争白热化的时候,哪怕是5元钱、10元钱都是非常重要的。假如一年卖300万台空调,一台材料成本降低10元,那就是3000万元的利润。"奥克斯集团市场部的负责人张峰说。其低成本战略在采购管理方面有着独有的特点,它构建了由采购管理部、供应部并立的管理架构,在采购决策上,自制和外购一切以成本最低为原则。这就是奥克斯能在短时间内取得骄人成绩,频频掀起一轮又一轮的价格战的低成本战略。

二、人工费用成本的控制

人工费用是指参与企业产品的生产,将直接材料转化为产成品的工人的工资或报酬。这些人员的劳动与产成品相关,可以直接追溯到产成品上。

人工费用(工资薪酬)是员工从事工作的物质利益前提和激励因素,它与员工的切身利益密切相关,是影响、决定员工的工作态度和工作行为的重要因素之一,同时也与企业的绩效密切相关。其一,工资薪酬作为一种成本,在企业成本中所占比重很大,其增加直接导致企业利润的下降;其二,工资薪酬作为一种激励手段,如果运用得好,将极大地调动员工的积极性,吸引和稳定高素质的员工。控制工资与效益同步增长,合理确定员工的薪酬水平和结构,保障员工的物质利益,同时保证企业获得良好的绩效,增强企业的竞争能力,为促进企业目标的实现创造必要的条件。

在政府指导的最低工资标准下,控制工资成本的关键在于提高劳动生产率,它与劳动定额、工时消耗、工时利用率、工作效率、员工出勤率等因素有关。人工费用的管理是一个持续不断的过程,包括制订薪酬计划和政策、拟订薪酬预算,调整与控制薪酬预算和薪酬水平,评价薪酬制度的有效性等内容。

【案例】朗讯科技公司是美国通讯业的巨头。北京朗讯科技光缆公司是其在华设立的分公司之一,现该公司产品在中国国内光缆市场所占份额雄踞市场第二位,其成绩的取得不但有其先进科技产品依靠的优势因素,更有其卓越的管理制度和激励机制来吸引和保留优秀人才的因素。朗讯公司就是利用薪酬这个杠杆,对员工进行不断的激励,

调整员工的工作效率,以期达到最佳。公司的薪酬结构包括工资、奖金、其他福利、股权认购和股权奖励四层,这同其他公司并无太大的不同,但调整却是其他公司不具备的。该公司的薪酬运作包括底薪调整、员工职务晋升增薪、员工招聘时的定薪、工资的正常晋升,半年奖、年度奖的发放与绩效评估。从员工招聘时,朗讯公司就根据新员工的学历、经验、专长和经历,给予不同的定薪。在公司的生产经营过程中,员工薪酬的高低同绩效进行挂钩,一切依成绩说话。

三、制造费用成本的控制

制造费用是指间接用于产品生产的各项费用,包括除了直接材料和直接人工之外所有的制造成本,如间接材料、间接人工、车间设备折旧费、维修费用、租金和保险费等,因而又称为间接制造成本。制造费用虽然不能直接计入产品成本,但这些费用却与产品生产密不可分,必须采用一定的标准分配计入产品成本中。

制造费用(间接费用)虽然在成本中所占比重不大,但因不引人注意,浪费现象十分普遍,是成本费用控制不可忽视的一项内容。因此,切实控制好这部分费用对于企业提高效益至关重要。其具体控制措施有:

(1)严格执行各项费用开支的标准,不得随意扩大制造费用的开支范围与开支标准,应贯彻精打细算、勤俭节约原则,做到增产节支,开源节流。

(2)根据费用项目的性质,将制造费用总成本分解落实到有关责任中心,作为其费用控制的目标;对于固定性制造费用可设置费用目标成本手册进行日常控制。

(3)进行制造费用成本差异的计算,对于实际制造费用与制造费用目标成本的差异较大者,要查明原因,深入分析,进行重点控制,如果是目标成本本身制定的不合理,要加以修改,使之尽可能逼近实际,对直接责任单位和个人,要奖罚兑现。

【案例】奥克斯集团在其20余年的发展历程中,从最初一个濒临破产的小企业发展成为中国最具成长力的民营企业,得益于其将成本管理的理念渗透于发展的每个阶段,实施了一些独到的成本控制策略,如"经济承包考核制"、"大集团、小核算"的细致管理。公司内部各部门都尽量实行承包或者定额,每个成本中心的费用是限定的,超过的部分自理,节省的部分自留,即为公司省钱就是为自己省钱。比如过去公司叉车的电瓶使用期限是半年,实行承包后员工都很小心谨慎地爱护设备,现在的平均使用年限是一年半,实行承包使间接成本降低2/3,员工的成本节约意识得到了大大增强。

我们都知道,在销售一定的条件下,成本控制得越好,企业的利润就会越高。对于中职生新设立的创业企业来说,做企业的目的是盈利,盈利是企业的宗旨。企业想要存活,想要更好地发展,单单依靠各种手段省下成本是远远不够的。企业必须有效地管理和控制日常运营成本,在企业内部形成一种节约的企业文化。"营业额-成本-费用=利润"是企业获利的基本公式,营业额的增加是开源面的探究,成本与费用是节流面的探讨,有了开源的极大化效应与节流的合理性控制,二体并存才可谓是经营永续的达成。新创业的中职生,必须正确界定成本,以形成成本管理方法,不断降低成本,获取成本优势。

1. 公司副总裁兼任生产厂长,副总裁的工资是管理费用还是间接成本?
2. 餐厅服务员上班打烂了一只价值40元的盘子,这个盘子的价值如何处理?

(厦门工商旅游学校　张慧瑜)

第四节　为有源头活水来
——谈创业利润分配方法

故事引入

"骨之味"餐厅在厦门首创了筒骨砂锅餐厅,自2006年6月开业以来,四年时间在闽、粤、鲁、桂、浙、苏、豫等地以及匈牙利开设餐厅20余家。当"今天,你跳槽了吗?"成为时下流行语的时候,"骨之味"连锁餐厅的员工流失率一直在40%以下。员工持股分红是留住核心人才的有效方法之一。对人才的渴望和在如何能留住员工方面,董事长罗文波也没少花心思,除了改善住宿条件、提高伙食标准、对员工进行培训、物质激励、精神激励外,制定了一年以上的优秀员工,可以参股,从而实现年底分红的政策。

企业的制度建设起到一定作用时,领导者就要相对授权。从家长式的文化转向兄长式的文化,建立员工的责任感和成就感,给予员工成长机会,增加员工收益,建立企业合伙人制度等人文理念,降低人才流动的频率。

罗文波是一位兄长式领导,他挣多少钱,首先想着与伙伴分享,他会去各个店巡视,甚至和员工一起接待客人,在"骨之味"工作的员工除了有机会参股,还有机会自己开门店。罗文波的经营哲学是,宁愿自己赔钱,也不让伙伴赔钱。如今,"骨之味"餐厅采用的钱滚钱模式,一个店一年利润可达150万元。

"带走我的员工,把我的工厂留下,不久后工厂就会长满杂草;拿走我的工厂,把我的员工留下,不久后我们还会有个更好的工厂。"安德鲁·卡内基的这段话,道出了留住人才对企业无可替代的重要性。

利润分配是对利润的所有权及占有权通过一定程序与方法合理划分归属与运用的管理过程。利润分配是创业路上一项重要的财务活动,分配正确与否不仅直接关系到投资者的积极性,还关系到企业发展后劲,涉及企业与员工等各方面的利益关系。

一、利润分配应遵循的原则

1. 依法分配的原则

企业在利润分配以前,应该根据国家税法和有关政策规定,正确计算与缴纳企业所得税,企业利润分配的对象是在一定会计期间内实现的税后利润。

2. 弥补亏损原则

企业以前年度发生经营亏损,必然会影响到企业以后年度生产经营活动的正常进行,我国财务制度规定:企业发生的年度亏损,可以用下一年度的税前利润弥补亏损,以保证企业生产经营活动的正常进行;下一年度税前利润不能弥补亏损,企业可以用以后年度的税前利润继续弥补亏损,但连续期限不得超过5年。

3. 兼顾原则

我国有关政策制度明确规定,企业在确定投资者、企业和职工三者分配利润的比例时,要把握一个适度的比例,做到相互兼顾,在保障投资者应分配利润的前提下,也应确保经营者和职工的利益,可以通过利润分配时确定的激励政策,以提高职工的主人翁意识,调动职工的积极性。在现行企业中,使用税后可供分配利润对具有一定工作年限或作出较大贡献的职工发送红股,使员工也成为企业的主人参与企业利润的分配。

【案例】南安美林一家鞋服企业业务量饱和,急需大量员工,为了留住员工采取大胆的做法,让员工参与公司的利润分红,且员工不需承担投资风险。企业高层经过近半年的考察和讨论,公司决定实行新的分配政策,让员工参与公司的利润分配,将公司利润的55%给员工,投资方分配45%的利润。员工享有知情权,员工对公司利润有疑问,可选举员工代表查账。员工参与分红,主体是员工,员工掌握主动权,这是最大的差别,这种分配方式更能让员工感受到主人翁的氛围。分配上之所以将投资方利润让给员工,主要是公司把目标放长远,是为了形成规模,形成口碑,以吸引劳工,凝聚劳动力。

4. 权益对等的原则

企业在利润分配中应遵守公平、公正、公开的原则,企业的投资者在企业中只有以其股权比例享有合法权益,不得在企业中谋取私利,企业的获利情况应当向所有的投资人及时公开,利润的分配方案应交股东会讨论,并充分考虑小股东的意见,利润分配的方式应当在所有股东中一视同仁。

5. 分配与积累并重原则

分配与积累并重原则着眼于处理企业长远利益和近期利益的关系。企业可用于向投资者分配的利润是否全部分配,要考虑企业的经营情况而定。一般而言,企业按规定提取法定盈余公积金和任意盈余公积金,体现积累优先的原则,为企业扩大再生产准备了资金,增强企业发展后劲。同时要考虑投资者的积极性,进行适当的分配,做到分配和积累并重。

二、利润分配的内容

1. 盈余公积

根据《公司法》规定,盈余公积金分为法定盈余公积金和任意盈余公积金。

【知识链接】盈余公积金从净利润中提取形成,用于弥补亏损、扩大公司生产经营或者转增公司资本,可以统筹使用。其主要用途有两个方面:弥补亏损和按国家规定转增资本金。转增资本金就是将盈余公积金转为实收资本,它实际上是向股东发放股票股利的过程。

(1)提取法定盈余公积

企业利润的分配必须依法进行。利润分配的第一项就是提取法定盈余公积。《中华人民共和国公司法》明确规定,企业的净利润是税后利润,应该按其10%提取法定盈余公积,但是其累计额为公司注册资本的50%以上时,可以不再提取法定公积金。盈余公积就相当于企业的风险基金,留在企业作为积累。当企业需要资金的时候,它能够壮大企业的实力,当企业亏损的时候,可以拿它来参加利润分配,所以它既有储备的功能,又有以丰补歉的后备功能。

(2)提取任意盈余公积

公司在提取法定公积金后,经股东大会决议,可以提取任意盈余公积金。如果企业的股东认为企业的发展需要资金,在国家要求提取10%的法定公积基础上企业再多提取一些。由股东决定要提的这笔盈余公积,叫任意盈余公积,也就是公司的股东们认为有必要提取出来,留给企业做储备,不是法律要求必须提取的。

2. 应分配利润

企业向股东分配利润(公司制企业为向股东分配股利),又称分配红利,是利润分配的主要阶段。企业在弥补亏损、提取盈余公积后才能向股东分配利润,每一股东取得的股利与其持有的股份数(投资额)成正比。

【知识链接】《中华人民共和国私营企业暂行条例》第38条规定:私营企业税后利润留作生产发展基金的部分不得低于50%。由于特殊原因,提取比例低于50%的,须经税务机关批准。私营企业的生产发展基金可以用于本企业扩大再生产、向其他企业投资、偿还贷款或者弥补本企业的亏损。用于其他用途,须经税务机关批准。第39

条规定:私营企业投资者的工资收入和税后利润分配所得应当依法缴纳个人收入调节税。

三、利润分配顺序

企业的利润分配,按照《公司法》的有关规定,应按以下顺序进行:

1. 弥补以前年度亏损

企业发生的年度亏损,可以用下年度的税前利润弥补,下年度税前利润不足弥补时,可以延续弥补,但延续弥补期不得超过 5 年,5 年内仍不足弥补的,可用税后利润弥补。

2. 提取法定盈余公积

企业实现的税后净利润,在按规定弥补亏损后,应当按税后利润扣除弥补亏损后余额的 10% 计提法定公积金,当提取的法定公积金达到注册资本金的 50% 时,可以不再计提。

3. 提取任意盈余公积

公司在提取法定公积金后,经股东大会决议,可以提取任意公积金。如果企业的股东认为企业的发展需要资金,在国家要求提取 10% 的法定公积基础上企业再多提取一些。

4. 向投资者分配利润

可供分配的利润减去法定盈余公积等后,为可供投资者分配的利润。企业以前年度未分配的利润,可以并入本年度向投资者分配,本年度的利润也可以留一部分用于次年分配。

四、利润分配时应考虑的因素

1. 法律因素

我国的《公司法》、《证券法》、《税法》和《中华人民共和国私营企业暂行条例》等关于股利分配方案的规定,都对公司利润政策起着限制作用,目的是保护债权人和所有者的利益。

(1)资本保全限制。规定公司不能以资本(包括股本和资本公积金)发放股利。

(2)资本积累限制。我国有关法律规定,企业应当按税后利润的 10% 提取法定盈余公积金。没有提取法定盈余公积,不得向投资者分配利润。

(3)净利润限制。规定公司年度累计净利润必须是盈利,才可以发放股利。

2. 股东因素

股东从自身需要出发,对于公司的利润分配往往要考虑如下影响,因此在制定股利政策时应充分考虑。

(1)稳定的收入和避税。有些依靠股利维持生活的股东要求公司支付稳定的股利；如果公司留存较多的利润，这部分股东会反对。此外，一些高股利收入的股东出于避税的考虑，通常会反对公司发放较多的股利。

(2)控制权的稀释。如果公司支付较高的股利，留存收益相应减少，将来依靠发行新股票筹集资金的可能性增大，新股尤其是普通股意味着企业控制权有旁落他人的可能，相反，降低股利发放率可以避免这种所有权的稀释，但可能会引起一些股东不满。

【知识链接】《中华人民共和国合伙企业法》第33条第2款关于合伙企业的利润分配规定为："合伙协议不得约定将全部利润分配给部分合伙人或者由部分合伙人承担全部亏损。"第69条关于有限合伙企业利润分配规定为："有限合伙企业不得将利润分配给部分合伙人，但合伙协议另有约定的除外。"

3. 公司的因素

企业利润的分配，从企业理财的角度，既要考虑股东近期的利益需求，也要关注企业可持续发展的需求，所以需要考虑如下因素：

(1)盈余的稳定性。盈余比较稳定的公司能够更好地把握自己，有可能支付比盈余不稳定的公司更高的股利。

(2)资产的流动性。公司采用现金股利形式时，必须具备两个基本条件：第一，公司要有足够的未指明用途的留存收益（未分配利润）；第二，公司要有足够的现金。公司支付的现金股利较多，会减少现金的持有量，降低公司资产的流动性。

(3)举债能力。具有较强举债能力的公司，因能及时筹措到所需的现金，有可能采取比较宽松的利润分配政策，反之，则不得不多滞留盈余，采取较紧的股利政策。

(4)投资机会。股利政策在很大程度上要受投资机会的左右。如果公司有较多的有利可图的投资机会，往往采用低股利、高保留盈余的政策；反之，如果它的投资机会较少，就可以采用高股利政策。

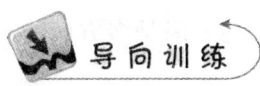
导向训练

1. 除了本节介绍内容，你认为利润分配的基本原则还应遵守哪些？
2. 除了本节介绍内容，你认为在创业初期利润分配时还应考虑哪些的因素？

(厦门工商旅游学校　刘文俊)

第五节 吐纳有度,渐入佳境

——谈创业风险控制

故事引入

陈峰伟——这个名噪一时的名字,曾经让南京乃至全国的众多大学生们激动不已。他从南京邮电大学数理学院休学,自己创办企业并召开新闻发布会宣布:南京"唐电"电器销售公司年销售额4000万;3年超过南京本地电器销售龙头"苏宁";5年上市,年销售额达到8亿元。他说,他要做"苏宁"的掘墓人。但是,他创办的"唐电"电器销售公司在南京仙林大学城开业后仅仅11天,2006年7月6日,陈峰伟被南京市后宰门派出所的民警拘捕。8月5日,检察院正式批捕。其罪名涉嫌诈骗和非法集资。

陈峰伟的创业之梦为何在仅仅半年左右的时间就灰飞烟灭,并且还沦为一名诈骗犯呢?这一切从陈峰伟的新闻发布会上的一幕可以看出端倪:记者在新闻发布会上询问经营卖场的可行性依据时,陈峰伟解释,"卖一部手机赚200,仙林大学城每天有300部的需求。仙林大学城12万学生每人每年换一部2000元的手机,一年就是2.4亿的市场,这还不算电脑等消费在内。"这么一组数据仅仅凭陈峰伟在南京仙林大学城作的一次调研就轻易得出的。他完全忽视了调研与实际情况之间的差别,低估了创业过程中的风险,犯了急功近利的错误,连同其他方方面面的因素,最终导致了这场悲剧的发生。

几乎每个普通人心中都有过这样的梦想——做自己的老板,尤其是当今的年轻人,自主创业者比比皆是,但创业失败者的故事也屡见不鲜。创业失败的原因是多方面的,但其中一个最主要的原因是年轻人对于创业风险缺乏相应的控制能力。

在创业投资过程中,我们有可能面对哪些风险呢?一谈起风险,人们通常把它看做失败、亏损等的代名词,其实不然。风险的核心含义是"未来结果的不确定性或损失"。也就是说不能简单地将风险与失败、亏损画上等号。经济学和投资学的常识告诉我们,"风险和收益常常是一对孪生兄弟,风险越大,带来较大收益和回报的机会也可能越大"。也就是说,采取适当的措施降低或规避风险导致失败或亏损的概率,风险可能带给我们获得丰厚回报的机会。所以认识风险、面对风险、规避风险乃至运用风险,才是我们对待风险的正确态度。

创业风险也是一样。由于创业者、创业环境、创业团队以及资金实力等等存在着极大差异,导致创业结果无法事先预测,从而产生创业风险。我们应如何面对创业风险呢?是不是因为创业有风险就不去创业呢?答案是否定的。我们应该做的不是对创业风险望而却步,而是提通过自身的努力,最大限度地降低创业过程中遭遇风险的程度和概率,降低风险带来的不良影响。那么,如何去做才能够尽量避免被风险碰得头破血流?简单来讲,要控制创业过程中的风险,需做到以下几点:

一、了解自己、相信自己

随着经济的发展,各方面的竞争都变得异常激烈,也直接导致了创业会遭遇高风险。但俗话说"知己知彼,百战不殆",一个人如果对自己的能力加以准确判断,那么他的创业行为所带来的风险就可能很低。

不同的人抵抗风险的能力有着很大的差异。有的人办事果断,具有很强的领导和协调能力,这样的人选择创业所面临的风险会比较小;有的人优柔寡断,管理能力不强,对事物进行分析判断的能力也较弱,这样的人选择创业所面临的风险将会非常大。

所以,一个人在创业之前首先要对自己做一个准确的了解和认识,认清自己的优劣势,扬长避短,才能最大限度地规避风险。

【案例】一张桌子,两个凳子,一张桌布,300块本钱＝一年赚15万。这不是广告,也不是童话。来自甘肃省靖远县一个偏僻山村的包正忠,在网上讲述了他和妻子一年多来,用300块本钱从摆摊谋生到一年赚到15万,并最终自己开起了实体店创业的喜怒哀乐,引起了众多网友的围观,并受到了新华网、北京电视台等全国大量知名媒体的采访报道。对于将要进行创业的新手,包正忠提醒道,创业一定要做好吃苦的准备,并且能够坚持下去;起步阶段要谨慎,不要把初始资金全部投在某个项目上,要给自己留点余地。

二、了解创业风险

风险来自于我们不知道自己在做什么。如前所述,虽然创业风险是客观存在的,但它同时又具有双重性,它可能带给创业者亏损乃至失败,但也可能给创业者带来丰厚的收益。那么事先对创业过程中所可能导致风险发生的因素进行详尽考虑,做好充足的准备,了解创业过程中可能遇到的各种风险,有备无患、未雨绸缪,就可以让我们从容地面对它,尽量去化解它。

创业过程中的风险大致有以下几种:
1. 项目选择风险
创业时如果缺乏前期市场调研和论证,或者调研论证缺乏科学依据,只是凭自己的

兴趣和想象来决定投资方向,甚至仅凭一时心血来潮做决定,一定会碰得头破血流。创业者在创业初期一定要做好市场调研,在了解市场的基础上创业。

2. 竞争风险

竞争是必然的,如何面对竞争是每个企业都要随时考虑的事,而对新创企业更是如此。当创业者选择的行业竞争已经非常激烈时,那么在创业之初可能受到同行的强烈排挤。已经发展成熟的大企业会采用各种方法将小企业击垮,如常用的降价促销手段。小企业如果也降价,降价时间越长,小企业越难以支撑;小企业如果不降价则难以打开市场。因此,创业之初就要考虑好如何应对来自同行的残酷竞争。

3. 缺乏核心竞争力的风险

一个企业要长期生存、发展、壮大,就必须要有核心竞争力,如果总是模仿别的企业、依赖别人的产品或是市场,则很难成长为优秀企业。创业之初,核心竞争力可能不是最重要的问题,但一直缺乏核心竞争力的企业最终的结局是被淘汰。

4. 意识上的风险

意识上的风险是创业团队最内在的风险。这种风险很难自己觉察,但却有强大的毁灭力。风险性较大的意识有:投机的心态、侥幸心理、试试看的心态、过分依赖他人、回本的心理等。

以上是创业的过程中可能遇到的一些风险,当然还可能遇到别的风险,如资金风险、人力资源流失风险等。在创业过程中应量力而行,切忌逞匹夫之勇。

【案例】高昂的创业热情,亲戚的热情指点,火爆的塑料粒子销售市场,永康市清溪人李女士,毅然决然地投入自己多年积攒的 4 万元,办起了一家小型塑料编织袋加工厂。殊不知,这样仓促与盲目的投资,使得李女士很快就陷入了困境。她的第一个错误是,对自己投资的项目根本不了解,以区区 4 万元租用很小的场地,最终因为材料无处堆放而不得不经常停工。第二个错误是,没有事先了解塑料编织袋与塑料粒子两种产品,它们虽同属塑料制品,可销售市场完全不同,亲戚也无法在销售上帮忙。最终,由于本身资金不足,无法渡过创业初期的难关,李女士投资失败。

三、避免或化解风险

风险贯穿于创业投资过程的始终,我们要如何做才能够避免和化解风险呢?这就需要创业者在创业的各个阶段始终保持清醒的头脑,心理上,不惧怕风险;实践中,在创业的不同阶段以不同的态度和方法来应对和化解创业风险。

1. **不惧怕创业风险**

创业风险是客观存在的,但我们也不必惧怕面对风险。前面已经说过,风险和收益是一对孪生兄弟,所以风险不是绝对的,它如果能够被控制和化解,也许会给我们带来巨大的收益。

大部分创业者在创业过程中都遇到过大大小小的挫折,真正一帆风顺创业成功者是少之又少的。在面对失败和挫折的时候,如果我们选择惧怕和退缩,那么我们将永远不能够获得成功。只有不惧怕失败,从失败的经历中总结经验教训,我们才可以重新站立起来走向成功。

据国外的一项统计资料显示,自行创业的中小企业中,有40%的小老板,在创业的第一年就不得不面临关门大吉的命运,而存活下来的60%中,约有八成无法欢度5周年庆,更令人惋惜的是,能够熬过5年的中小企业主,其中只有20%能继续走完第二个5年。在这样的一组数据面前,自主创业者依然前赴后继,这是为什么呢?正如马云所言:"我不会因为做了什么而后悔,而会因为没有做什么而后悔。"所以,不畏惧风险的马云成功了。

【案例】贩卖"个性T恤"、与朋友合伙从事出版行业、拉广告、破产等等,这一切似乎和CEO毫不相关,但这却是稀饭网CEO孙剑波在创业之初三年多的全部经历。这一系列的创业,最终都以一个个的挫折和失败而告终。在后来的采访中,他乐观地说:"无知才无畏,就导致这样一个结果,莽莽撞撞就出来了。一个失败接着一个失败,基本上都在交学费。""我创业以来,从来不知道什么叫一帆风顺。挫折和磨难甚至曾让我丧失尊严和自信,但而今回头去看,全是财富。"

正是抱着不惧怕创业风险带来的挫折和失败的态度,2005年1月,他发现了独立WAP发展契机,毅然重组公司进行战略转型,以极少的起步资金创建手机稀饭网。这家网站由WEB2.0社区+手机网游构成,上线一年,注册用户达百万,同时在线玩家近万人,正在发展成为领先的手机在线互动娱乐社区品牌。

2. 避免或化解风险

第一,在创业初期,我们必须坚持根据自身专长进行创业,对创业项目进行细致深入的了解和调研,做好详细的计划,避免仓促上阵,导致创业失败。

第二,创业过程中贵在坚持。有人在创业遇到一点困难就不能承受而选择放弃,最终走向失败。有的人在创业取得了小小的成功之后,就开始想入非非,盲目地将自己的经营范围进行扩大,幻想着将自己的事业做大做强,最终往往走向失败。

第三,在创业成功之后,必须记住一句老话"创业容易,守业难"。创业的成功并不意味着风险就永远离你而去,创业的风险是时时刻刻都存在的。在创业成功之后,我们更要不断地提醒自己创业的艰辛,保持良好的心态。而不是忘乎所以,好高骛远,甚至于盲目地进行扩大投资。当年昙花一现的秦池酒厂就是一个典型的案例。

【案例】1995年,名不见经传的秦池酒厂以6666万元人民币夺得中央电视台"标王"。1996年11月8日再度以3.2亿元人民币的天价蝉联标王。一时间,秦池酒的销售额一路飙升,创造了令人瞩目的"秦池奇迹"和"秦池速度"。但好景不长,由于超过自身能力的扩张,导致秦池自身生产能力不足,秦池酒厂不得不从四川买散装酒进行勾兑。该消息流向市场,一时间消费者难以承受"标王"的酒竟然不是原装生产的事实,纷纷纷放弃购买秦池酒,秦池销量一路下滑,最终负债累累。于2000年7月与一家酒瓶盖供应商的官司之后,不得已将用几亿元打造的"秦池商标"拍卖,以几百万元抵债。

"这可能是我最后一次赶春运了。"32岁的江西人胡永利笑着告诉记者。他在桐乡打工已有4年了,由于老婆孩子都在老家,他不仅思念家乡,还一心思虑着在桐乡学点实用技术回家自己创业。"这两年,水果种植效益特别好,像葡萄亩产效益都超过1万元了,可以赶上老家一家人一年的收入。"胡永利跟着梧桐街道一位葡萄种植能手学种葡萄。从品种选育、大棚栽种到防虫疏土、品牌营销,胡永利足足记了两大本农业笔记。他说,老家气候土壤和桐乡相似,还有足够的土地资源可以利用。这次打算回去后先在自家地里试种3亩葡萄,效益好的话,带动村里人一起种,共同致富。

问题1. 胡永利具备了创业的条件吗?

问题2. 胡永利在创业的过程中有可能会遇到哪些风险?你能帮他规划一下,如何规避或化解这些风险吗?

(厦门工商旅游学校　陈爱华)

第五章 人员管理

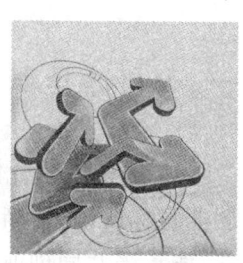

第一节 精诚协作,互利共赢
——谈与创业合伙人合作

故事引入

张强和魏东是某职业中专学校计算机专业的学生。两人从初中开始就是好朋友。张强性格活泼开朗,语言表达能力强,还当过学校文艺汇演的主持人。魏东则性格比较沉稳,学习认真,特别是对计算机专业课程非常感兴趣,经常在计算机软件应用比赛中获奖。两个人在中专三年级顶岗实习的时候,同到一家广告设计公司实习。在实习期间,张强因为沟通能力好,经常和公司业务经理外出跑业务,因为自己的出色表现,公司还把他定为重点培养的储备干部。而魏东则专注于广告设计的开发制作,因为专业基础好,又勤学好问,经过一年的顶岗实习,魏东已经能够独立熟练地完成大部分平面广告的设计制作。在中专毕业后,这家广告公司热情邀请他们留下来。但是张强和魏东决定开始实行两人共同的梦想——创业。经过一番充分的准备后,两人合伙建立了一家广告制作工作室。因为两人的同心协力和精心经营,两年后这家工作室已经发展成了当地小有名气的广告制作公司。

当今社会经济飞速发展,到处充满机遇和挑战,许多人都跃跃欲试,希望在某一领域开创属于自己的一番事业,实现自己的人生价值。但对一个刚刚走出校园,步入社会大浪潮的年轻人来说,由于社会经验不足,缺乏资金支持,不了解市场行情,独立创业的难度可想而知。相反,如果有几位志同道合的人一起合伙创业,既能资源共享,优势互补,又能共同分担风险,无疑是比较理想和实际的。当然,合伙创业也是有学问的,当我们决定走上共同创业道路的时候,我们应该考虑如下三组问题。

一、如何选择理想的创业合作伙伴？

1. 选择创业合作伙伴的时候，首先应该选择志同道合、知根知底的人，即对未来的创业目标明确、清晰、一致，对共同开创的事业有相同的兴趣和奋发的激情，彼此相互信任，能承受共同创业带来的风险和艰辛。这样在创业过程中，当遭遇困难与挫折的时候才能同心协力，共同应对。

2. 选择在资源、经验、性格、技能和特长等方面能优势互补的合作伙伴，在创业过程中能够相互扶持，相互监督，做到团队效益最大化，这样组建的创业队伍才能发挥最大的优势，大大提高创业成功的可能性。

3. 此外，一个优秀的创业者往往具有这些特征：工作积极主动、有目的性，有明确的目标，能够全身心地投入到其事业发展之中；有信心，不仅相信自己，而且相信他们正在追求的事业；善于学习，不仅能在失败之后振作起来，而且还能从失败中吸取教训，以增加下一次成功的机会；接受新事物，他们能认识到自己的局限性和改进的必要性，意志坚定但不拒绝改变，必要时勇于变革和敢于承担责任；勤学好问，他们从不满足于现状，经常意识到他们能将事情做得更好，渴望并从不放弃学习和改进的机会等等。这样的人往往能够成为理想的创业合伙人。

在前面张强和魏东的创业故事中，我们看到两个创业合伙人在性格、能力方面具有很强的优势互补性，又有共同的创业理想，再加上不断学习成长和辛勤的劳动、精心的经营，取得了很好的合伙创业效果。

【案例】张大勇性格开朗，待人热情，头脑灵活，善于社交，有一定的管理能力。他既酷爱电脑又做着电脑的生意，兜里也有一些积蓄，而且身边又结识了众多的电脑爱好者们。由于当今的网络已成为年轻人生活的一部分，张大勇就瞄准了一个挣钱的机会——开一家网吧。但是，自己积蓄的钱又不够。经过仔细分析和市场调研后，在一个交通便利又比较热闹的地段，张大勇和几个朋友一起开了一家规模较大的网吧。一年后，张大勇不仅收回了本钱，自己又开了一家分店。张大勇的成功归功于他对自己有清醒的认识，对市场需求有充分的了解，同时借助于和朋友合作，既解决了资金问题，又壮大了个人的实力，将自己的优势有效地与外部条件结合起来，成为一个成功的创业者。

二、如何建立一个高效稳定的创业团队？

合伙创业能否成功，往往取决于创业团队的效能高低。建立一个高效稳定的创业团队，创业者应高努力做到以下几点：

1. 树立正确的创业理念。创业理念决定着创业团队的性质、宗旨和获取创业的回报,并且关系到创业的目标和行为准则。这些准则指导着团队成员如何工作和如何取得成功。从成功地成长为大企业的那些企业的经验来看,创业团队应该分享以下理念:凝聚力,即团队成员相信他们处在一个命运共同体中,共享收益,共担风险;团队工作,即作为一个团队而不是靠个别的"英雄"来工作,每个人的工作都是相互依赖和支持的,依靠共同事业的成功来激励每个人;为长远着想,团队成员相信他们正在为未来的长远利益工作,正在成就一番事业,而不是把当前的创业当作是一个快速致富的工具;正确的平等观和公平原则,即在权力与利益分配上,团队成员不追求绝对的民主和平等,而是基于团队成员在一定时期内的职责、能力、贡献和企业的绩效,并随着时间推移做相应调整。

2. 建立合理的人事分工。一支优秀的创业团队必须包括以下几种人:一个创新意识非常强的人,这个人可以决定企业未来的发展方向,相当于企业战略决策者;一个策划能力极强的人,这个人能够全面周到地分析整个企业面临的机遇与风险,考虑成本、投资、收益的来源及预期收益,甚至还包括企业管理规范章程、长远规划设计等工作;一个执行能力较强的成员,这个人具体负责下面的执行过程,包括联系客户、接触终端消费者、拓展市场,等等。当然,这个创业团队还需要有人掌握必要的财务、法律、审计等方面的专业知识。唯有如此,团队成员才能算是比较合格和完整的。

3. 制定严格的规章制度。俗话说"亲兄弟,明算账",任何一个企业都应有严格的规章制度,作为企业管理的保障。当然,合伙人之间的关系都相当不错,许多合伙创业者就以感情代替制度,结果造成企业上下无法可依、无章可循的例子屡见不鲜。所以对于一个企业来讲"公理应该胜于情感",如果都以感情为主,则必然导致企业经营无序,为以后的长远发展埋下了隐患。另外,合伙创业一定要做到账目清楚,手续齐全,随时经得起合伙人的检查,所有账目进出情况、合伙实体的经营状况和损益的情况应定期地在合伙者之间公开,这些都应体现在财务管理制度当中,所以合伙创业的制度是合作伙伴之间风雨同舟的保障,也是建立高效创业团队的基础。

【案例】楚汉争霸,刘邦凭借自己的"创业团队"战胜西楚霸王项羽,再一次实现了全国的统一。在刘邦的创业团队中,张良运筹帷幄,决胜千里,扮演了一个战略决策者的角色;萧何扮演了平定国家,安抚百姓,供给军饷,不断绝运粮食的道路和后勤总管角色;而韩信则是一个执行力和拓展能力极强的人物,有他统帅军队,逢战必胜,攻城必取,最后用十面埋伏逼迫项羽垓下自刎。在这里刘邦作为一个"创业团队"的核心人物,他能慧眼识英才,任贤使能,合理分工,最终取得了楚汉争霸的胜利。

三、如何防止创业合作伙伴过早散伙?

1. 妥善处理团队合伙人之间的权力和利益关系。首先,是权力关系。在创业团队运行过程中,要根据创业合伙人各自的能力、经验、技能等因素,确定谁适合于从事何种任务和承担什么责任,做好明确分工,以使能力和责任的重复最小化,实现团队效能的最大化。其次,是利益关系。这与合伙创业的报酬体系有关。报酬体系不仅包括诸如股权、工资、奖金等金钱报酬,而且包括个人成长机会和提高相关技能等方面的因素。每个创业合伙人所看重的并不一致,取决于其个人的价值观、奋斗目标和抱负。有些人追求的是长远的资本收益,而另一些人不想考虑那么远,只关心短期收入和职业安全。所以应该尽量客观、公正、多元地满足各个创业合伙人的利益诉求。

2. 保证流畅的沟通渠道。要保证创业合伙人之间的沟通渠道,进行持续不断的沟通。开始创业时开始要沟通,遇到问题也要沟通,解决问题时也要沟通,有矛盾时更要沟通。沟通的时候多考虑合伙创业的远景目标和未来的远大理想,多想有利企业发展的事情。创业合伙人之间的沟通,不仅能够维持创业团队的稳定,而且因为在沟通中信息的交流和思想的碰撞,往往更容易发现好的创业点子和解决问题的思路。

【案例】南存辉和胡成中曾是同班同学,在1984年两人合伙开办了"求精开关厂"。两人走到一起的原因很简单,首先是相互熟悉,彼此有深入的了解。此外,胡成中擅长销售,负责"主外",需要一位懂生产的人"主内",南存辉是最佳的人选。1990年的打假,让求精开关厂迎来了第一次发展机遇,甩开了一大批同区域的竞争对手。与此同时,南存辉和胡成中却在企业的发展方向上产生了分歧。这种分歧似乎和两人的性格差异有很大关系,胡成中喜欢热闹,总想抓住各种机会,而南存辉沉静稳重,主张专一,提倡"将一壶水烧好"。在发展方向上谁也说服不了谁,在话语权上两人又地位相当,各占50%的股权。此外,为了体现"公平",在创业后,两人采取了轮流当厂长和法人代表的办法,即今年南存辉是厂长,胡成中是法人代表,那明年则是胡成中当厂长,南存辉当法人代表。1991年,两人友好分手,并分别创办了之后成为中国低压电器行业排名前两位的企业——正泰和德力西。

合伙创业,讲究的是资源共同付出,风险共同承担,利益共同分享。选好创业合作伙伴,建立高效的创业团队,为实现共同的目标而拼搏奋斗,这个过程本身就是一笔巨大的财富。无论创业成功与否,无论合作伙伴分分合合,因为创业理想而走到一起的人,他们的行动都在为社会进步创造价值。中职生在校学习期间,可以通过参与或组织社团来锻炼相关的能力并寻找志同道合的人,把社团经营当成一个模拟企业经营来锻炼。也就是说通过社团这样一个平台,接触更多的人,学习更多的沟通技巧、组织能力、领导才能、策划方式,最重要的是,在社团活动中,学会判断各种各样的社团成员能力水平和优势组合,为自己将来创业积累人脉基础和选择能力。

导向训练

1. 写下你的一个创业项目,将你的创业目标、理念写下来,越具体越好。
2. 寻找身边可以成为自己创业合作伙伴的同学,将他们的优势写下来:

合作人A：_____，优势：_____。
合作人B：_____，优势：_____。
合作人C：_____，优势：_____。
合作人D：_____，优势：_____。

3. 在这个创业项目里面，你将如何安排创业团队成员的不同分工？将分工理由写下来。

合作人A：_____，理由：_____。
合作人B：_____，理由：_____。
合作人C：_____，理由：_____。
合作人D：_____，理由：_____。

（厦门海沧职业中专学校　许晓斌）

第二节　有才有德，优先录用

——谈公司人才招聘

故事引入

戴尔公司有一条招聘经验：在新招来的员工中，5年后，大概只有30%的人能留下来；10年以后，大概只有10%的人能坚持到最后，被公司老板留下来成为核心员工。比如某公司10年前招了100个人，5年以后就只剩下了30个人，10年以后能坚持下来的也就只剩10个人了。可是这些坚持下来的人，虽然不是最优秀的，但他们却一定是最能适应戴尔价值观的人；而且他们能为戴尔公司创造出最大的经济效益，节省出更多的成本；他们不但对戴尔的文化坚信不疑，他们也是竞争对手无法用金钱挖走的。李嘉诚把这些核心员工称为"老人"，他说："一个企业的老板，如果经商10年以后发现身边的'老人'连10%都没剩下，那这个老板也就真的危险了。"因此，"人才不是越优秀越好，而是合适的才是最好的"。"合适"就是企业用人的标准和尺度，只有做到了心中有数，才能用心中的这把"尺"去衡量每一位应聘者。

当今华人中最顶尖的成功学专家、著名的潜能开发专家陈安之说："先为成功的人工作，再与成功的人合作，最后是让成功的人为你工作。"同学们，当你选择了合适的合

伙人,创立了自己的公司,当务之急就是招聘到合适的能为你工作的、创造最大利润的人才了。

那么,我们要招聘什么样的人才呢?怎么才能招聘到合适的人才呢?

古人云:"所谓才者,须在德才两端。德才兼备者是谓全才,有德不才者是谓庸才,无德无才者是谓蠢材,有才不德者,是谓诡才。"北宋司马光在《资治通鉴》中把人分为四种:"德才兼备为圣人,德才兼亡为愚人,德胜才为君子,才胜德为小人。"由此可见,德才兼备自古以来就作为用人的第一标准。

一、什么是德才兼备?

才者,德之资也;德者,才之帅也。德为导向,才是基础;德靠才来发挥,才靠德来统帅。一个面向21世纪的优秀人才,必须德才兼备。在当今激烈的竞争社会里,能力是基础,是本钱,是一个人成就一番事业的必要条件。但没有优秀的道德品质,没有良好的行为习惯,一个品德低下,性格扭曲的人很难成为高素质、高水平的人才。他不但不能有大的作为,甚至难以立足于社会。

前GOOGLE全球副总裁李开复博士曾经这么说道:"我把人品排在人才所有素质的第一,超过了智慧、创新、情商、激情等。我认为一个人的人品如果有了问题,这个人就不值得一个公司去考虑雇用他。"

【案例】新太集团人力资源部副总黄永东说:"能力是第二位的,我们宁愿用一个品德过硬、对企业忠诚、有职业操守而能力略低的人才,而不愿冒风险用一个专业才能很高但品德有问题的人,因为能力可以通过我们的培训体系培养,但德的方面往往本性难移,企业难以改变。"

二、企业用人的标准——德才兼备

企业人才的"德",表现在具有强烈的责任感和工作热情、宽广的胸怀与气度、懂得尊重与合作。许多人之所以成功,得益于细微而不起眼的美德。正如伏尔泰所说:"造就政治家的,绝不是超凡出众的洞察力,而是他们的人格。"技术知识这样的"硬能力"很容易学到,但价值观、思想道德等"软能力"却很难学到。

我们企业要招聘的是什么人呢?有才无德的人,只会钻空子,干坏事,损害他人的利益,所以坚决不能用;有德无才的人,没有专长和能力,工作没有创造性,甚至也许业绩平庸,但能力是可以通过后天培养的,而一个人的道德修养却是很难改变的,所以,可以像牛根生说的那样"有德无才培养使用"。当然,唯有品德优秀且具有突出才华的人才是企业的最佳"投资选择",才有可能被优先录用,因为他们能使企业以最小的成本获取最大的收益。

【案例】许多世界500强企业选拔人才时都会把品德排在第一位。很多企业会通过各种形式测试应聘者的道德修养水平，如果被认定是道德素质不高的人，哪怕你拥有100个博士学位，拥有1000项成功案例，都可能不会被聘用。

同学们，我们知道了"德才兼备"才是企业招聘真正需要的人才的标准，现在我们来谈谈如何招到那些"为我所用"的合适人才。

三、如何成功招聘人才

一个成功的招聘，应该是由以下几个步骤完成的。

发布招聘启事。根据公司的具体情况和岗位需求，拟定一份特色鲜明、简洁明了的招聘启事。在开头部分，可以首先对本公司进行简要介绍，使应聘者对招聘单位有个大致的了解，使应聘者在作出选择时有所依据。正文部分则是主要列出招聘的专业（或岗位）、要求、数量和待遇等内容。落款时要注明联系方式和笔试或面试要求。最后就是选择合适的媒体来发布了，一般而言，人才网、当地人才市场和报纸是比较合适的选择。总而言之，招聘启事的语言要简练得体又重点突出，要庄重严肃又礼貌热情。

初审简历，组织笔试。笔试的主要目的是考察应聘者的岗位技能，即所谓的能力，有时候也可以省略这个环节，经过简历初审后直接进入面试。

面试是一种经过精心设计，在特定场景下，以面对面的交谈与观察为主要手段，由表及里测评应聘者有关素质的一种方式。例如，求职者的动机与工作期望、专业知识与特长、职业道德与职业理想、工作态度与工作热情、工作经验、综合能力、语言表达能力、应变能力、自控能力等等。作为刚开始创办的企业更需要考察应聘者的人品和潜能。

那么，我们如何做好招聘面试呢？预先确定好面试内容及面试提纲。面试提纲是围绕面试的重点内容来编制的，是整个面试过程的问话提纲。面试提纲由若干面试项目组成，如敬业精神、专业知识、公关能力、兴趣爱好、道德观念等。每一面试项目均应编制相应的提问提纲以便有针对性地提问、考察。面试提纲可以分为通用提纲和重点提纲两部分。通用提纲涉及问题较多，适合于提问各类应聘者。重点提纲则是针对应聘者的特点提出的，以便对职位要求中有代表性的内容有所了解。面试提问的题目应具体、明确，应避免问及有关个人隐私的问题，避免使用带有倾向性的问题和简单地可以用"是"或"不是"来回答的终止性问题，多采用开放式的提问来引发应聘者的更多回答。

【案例】扬长避短的用人方式。"好孩子"品牌是我国童车行业的明星企业，产品连续10年国内销量名列前茅，市场占有率高达25%以上，有如此的好效率，和其创始人宋郑还在用人上的聪明策略分不开的。他让坐不住办公室的人搞推销，让怕出事的人

搞安全,让争强好胜不服输的人去完成突击性任务,挑选比较固执的员工从事产品质量检验工作……这种扬长避短的用人方式使得员工工作起来精神轻松,又可以发挥自己的专长,就这样,"好孩子"品牌成就了童车行业的一个奇迹。

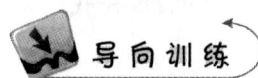

1. 仔细体会这个故事。

曾经有一个记者在家写稿时,他的四岁儿子吵着要他陪。记者很烦,就将一本杂志的封底撕碎,对他儿子说:"你将这上面的世界地图拼完整了,爸爸就陪你玩。"过了不到5分钟,儿子又来拖他的手说:"爸爸我拼好了,陪我玩!"

记者一看,惊讶万分:"不会吧?你是怎么做到的啊?"

儿子说:"世界地图的背面是一个人的头像。我反过来拼,只要这个人好了,世界就完整了。"

谈谈你得到了什么启发。

2. 阅读下面一个招聘面试的片段,回答问题。

"当时,我发现在最后期限前可能完不了工,我找了几个骨干一起商量,首先在思想上取得了一致,然后我们一起鼓励整个团队的士气,带领项目组全力投入工作,加班加点,克服困难,终于按计划完成了任务。"

这是应聘者一个很典型的回答,但是信息量还是不太够,招聘方所能做出的判断有限。

请你针对"事件"中的关键点设计几个问题,以主考官的身份进行"追问",从而准确判断应聘者的素质、水平。

3. 在面试中考察应聘者的能力素质的时候,有两种提问方式:

A. 你过去做过什么?你喜欢做什么?你是否愿意努力工作?你是否愿意按照上司的意图去做事?

B. 你所做过的工作当中最值得你自豪的一件事是什么?是什么时间做的?怎么做的?为什么值得你自豪?

如果你是一个面试官,你会选择哪种提问方法?为什么?

(厦门海沧职业中专学校　谢剑飞)

第三节　物尽其用，人尽其才

——谈公司人才管理

> **故事引入**
>
> 美国西南航空公司已连续 33 年保持了赢利——这在航空历史上也是前无古人的记录。美国西南航空的员工创造了这骄人的记录。特别在过去的五年中，整个行业发生了根本性的变革，公司的员工迎接了许多挑战，克服了无数困难。现在许多航空公司在低成本低票价领域展开竞争，试图模仿该公司成功经历。按照美国西南航空的观点，有一样是这些公司无法模仿的——员工的战斗精神(warrior spirit of employees)！在美国西南航空，员工创造不同！公司的员工充满了激情。他们内心理解成为"低成本领袖"的重要性。消费者之所以选择美国西南航空公司，是因为该公司持之以恒地提供他们所希望的——低票价、可靠的服务、高频度和顺便的航班、舒适的客舱、了不起的旅行经历、一流的常旅客项目、顺利的候机楼登机流程以及友善的客户服务。因此，美国西南航空获得了 2005 年度美国客户服务第一名。公司不管在所服务的任何市场都想占主导地位，在市场份额上排名第一。

现代企业之间的竞争，说到底是人才的竞争，也可以说一个企业是否注重人才管理，已成为衡量该企业管理是否现代化的一个重要标志。应该说，一切具有可为企业发展所用的特殊技能或才干的人都是企业的人才。拿破仑说过，最难的倒不是选拔人才，难点在于选拔后，怎样使用人才，即使他们的才能发挥到极致。

建立现代企业制度，无论是制度创新，还是提高劳动生产率，归根到底还是人的因素在起作用。只有合理地配置人才资源，不断地把人的积极性调动起来，把人的才能和创造性充分地发挥出来，企业才会有生机和活力，才能有发展。因此，如何最大限度地发挥企业内部广大干部职工的主观能动性和创造性，成了搞活企业的关键，以人为本的管理成为现代企业管理的精髓和核心。

一、培训与开发

【案例】安利，无疑是利用销售模式在全球范围内最成功、最有代表意义的公司。安利培训体系的流程：年度万人表彰大会，季度千人大会，月度百人地方聚会，每周专题培

训,随时与上级沟通。定期举办各种规模的大会,是要耳听为虚,眼见为实!关键就在这里,年度大会让你感受一次使用一年,所以在规模和形式上一定震撼你的心灵;季度大会是补充与保持年度大会的效果,所以在规模和形式上也要求震撼。月度地方会议就是要使自己经常保持状态,使思想随时都要与培训系统的诉求保持同步;每周专题培训是技巧和基础性培训,随时沟通,发现问题随时解决,不让困难阻止安利事业的发展。所以,安利这种系统性、洗脑式的培训所产生的能量是巨大的,持久的。从安利的培训实施管理中学习什么?

首先,安利的培训是经过系统性的针对不同级别营业代表的实际工作需求进行了定制性开发,内容涉及不同级别人员对于知识、技能、思想困惑的方方面面,可谓无所不包,关怀备至。其次,安利培训严格根据营业代表所达到的不同业绩级别展开。而不是培训课程对任何人都放开,只要有培训就可以参加,如果没有一定的业绩能力,没有一定的亲身经历,没有实际的业务需求刺激,培训的效果就会大打折扣,至少不能适时支持企业发展的。再次,培训不是孤立的,它需要融合到企业系统管理中去,如同安利的不同营业代表的激励分配比例的递增一样,其实这就是安利员工的职业进阶层级。最后,通过安利培训简单透视,我们需要在一个全新的管理系统高度认识培训,培训不再是课程或讲师,培训价值产生的核心,是课程与讲师背后的一个复杂的系统管控体系。课程与讲师等方式都是实现企业发展中员工知识与技能的一种载体与手段。要使企业培训真正令人满意,就只能从课程与讲师阶段,系统性的上升到培训全方位融合企业管控体系与系统的培训管理建设实施阶段。

二、团队为根,增强团队凝聚力

【案例】生产石化产品 ABS 而位居全球行业第一的台湾奇美公司董事长许文龙,在管理企业时,遵循的风格和观念是道家的"无为而治",也就是"不管理学"。但这并不意味着他真的就什么也不管,他是授权给他的下属,让他的下属去管理,他充分授权的结果是让他的部下个个忠实于他,每个人都竭忠尽智地把公司管理得"让美国和日本在内的同行们都畏之如虎,无不退避三舍"。

用加强员工内部公关的方法增加组织的凝聚力就如同一把很好的"金手铐",一旦员工心里戴上了这把"金手铐",就会让他们难生杂念,实实在在为企业服务。加强员工内部公关,就是强调积极的激励,即充分运用现代的激励政策,发挥员工的积极性和创造性,建立员工与企业之间的新型忠诚的关系。

首先,树立企业与员工是合作伙伴的理念,真正肯定了员工在企业中的主人翁地位,从而让员工感受到企业的认可与尊重,就能够对员工产生持久的激励效应。其次,充分授权,以"上君尽人之智"的姿态给员工以充分发挥的空间。通过完全授权的方式,不仅可以训练员工处理问题的应变能力,而且可以将员工创意潜能激发出来,同时也是对员工信赖的表现,这种做法会使员工感受到企业的尊重与重视,有助于建立企业内的信赖关系。最后,完善企业合理化建议并营造一个充分沟通的氛围。合理化建议制度是管理的民主化制度,是一种较为成熟和规范化的企业内部沟通制度。主要作用是鼓励广大职工直接参与企业管理,并且可以通过上情下达,让企业的管理者与员工保持经常性的沟通。运用互联网等多种传媒,运用座谈、会议、电话交谈、网上聊天等多种方法,使员工公众能方便地了解到各种所需的信息与知识。

三、激励为径,提升员工工作绩效

【案例】主人将货物平均分成两份给驴和骡驮运。驴看到自己驮的东西和骡一样多,气愤地说:"你给骡吃的食物比我多一倍,却让我和它驮一样重的货物。"走了一段路以后,主人看到驴支撑不了,就把它的一部分移到骡背上。再走了一段路以后,驴更没有精神了,主人又把货物移过去一部分。最后驴身上空无一物。这时骡瞪着驴说:"你现在还会认为我不该多吃一倍的食物吗?"

行业要想留住真正的人才,就必须制定合理的绩效机制,真正做到"按劳分配",而不是"按需分配"。绩效机制就是通过一套科学的制度来反映激励主体与激励客体相互作用的制度。通过建立实施严格的绩效管理,深化用工分配制度改革等方面的措施,形成人员能上能下、能进能出的竞争机制,提升工作效率和工作质量。坚持"能者上、庸者让、平者下"的用人机制,全面推行竞聘上岗,量化考核;充分发挥工资杠杆的调节作用,建立公平的收入分配机制,实现岗变薪变,收入能增能减,岗位收入凭贡献,职级晋升靠业绩,充分调动员工的工作积极性和主观能动性,切实做到用事业造就人才、用环境凝聚人才、用机制激励人才。

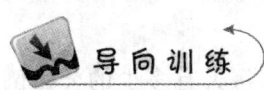

测试你个人可能是哪一种人才类型?

下面列举了多种职业,请认真地看,请选择你有兴趣的工作判断你可能成才的类型。各种类型说明:

类型	代码	特征	选择
现实型	R	具有坦率、谦虚、坚毅、有礼、害羞、稳健、节俭等特征。	
研究型	I	具有分析、好奇、独立、聪明、内向、条理、精确等特征。	
艺术型	A	具有复杂、想象、冲动、直觉、无秩序、富有表情等特征。	
社会型	S	具有助人、仁慈、善社交、善解人意、说服他人等特征。	

续表

类型	代码	特征	选择
企业型	E	具有冒险、乐观、自信、追求享受、善于社交等特征。	
传统型	C	具有顺从、谨慎、保守、自控、服从、缺乏想象力等特征。	

（厦门海沧职业中专学校　夏东风）

第四节　逆水行舟,不进则退

——谈公司人员培养

故事引入

有位商人有一批订单,先后去几家规模不等的公司考察。这几家公司的产品在价格、质量和售后服务等方面都不相上下,最后商人选择了其中规模较小的一家公司。有人问他选择的标准是什么？商人回答："是接待人员。"原来其余几家公司的接待人员不是忙乱中出了差错,就是事先未仔细复核飞机到达时间,未去机场迎接。还有的接待人员衣着邋遢,接待时频频失礼。只有这家小公司的接待人员准时到达机场,衣着干净挺括,在整个接待过程中始终彬彬有礼。商人说："通过这位训练有素的接待人员可以看出,这个公司员工的整体素质一定非常高,管理也一定非常好,工作效率一定也会令我满意。"

我们常说"商场如战场",现在社会企业之间的竞争十分激烈,每天有多少的公司倒闭又有多少的公司开业,很难有一个准确的统计。但也有不少的企业由小而大,甚至发展成了"百年名牌企业",依然维持着生机与活力。这应该引发我们想创业的中职同学的深思。

一、企业中人是第一位的

一个企业到底是品质的竞争,还是价格的竞争、服务的竞争,各有各的理论。但最关键的还是人才的竞争。想想看,产品是谁设计出来的,是人；产品的品质是谁在负责,是人；产品的价格是谁订出来的,是人；产品的服务是谁做的,还是人。所以,企业它绝对不仅仅是产品的竞争、价格的竞争、服务的竞争,关键的是人才的竞争！所以哪一个企业拥有最多、最优秀、最适合的人才,这个企业就会蓬勃地发展。一流的企业拥有一流的人才,二流的企业拥有二流的人才,三流的企业拥有三流的人才。

我们也常说要成就一番事业须具备"天时、地利、人和"三个因素,而三者当中最重要的是"人和","人和"怎么来?对开办企业的人来说,离不开培养。著名的日本松下电器公司有一句名言:"出产品之前先出人才。"其创始人松下幸之助更是强调:"一个天才的企业家总是不失时机地把对职员的培养和训练摆上重要的议事日程。"

二、人才的培养是双赢的投资

一位管理学家曾经说过:"员工培训是企业风险最小、收益最大的战略性投资。"人力资源的开发和培训已经成为企业增强自身竞争力的重要途径。对每一个企业来说,无论怎样强调人员培养的重要性都不过分。暂时成功的企业不一定注重人员的培养,但是一直成功的企业一定非常注重人员培养。因此,企业首先是一个培养人的学校,其次才是企业。有了合格的人才培养,企业的各项理念才能很好地贯彻下去,企业的管理层才能进行正常的新陈代谢,维持一个常新的局面,在激烈的市场竞争中也才能立于不败之地。另外,通过培养,员工的整体素质得到了提升,获得了一份终生保值的财富,有利于个人的长远发展。有人说:"不断培训是企业送给员工的最佳礼物!"这是很有道理的。

【案例】为了保证员工能够服务到位,肯德基对餐厅的服务员、餐厅经理到公司的管理人员,都要按其工作性质的要求,进行严格培训。例如,餐厅服务员新进公司时,每人平均有200小时的"新员工培训计划",对加盟店的经理培训更是长达20周时间。餐厅经理人员不但要学习引导入门的分区管理手册,同时还要接受公司的高级知识技能培训。这些培训,不仅提高了员工的工作技能,同时还丰富和完善了员工的知识结构以及个性发展。

因此,作为创业者我们首先要将公司人员的培养放在第一位。那么,该从哪些方面进行培养呢?

1. 适应岗要求的培训、培养

这一点主要是针对刚走出校门的学生或刚进公司的新员工,主要内容应包括:企业概况、主要机构的设置、主要的管理者介绍、企业制度、员工守则、经营范围、经营宗旨、对员工的关爱措施等。目的是让员工对公司有一个全面的认识,基本认同公司,达到上岗的要求。从而尽快找准自己在企业中的位置。另外,不少知名公司还搞跟学校类似的军训,通过军训达到磨炼意志、培养吃苦耐劳的精神、朴素勤俭的作风和团队协作意识的目的。同时在军训中还通过多样化的活动来发现人才,为日后公司业务或各项活动的开展初步奠定人才基础。

2. 职业技能及职业知识等的提高培训

技能培训主要是结合新员工即将上任的工作岗位而进行的专业技能培训,培训的方式有两种：一是集中培训，即将岗位技能要求相同或相似的新员工集中起来进行培训，这样可以扩大技能的传播范围，节约培训成本。二是分散式培训，即由技能熟练的老员工对相应岗位的新人进行指导，并确定指导责任制，一名老员工可以指导一名或多名新员工。在实际工作中，为了达到更好的效果，可以将两种培训模式结合起来运用。职业培训是为了使新员工尤其是刚走出校门的学生完成角色转换，成为一名职业化的工作人员。其内容主要包括：社交礼仪、人际关系、沟通与谈判、科学的工作方法等。但要注意的是，刚从学校出来的学生，他们自认为在学校已学了这方面的知识，容易产生不重视的现象，这就需要结合企业的实际、社会的实际进行针对性的培训，让新员工将理论与实际结合起来，达到培训的效果，以提升岗位业绩。据了解，现在中国企业做提高培训的企业非常少，这是一个很好的机会，我们可以好好地利用。

3. 发展性、人文性培训培养

在发展性培训、培养方面，可重点针对职业生涯规划方面。不少新员工特别是刚踏出校门的人员（包括我们中职同学）认为，职业生涯规划在他们学生时代已学习了太多，工作了就没有必要再学习。可学校与企业、社会不一样，学生时代的规划因为缺乏社会和工作经验，往往有很大的理想性、局限性。企业也会认为，员工的规划与我企业无关。我企业要的是效益，不是培训、花钱，因而忽略这方面的培训。其实，企业里搞"纵向发展"的职业生涯规划培养，有助于留住员工，给员工一个积极向上的追求目标和空间。据统计，中国的企业搞这方面培训的极少。另外，我们常说"产品即人品"，没有良好的人品，就不会有优质的产品。生产假货、次品的企业绝对长久不了，迟早要破产倒闭。所以为了公司的长远发展，还需要有针对性地进行人文培养。大多数的企业在培养教育员工方面，一般都是从企业文化、营销技巧、规章制度、公司概况等方面入手。但是什么最重要？在企业人员的培训培养当中，诸葛长青认为："最重要的是教育他们如何做人，如何孝敬父母、效忠企业、关爱他人，如何遵守礼节、如何形象优美、如何走向成功人生等。"企业人员培训、培养十分重要，而教育员工如何做人、讲究人文更为重要。教育员工如何做好人，员工就能做好事，那么企业就会长时间站稳脚跟并实现快速发展。

4. 培养公司与员工之间的融洽关系，创造一种家庭式的情感

现在，越来越多的企业家认识到企业只要能始终爱护人、尊重人，承认他们的劳动和做出的成绩，构建企业上下左右良好的沟通系统，并让人才了解和参与企业的决策与管理，切实为他们提供各种必要的保障，营造一个"企业为我家"的软环境，就能很好地将人才凝聚在一起。是的，正如古语云：得人心者得天下！只有这样，才能让员工毫无怨言地努力与奉献，才能从根本上稳定人心，留住人才。因此，在企业管理中必须多点人情味，少些铜臭味，这有助于培养员工对企业的认同感和忠诚度。有了这些，企业在竞争中才能无往而不胜。正如世界华人首富李嘉诚所说："如果没有那么多人替我办

事,我就算有三头六臂,也没有办法应付那么多的事情,所以成就事业最关键的是要有人能够帮助你,乐意跟你工作,但原则上一定要令他有归属感。要他喜欢你。这就是我的哲学。"

【案例】在《日本工业的秘密》一书中,作者总结日本企业高经济效益的原因时指出,日本的企业仿佛就是一个大家庭,是一个娱乐场所。这也正是日本企业所追求的境界。日本著名企业对家岛川三部曾自豪地说,他经营管理的最大本领就是把工作家庭化和娱乐化。索尼公司董事长盛田昭夫也说:"一个日本公司最主要的使命,是培养它同雇员之间的关系,在公司创造一种家庭式情感,即经理人员和所有雇员同甘苦、共命运的情感。"

在公司人员培训中要注意以下两个方面的问题:

第一,不搞员工的培养。

不少企业认为,反正中国的人多,"张三不干,李四干",只要有钱,走了再招。不要浪费钱财在人员的培养上。现在员工离职的原因有很多,概括起来无外乎三个方面:一是对公司管理方式不满,二是无法胜任工作,三是谋求更大或更自由的发展空间。美国媒体曾对全美1000家大、中型公司的近3万名员工进行过一项调查,结果发现,广泛的培训和专业技能提升在留住人才方面正在变得与股票期权同样重要。通过培训,可以改变不良的管理实践,还可以提高员工胜任工作的能力,从而在相当程度上缓解员工队伍的波动。

【案例】全球著名的摩托罗拉公司,在员工进入公司的第一天起就被告知:"你要知道一件事情,你在摩托罗拉整个工作历程当中,哪个经理不给你培训,你可以找上级投诉他,他将被撤职。"

这个事例进一步印证:人员培训是企业生存发展所必须开展的、必不可少的工作。

第二,想一套,说一套,做起来时另外一套。

我们常说"说起来重要,做起来次要,忙起来不要"。要想使一个培训成功的运转,就需要避免惰性心理的出现,切实做好人员的培养工作。

【案例】杰克·韦尔奇有"经理人中的经理人"之称,是20世纪最伟大的CEO之一。杰克·韦尔奇把50%以上工作时间花在人事上,他自认为他最大的成就是关心和培养人才。他至少能叫出1000名通用电气高级管理人员(GE的员工约17万名)的名字,知道他们的职责,知道他们在做什么。

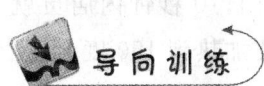

1. 推荐你看看电视剧《我的兄弟叫顺溜》,陈大雷是如何培养和爱惜人才的,最终顺溜有没有背叛陈大雷,希望你能从陈大雷训练顺溜的过程中能学到一些公司人员管理的办法。

2. 你将来想创业的方向是什么?打算发展到什么程度?如何对你的人员进行培训、培养?

(厦门海沧职业中专学校 毛泽政)

第五节 人心齐,泰山移

——谈公司文化建设

故事引入

松下电器产业株式会社的创始人松下幸之助曾经去考察一个企业,洽谈合作意向。但他当时没有听汇报,只是在企业生产车间仔细地观察了一遍,与工厂的工人做了很长时间的交流,随后他就离开了。合作的事也就此确定下来。公司的同事对此很不理解,问松下为什么没有听汇报就做出了决定。松下说:"一个企业最主要的是他的精神,这其实很简单,我从工厂的面貌和工人的言谈举止就了解和认识了他们的文化,这一切说明这个企业是一个很有活力和具有发展前景的企业。"

同学们,当我们毕业进入公司以后,我们应当了解公司的文化,才能更好地融入公司并为公司的发展服务。那么什么是公司文化呢?为什么要重视公司文化呢?

公司文化是一个组织由其价值观、信念、仪式、符号、处事方式等组成的其特有的文化形象。公司文化是公司为解决生存和发展的问题而树立形成的,被组织成员认为有效而共享,并共同遵循的基本信念和认知。

公司文化是凝聚人心、增强公司竞争力的无形资产和力量,是公司生存和发展的原动力。公司文化其实质也是公司对员工素质的培养和提高,注重公司文化建设是公司走向成功的重要途径。

然而,一种先进公司文化的形成,需要一个长期的积累过程,它源于人们日常工作的每一个细微之处。星巴克的成功也许能给我们以启示:顾客进门,10秒钟内店员就要给予眼神接触;每杯浓缩咖啡煮18～23秒口味最佳;牛奶至少要加热到150度,但是绝不能超过170度;如果伙伴打翻了牛奶,不但要立刻帮忙清理,还要告诉他没关系,这样才能体现星巴克的尊重文化,使其保持更轻松的心情为顾客服务。星巴克训练每位员工成为咖啡吧台后的科学家,它努力使每位顾客每一次来喝咖啡,都变成一种只有在星巴克才能感受到的特殊体验。正因为有着这样一种优秀的公司文化,才使号称"咖啡帝国"的星巴克经久不衰。因此,公司文化从一定意义上来说,它决定了一个公司的成败。

文化是公司发展的灵魂,公司的生存与发展,文化建设至关重要。中职生了解公司文化建设有利于今后更好地融入公司文化并参与公司的文化建设。

一、在细节中强化人本理念

公司文化建设是为了公司打造整体形象,提高效率,提高竞争力,实现经营效益的持续增长。在建设公司文化的过程中,首先要强化人本意识,创造一种员工爱岗敬业、乐于奉献、有强烈责任感的公司文化氛围。

优秀的公司文化是公司管理和发展的金钥匙,将人本理念渗透到员工的思想和行动中,员工自觉地规范自己的行为,从而使公司获得一种源源不断的生命力。

在公司文化建设的每一细节中强化人本意识。加强员工的素质教育、思想教育和职业道德教育是公司文化建设的重要工作。公司应通过培训,让员工了解公司文化的精髓,认识其重要性,增强员工对公司文化的认同感和对公司的忠诚度,使员工将个人的前途与公司的发展联系在一起。

【案例】奔驰,一个几乎全世界无人不知的汽车品牌,现在虽已过百年,然而它的名字和公司的口号一样,依然叫得响亮。奔驰成功的关键,主要成就于"人本理念"。

奔驰公司在关心职工生活、调动职工积极性等方面,充分体现了"在细节中强化人本理念"的管理艺术。例如,全公司180名医务人员,除了看病、分析病因外,还负责车间、办公室的合理布置,负责预防职业病,指导职工合理生活等。公司还十分注意改善厂区环境,组织员工开展文体活动。公司还为职工建房、购房提供无息贷款,为职工购车提供优惠等。所有这些运用人性化管理方法,极大地调动了员工的积极性。

二、在细节中建设制度文化

学校要有规章制度,公司同样更要有规章制度。制度文化是公司文化建设的一个重要的组成部分。公司制度文化是在有形的制度中渗透的文化,并通过有形的制度载体表现出的无形文化。

建设制度文化,简单地说就是要让"有章可循,有章必循"的氛围在公司内形成。一方面要不断完善制度,标准要适宜,要富有人性化,具备可执行性。另一方面用制度管理取代威权管理,用法治代替人治。制度通过规范人的行为,让管理科学化;文化从精神层面感染人,调动人的积极性,并让人理解制度,心甘情愿地执行制度。

公司制度是规范公司员工行为最基本的手段之一,公司的制度应时刻出现并且规

范到员工平时工作细节中,比如,将公司制度转化为表单和流程,直接规范到员工行为的细节中,让每个员工在被"规范"的同时还能享受到被"规范"的快乐。

【案例】杰克·韦尔奇也曾有一次去他的一个下属部门,当时需要佩戴一个蓝色的标牌,但杰克·韦尔奇戴的牌子颜色不对,门卫就不让他进。随从说:"这是杰克·韦尔奇!"门卫说:"我知道,但公司对我的规定是戴蓝色牌子的才让进去的。"

杰克·韦尔奇立刻夸他做得对,并把这事写进了他们公司的电子邮件,让每一位员工学习。

三、在细节中鼓励创新精神

所谓"鼓励创新",就是使创新者在物质和精神两方面得到应有的鼓励。公司文化建设要在细节中鼓励创新。

创新是公司文化建设的特点和生命力所在。没有创新的文化就没有创新的团队,就没有创新的技术、管理、产品、服务和市场,公司就会丧失其社会价值的依据。把创新精神全方位融入公司文化诸多要素和建设公司文化的各个细节过程,使创新成为公司的品质,这是公司文化建设必须始终关注的问题,也是所有成功公司的共同经验。

公司文化不是一成不变的,总的来说它会随着公司的战略变化而变化,没有与时俱进的公司文化创新,公司持续经营的文化力量源泉就可能逐渐枯竭。公司文化建设要在工作细节中创新,在创新思维中与时俱进,适应发展变化。

【案例】联想在创业之初形成的是"生存文化",公司文化的特征主要是敬业和危机感。后来随着公司的发展壮大,尤其是成立PC事业部以后,以杨元庆为首的年轻人走上了领导岗位,联想文化过渡到"严格文化",强调"认真、严格、主动、高效"。2000年时,联想公司又提出建设"亲情文化",提倡"平等、信任、欣赏、亲情"。联想在新老班子交接和组织分拆的时期,恰当地提出亲情文化的建设,以提高员工的满意度和合作精神,适应了当时联想即将实行的公司战略向服务转型。

四、在细节中打造公司形象

公司的形象就如同一个产品的外包装,良好的包装能够给人们留下美好的印象,从而牢牢地记住它。

公司应注重在细节中打造形象。公司文化建设注重细节,就是要把细节管理纳入公司管理的核心地位,要从细节入手,规范管理、打造信誉,要在细节中凸显特色,在细节中提升内涵,在细节中亮丽形象。

公司宏伟的大楼、宽敞的办公室、精美的装修等,可以反映公司的品位、追求、价值观。而公司员工的着装、面貌、语言、神情等等,这些细微之处更能给人留下难忘的印象,更能展现公司的品位和形象。因此,关注细节要从规范员工日常工作生活的言谈举止开始,从塑造员工的良好心态、培养健康的习惯开始。

细节与公司的声誉紧密相连,细节关系到公司的形象。例如"海尔品牌"的成功,就是细节的成功,是从对消费者细致的体贴中获得的,正是由于细节上的不断磨炼,才创出并保持了一个国内驰名的品牌形象。

【案例】迪斯尼乐园充分体了迪斯尼公司创始人现沃尔特对细节的关注。为了让他的顾客能够在迪斯尼乐园享受一次独特的、美好的旅程,这位老板几乎在乐园的各个角落都留下了自己的痕迹。他规定迪斯尼乐园的垃圾箱要严格按照每25米放一个来设置。他选用高质量的油漆粉刷过山车,甚至有时还会用真正的金粉和银粉来粉刷建筑物。他雇佣专人在乐园中巡逻,以确保乐园中所有的颜色都是协调的……

为了维持全公司对细节的关注度,迪斯尼有很多办法,比如管理阶层每年都要接受一周所谓"交叉上岗"的训练活动。在一周的训练期间,迪斯尼的主管们换下平时上班的装束,穿着各式各样的道具服,在几百个最基层的岗位中任意挑选,在游乐场客串清洁工、售票员、卖冰淇淋、热狗,或者充当导游,替游客停车收费等。在体验过程中,全面听取游客的意见和投诉,检讨各个角落中可能存在的问题,在全公司上下都形成对细节的重视,使所有员工都能有一种责任感。……

重视细节,从每一个细节中让游客感到舒心、放心的迪斯尼文化成功地打造了迪斯尼公司的良好形象……

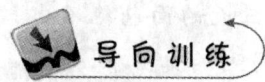
导向训练

1. 试说出十句"细节决定成败"的名言。
2. 参观调研两三家公司,试分析比较公司文化建设注重细节的表现。
3. 行政副总包总这段时间一直在思索一个问题:公司如何进行企业文化建设。

公司成立至今已经2年多了,但因为公司的人员来自社会各个方面,如有的员工是从海外留学回来的,有的员工是应届大学毕业生,还有的员工是以前国有企业的技术和管理骨干,他们每个人都具有不同的行为规范,也有着不同的价值观念,在日常工作中,经常会发生员工之间的理念和行为冲突,公司运行到现在,是应该加强公司文化建设的时候了,如果不加强,对于公司今后的发展有百害而无一利。

请帮助包总想想从哪几个方面去进行公司文化建设?

(厦门海沧职业中专学校 李荣海)

第六章 商业道德与法律

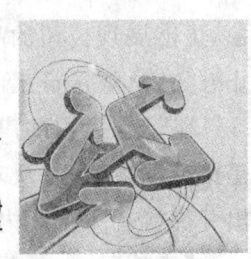

第一节 小胜凭智，大胜靠德
——谈商业道德

故事引入

美国棕色浆果烤炉公司是生产全麦面包的公司。近年来，其生产的全麦面包在美国市场上畅销不衰，究其原因，是以信誉赢得顾客。一是价格合理，既不贵卖，也不贱卖。为了防止经销商随意改动价格，该公司在包装纸上标明成本和利润，这样经销商就不能随便改动价格了。二是保证质量，公司明确承诺：超过三天的面包绝不出售，过期的面包由公司收回。刚开始实行这个诺言的时候，的确遇到不少困难，一方面处理过期面包会增加费用，减少利润；另一方面，经销商大都怕麻烦，他们不愿意天天检查，换来换去。为了实现这个诺言，公司专门派人把新制的面包用车子送到经销店，如果有脱销，一个电话就立刻送货上门。

棕色浆果烤炉公司说到做到，以自己的实际行动实践自己的诺言，以信誉赢得了顾客，赢得了效益，赢得了市场。

杰明·富兰克林说过这样一句话："没有一样东西能像道德那样使人发财致富。"蒙牛能够从一个乡镇小企业发展成今天的乳业大集团，并执业界牛耳十几年，那些聪明的营销策略可能在前期发挥一些作用，而贯穿始终的，却是"德"，如果失了"德"企业就会走向毁灭，可谓应验了那句古语"小靠智胜，大靠德广"。在商业竞争中，道德这一名词始终是社会永恒的话题。

三鹿毒奶粉事件发生后，有关企业良知以及商业道德问题再次引起人们的思考。

所谓商业道德，是指在商业活动中，商家及其成员从事经营时，完善其素质和协调商业内外部利益关系的善恶价值取向以及在行为上应遵循的道德原则、道德准则的总和。在社会主义条件下,商业道德对商家及其成员的要求有:诚实经营、平等交易、公平竞争、合法谋利、遵守职业道德规范。

一、树立诚信观念,遵守市场准则

1. 商业诚信是商德之魂

在商业领域里,人是首要因素,因此商业道德的基础和前提是商人道德。温家宝总理曾与网民在线交流时,一再强调"企业家的身体里应该流着道德的血液",可见中国的"商道"对于中国未来经济社会发展所具有的重要影响,而"商道"的核心就是诚信。许多中职学生毕业后大多从事生产和经销商品的职业,有部分学生受社会不良文化影响,认为"无奸不商、无商不奸",不然就赚不到钱。其实,一个成功的商人,首先应该是做一个诚信的人。只有坚守信用,以诚信为核心,依法经商谋利,方能在商业领域拥有广泛和最可靠的朋友。

2. 商业诚信是立商之本

诚信无欺是立商之本。诚信无欺,即以诚待人,讲究信用,不欺消费者,买卖公平,不以次充好,不制作假冒伪劣产品,不搞虚假广告,不隐瞒缺点等。诚信是企业成功的秘密武器,更是商人的必备品质。大大小小的商人都必须牢记:在商海中要想使自己不遭遇倒闭的厄运而且不断发达,那就是诚实,诚实对待每一位顾客、每一笔生意,而欺诈则会绝了企业的生命。一个企业失去信用,就好比无源之水、无本之木。北京的老字号"同仁堂"药店,经营300余年,从一家名不见经传的普通家庭药铺,发展成为国药第一品牌,金字招牌至今不倒,其重要的原因之一,是诚信经营赢得的良好信誉。路遥知马力,日久见人心,这个哲理在商道中也是真理。

3. 挑战商业伦理,自毁声誉

商业社会的逐利冲动犹如一匹脱缰的野马,横冲直撞,为了商业利益,践踏了本应恪守的底线。而没有商业诚信和社会道德约束的市场,必然是无序的,丛林化的,谁的钱多谁就可以称霸,弱肉强食,此种恶性无序的竞争对市场、对企业自身的发展有害无益。

【案例】2011年3月15日,央视315节目《"健美猪"真相》,曝光河南双汇集团下属的分公司济源双汇食品有限公司在食品生产中使用"瘦肉精"猪肉。这次瘦肉精事件对双汇的影响很大,估计全部直接和间接损失可能接近200亿元。对于济源双汇而言,也许近两年来的家当都要归零。但双汇的损失并不止于济源双汇。据新闻媒体介绍,双汇集团在全国一共有超过17家肉制品厂,济源双汇只是其中规模最小的一家。由于品牌的连带性,双汇位于其他地方的工厂同样受到了影响,多个地方的产品尽管出示了检验合格证明,但消费者仍然不敢相信,拒不买账。可见,诚信是企业最为宝贵的资源,是商家的生命。

二、学会老实做人,坚持义中取利

1. 君子爱财,取之有道

大凡成功的商人都秉持着这样一个秘诀:赚钱是从吃亏开始的。读过《威尼斯商人》的人都知道,莎翁笔下的安东尼奥就是一位慷慨仁厚、放债不取利息、珍重友谊的老实商人,为了帮助朋友成婚不惜签下"割一磅肉"的契约,最终赚得大钱,然夏洛克却因爱钱如命、唯利是图受到惩罚而自取灭亡。

2. 义以生利

我国传统"商道"历来强调义与利的辩证统一。仁中取利真君子,义内求财大丈夫。晚清时期最著名的大商人孟洛川就是靠"义以生利"的经商之道,最终成为内圣外王的一代大商。而与之同时代的胡雪岩虽辉煌一时,终究使阜康连锁钱号一夜间土崩瓦解、烟消云散。造成他失败的原因很多,其中很重要的一条是缺少道的引导、义的支撑。孟洛川也有过同样的教训,但是他靠自己非凡的悟性,悟得"财自道生,利缘义取"的真谛,所以能够从失败中站起来,最终走向成功,他所创立的"瑞蚨祥"商号至今仍负盛名。与胡雪岩相比,孟洛川的高明之处是他的思想智慧和道德境界,他贾服儒行、经世济民的儒商风范,堪为商之楷模。

【案例】2011年感动中国的十大人物之一的湖北"信义兄弟"向全社会做了一个企业家的表率。为抢在大雪封路前给已回武汉的老家民工发工钱过年,黄陂建筑商孙水林连夜从天津驾车回家,于2009年2月10日(腊月二十七)凌晨在河南境内因重大车祸一家5口不幸遇难。其弟孙东林为完成哥哥遗愿,接力送薪,他从哥哥的事故车中找到26万元工钱,赶在2月12日(腊月二十九),凑足33.6万元工钱,发放到60位民工手中。一直跟随兄弟俩打工的工友们说,孙家兄弟有个规矩,"干了活就得给钱,新年不欠旧账"。20年都如此,从不拖欠。孙氏兄弟塑造了企业的品牌,事业一直是稳定发展的,从不会出现"用工荒",构建了和谐的劳资关系。如今公司在孙东林的带领下向社会庄重承诺:决不拖欠工人一分钱工资;注重打造名优精品工程,决不搞偷工减料;签订施工合同后,不搞欺诈,不拖延工期;强化企业的社会责任,并竭力为困难家庭的工人提供必要的帮助。他们的信义之举感动了国人。

三、提倡公平竞争,共创合作双赢

1. 公平竞争是市场经济发展的核心

公平竞争是指竞争者之间所进行的公开、平等、公正的竞争。商业领域里的竞争,一般来说是各个企业在同一市场条件下共同接受价值规律和优胜劣汰的作用与评判,并各自独立承担竞争的结果。成功企业是通过正当的手段赢得优势并由此获得正当的利益。然而,当前有些企业通过用贿赂的方式推销商品;在广告或宣传中诋毁、贬低竞争对手的商业信誉或产品声誉;用低于成本的价格进行倾销等不正当手段排挤竞争对手来达到获取利益之目的,严重破坏竞争的公正性原则,最终自己也声誉倒地,造成两败俱伤。因此,只有倡导公平竞争,才能达到抑制假冒伪劣商品的目的,从而向市场提供质优价廉的新产品,使社会资源得到合理的配置。

2. 合作共赢是市场充满活力的源泉

时下流行语"商场如战场",这一说法有误导中职学生之嫌,好像商业就是互相"拼杀",这种观念在商业活动中容易导致企业采取各种不正当手段牟利。事实上,商场并不是"战场",商业确实充满竞争,但是并不意味着可以不择手段。无论一个行业的竞争有多激烈,它终究是建立在利用共享和相互认可的行为规范基础之上的。这种商业竞争关系,是一种相互依存的关系,有竞争就有合作,激烈的竞争呼唤真诚的合作。不能打败对手就与对手合作,唯有合作才能实现双赢,才能获得更多的成功。

中职学生应该了解徽商的历史变迁,从而理解"抱团"的意义。徽商是明清时期长江中下游地区涌现的最大的地域商帮,称雄商界400年,是中国历史上最具影响力的工商企业集团,也是最具活力的工商企业经营管理者,它倡导了一种独具特色的商业道德。胡适先生把徽商吃苦耐劳、百折不挠的创业精神赞之为"徽骆驼"精神。徽商的团结精神很值得中职学生学习,徽商的起点不高,从小背井离乡,奋力拼搏,自强自立,他们行谦让之德以营造融洽的关系,为自身发展增强凝聚力,并且以诚信二字作为徽商创基立业的根本。今天,我们许多企业也是通过竞争,以特定方式在某些方面与对手或与其他利益相关者实行联合、联盟、合作,来达到相互促进的发展目标。中职学生应明白"万紫千红才是春",财富永远是赚不完的,只有共同繁荣,才会有一个更加良好、完善的商业环境,每个人才能从中得到更多的成功机会。

【案例】万达集团,历经20多年、近30城发展,与沃尔玛、家乐福等国内外知名商家结成长期战略合作伙伴,开创商业联盟盛业。哈尔滨万达索菲特大酒店是万达旗下效益最好的酒店之一。2010年酒店实现收入1.16亿元,比酒店建立之初的2008年增收50%,酒店经营欣欣向荣。成功的秘诀源于哈尔滨万达索菲特大酒店业主方与管理公司的精诚合作和坚实努力。双方都是站在酒店经营的角度,努力为酒店赢得最好的效益。但他们也有利益的分歧和思维的差异,合作中的碰撞冲突也是不可避免。面对这些分歧,不是激烈对抗,而是真诚沟通,在沟通协调的过程中没有个人恩怨,更多的是尊重与体谅,实现了合作者共创双赢的局面。

"小胜凭智,大胜靠德",任何一个获得大胜的商人都知道这个道理。如果斤斤计较、机关算尽,只能是获得一时之利,而真正的、长久的胜利来自于博大的胸襟、雄伟的气魄、诚信的品格以及敢于吃亏的心态和能力,最终达到大商无算的境界,从而获得人心和意想不到的贵人帮助,并由此获得取之不尽的财富。

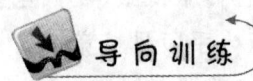 导向训练

1. 填出下表空格部分(社会主义荣辱观是什么)。

坚持什么	
反对什么	
倡导什么	
抵制什么	

2. 填出下表空格部分(针对市场经济条件下出现的道德缺失而提出的四条是什么)。

"以什么为荣、以什么为耻"	
"以什么为荣、以什么为耻"	
"以什么为荣、以什么为耻"	
"以什么为荣、以什么为耻"	

3. 怎么理解大商无算是一种境界？

4. 熟读下列语句

人情送匹马，买卖争分厘

利从诚中来，誉从信中出

生意全凭公道在，货真价实莫欺人

少市不欺客，畅市不抬价

厚利非吾利，轻财是吾财

刻薄不赚钱，忠厚不折本

守己不贪终是稳，始终公平势必兴

三分毛利吃饱饭，七分毛利饿死人

买卖不成仁义在，留下好感待回头

(厦门电子职业中专学校　上官云)

第二节 没有规矩,不成方圆
——谈依法创业

故事引入

小卢是广东一所知名高校的学生,早在上大三的时候,小卢就和同学一起创办了一家数码科技公司,筹建广州首家城市生活指导网站,被媒体誉为"广东大学生IT界创业第一人",同学们也公认其才华横溢。然而,几年后当他再次引起人们关注时,却是因为在网络上"传播淫秽物品牟利"而被判刑。原来,为吸引更多客户以获利,小卢的公司在2004年开始建立电影网站,开设成人区上传淫秽电影,在短短几个月的时间里,已经有近千名会员注册、浏览其上传的淫秽电影。最终法院对其判处有期徒刑18个月,此时的小卢刚刚过了26岁的生日。

法律是国家制定或认可的,由国家强制力保证实施的,以规定当事人权利和义务为内容的具有普遍约束力的社会规范。

掌握法律知识是成功创业必不可少的要素,创业者只有在创业之前学习相关的法律知识,掌握基本的法律实务,才不会在创业过程中迷失方向,才能立于不败之地。常言说:"不知情者得免责,不知法者不免责。"我们一旦犯了法,就得承担法律责任,要想以自己不懂法为由要求网开一面,那是行不通的。

不懂法很有可能在经济活动中吃亏,也不能很好地保护自己的利益。例如,如果创业者不懂得依法订立劳动合同,可能导致劳务纠纷或者使自己在创业用人过程中陷于被动局面。创业者必须记住,只有合法的创业活动才会受到法律保护。

依法办事是公民和企业的责任,中职生必须依法创业,创业和法律的关系密不可分。

一、创业须学法、懂法

有的人说,反正我又不会犯法,不学法没关系。这种想法的错误之处有二:第一,既然你没学过法律,怎么知道自己不会触犯法律呢?新的规定层出不穷,如果你不及时跟进,随时"升级"你的大脑CPU,就很容易因为不懂法而犯错误。例如,超市免费提供塑料袋曾经是惯例,但如今再这么做就是违法的了。第二,即便你不会犯法,但如果别人

犯法侵害了你,你该如何运用法律武器自我保护呢?所以说,在当今这个法治时代,不学法、不懂法是万万不行的。如果一个创业者不懂法或者不重视法律,就好比是一个表演空中飞人的杂技演员拒绝使用保险绳,是对企业、对自己不负责任,危险随时都可能降临。

创业过程中要了解、熟悉、遵守的法律法规简单来说主要包括《公司法》、《合同法》、《税法》、《工商行政管理法》、《产品质量法》、《环境保护法》、《反不正当竞争法》等。不同的法律法规涉及创业的不同方面,如《税法》规定企业如何纳税,《产品质量法》规定企业生产的产品质量要达到一定的要求。

【案例】于某是一家洗浴中心的老板,一次出门办事,将其营业执照丢失。过后,他没及时到工商部门挂失,也未将此事放在心上。不想时过三个月后,一犯罪分子利用于某的营业执照到外地以招聘服务员为名,骗财骗色。事发后,作案人被公安机关抓捕归案,于某也因此受到处罚。

《城乡个体工商户管理暂行条例实施细则》第13条规定:"个体工商户遗失营业执照及其副本或临时营业执照,应向原登记或经营地的工商行政管理机关报告并登记挂失。不报告、不挂失的,因此造成不良后果,由经营者承担责任。个体工商户的营业执照及其副本或临时营业执照挂失后,可以向原发照机关申请补发。"可见,学法、懂法多么重要。

二、创业须符合法律规定

《汤姆森商法教程》开篇即指出:"那些踏入商业世界的人会发现他们要服从数不清的法律和政府规定。"这是因为创业事实上是一个法律行为,一旦开始创业,哪怕你只是设立一家规模很小的企业,也会涉及许多复杂的法律问题。你的任何创业活动,在没有创造财富之前,就已经开始创造法律关系、引致法律后果,而你则需承担相应的法律义务和责任。创业活动的整个过程、各个方面都必须符合法律的规定。例如,在选定创业项目的时候,不但要考虑一个项目是否能赚钱、自己是否感兴趣等因素,还要搞清楚国家的法律、政策,是否允许创业者开展经营。例如,杭州市发改委2008年发布了《杭州市2008年产业发展导向目录》,列出了杭州市2008年度鼓励发展、限制发展、禁止发展的三类项目目录。如果你想在杭州创业,那么很显然,你应当尽量选择投资鼓励发展的项目,尽量避免投资限制发展的项目,至于禁止发展的项目,你想都别想。

【案例】回家乡创业的徐海金因非法收购属于滥伐的树木,前不久被横峰县法院依法判处拘役一个月,并处罚金一万元。

几年前,徐海金只身到沿海地区打工,凭着自己的努力,他学会了加工木材的好手艺,并有了一定的经济基础。2006年年初,徐海金回家乡横峰县创业,办起了一家木材加工厂。2006年9月至10月,徐海金明知本县姚家乡农民林格锡(已判刑)推销的杉木属于滥伐的树木,仍然收购其立木蓄积54.61立方米,之后将收购来的杉木加工成木制品,销往浙江等地。

三、依法创业能够降低创业风险

创业是一项高风险的事业。创业的风险来自很多方面,例如市场因素、行业竞争、人员素质、财务状况等,而法律风险也是其中之一。简单地说,法律风险是指由于创业者不依法创业而导致其遭到法律制裁或其权益受到侵害的可能性,它主要包括两种情形,一种是创业者违反法律规定而被制裁的情形,例如生产假冒伪劣商品;另一种是创业者没能充分了解、运用法律所赋予的权利,而导致自身权益受损的情形,例如签约时不充分审查合同主体,导致订立"无效合同"。法律风险完全是可以防范的。如果创业者依法从事创业活动,将企业经营中的各项活动纳入法制轨道,就能够有效避免因不懂法而导致的创业风险,从而帮助企业平稳发展。有的创业者往往在吃了苦头之后才知道法律的重要性,其实法律风险防范的关键在于防患于未然,也就是把危险消灭在萌芽状态。

【案例】小金是一名在校大学生,看着别人创业致富,他的心里也痒痒的。经过一段时间的市场调查,他决定和同学一起在学校附近开一家饰品店。说干就干,2007年上半年他和同学一起筹集了2万元的资金,向一个姓王的老板租了一间店面。签店面租赁协议的时候,双方说好租期三年,每年租金1万元,先付后用,一年一付。协议签订后小金付清了第一年的1万元租金。接下来小金他们开始对店面进行装修,为了不影响学业,他们每天晚上开工一直干到凌晨,虽然很辛苦,但想到能实现自己的创业梦想,所有的辛苦都变得微不足道了。

正当小金他们轰轰烈烈准备开业时,一位不速之客突然找到了他们,说自己是店面的房东,要求他们立刻停止装修,并且告诉小金,他们和王老板签订的店面租赁协议是无效的,因为王老板无权将店面转租。这对于小金他们来说,无疑是晴空霹雳,因为和王老板签订协议后至今,他们已经交了房租1万元,装修投入了5000多元,加上进货花去的钱,大家凑的2万元创业资金已经差不多用光了。这个时候不让他们开业,意味着所有的投入血本无归,要知道这2万元钱可是他们东拼西凑好不容易才筹来的。

根据我国《合同法》规定,未经房东同意,承租人是无权转租房屋的。案例中的王老板作为承租人,擅自转租店面给小金他们的行为是无效的,因此小金他们不能用这个店面开店了。现在小金他们只能去找王老板理论,要求王老板赔偿损失,如果王老板不肯赔偿,小金他们还得通过打官司才能尽可能减少自己的损失。

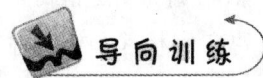

1. 假设你要开一家精品店,想想看你会涉及哪些法律法规?大家尽量想,想到的越多越好。

2. 劳动合同是劳动者与企业签订的确立劳动关系、明确双方权利和义务的协议。订立劳动合同对双方都产生约束,不仅保护劳动者的权益,也保护企业的利益,它是解决劳动争议的法律依据。劳动合同的基本内容有哪些呢?

3. 创业者必须了解与创业相密切的法律、法规,请你尽可能多地找出与其调整内容相关的法律,将结果填入表格内。

调整内容	相关法律、法规
规定企业如何设立、组织、解散的法律	
规范企业劳动关系的法律	
规范企业市场交易活动的法律	

(厦门电子职业中专学校　廖怀东)

第三节　关爱员工,一起成长

——谈尊重职工权益

故事引入

在日本,员工一生只服务一个企业的现象十分常见,如果企业倒闭了,员工会哭得稀里哗啦,有的甚至会从家里拿出钱来给企业渡过难关,与企业共进退。对于他们来说,企业是全家的依靠,企兴则家富,企衰则家衰。而在中国,职工跳槽却像一种流行,个个热衷于"跳槽"。在一线城市,有些员工一个月换三个工作都很正常。其中缘由,有一部分人属于"此山望着那山高",而绝大部分人是因为对自己选来选去的企业均不满意,自身权益没有得到尊重,发展没有保障,没有归属感,没有幸福感。

创业能否成功在很大程度上取决于创业者本身的素质,但中国有句古话"一拳难敌四手",单凭一己之力是办不到的,还得依靠你的职工为你打拼。职工是创业成功的重要因素,是创业团队中必须依赖的重要力量。职工素质的高低、工作积极性及职工工作团队的稳定性都将对你创业能否取得成功起到重要影响。

企业竞争力的一个关键因素是职工的素质、积极性、稳定性。在劳动力流动加快、竞争加剧的形势下,优秀的劳动者越来越成为劳动力市场上争夺的重要资源。有数据显示,目前,中国企业职工的任职时间越来越短,离职率越来高,从几年前的6%~8%增长到18%~22%,即便没有离职,职工的状态也非常糟糕,其中有73%的人刚刚从前一个工作单位辞职,24%的人已经调换3个以上的工作岗位,22%的人有可能在加入公司的第二年就离开了,更有甚者,近50%的企业招不满甚者招不到工人。深究个中原因很多,有经济发展大形势和劳动力就业市场大环境的因素,但关系到劳动者切身利益的劳动报酬、工作条件、工作环境、社会保障等一列问题才是造成这一现象的重要原因。但凡那些成功创业者,都清醒地认识到尊重职工合法权益的好坏将直接影响创业的发展。因此,中职生在未来创业中必须重视尊重职工权益这一既重要又敏感的问题。但如何去尊重职工合法权益,涉及的方面很多,从创业一开始就要特别重视以下几个方面:

一、依法与职工签订劳动合同

《中华人民共和国劳动法》第16条规定:"劳动合同是劳动者与用人单位确立劳动关系、明确双方权利和义务的协议。建立劳动关系应当订立劳动合同。"订立劳动合同对双方都产生约束,不仅保护劳动者的权益,也保护企业的利益,它是解决劳动争议的法律依据。初始创业,绝对不能嫌麻烦,或者为了小利而设法逃避,应当遵循合法、公平、平等自愿、协商一致、诚实信用的原则与职工签订劳动合同。劳动合同的基本内容:工作职责、定额、违约责任;工作时间;报酬(工资种类、基本工资、奖金、加班费、特种工作补贴);休息时间(周假、节假日、年假、病假、事假、产假、婚丧假等);社会保险、福利;合同的生效、解除;离职、开除等。一般各地都有统一的劳动合同文本,有关信息可以从当地劳动部门获得。

【案例】不依法签订劳动合同　企业被判付双倍工资

黄小姐于2007年8月在上海一家化妆品公司工作,2008年7月被辞退,期间双方未签订劳动合同。黄小姐此后申请劳动仲裁,要求公司支付未签订劳动合同期间的双倍工资并补缴社保费。黄小姐称,双方曾以口头约定确立了劳动关系,月工资为1.2万元,职务为培训教育总监。但公司称双方不存在劳动关系,并称黄小姐是从浙江一家日化公司派来的员工,其工资也由日化公司发放。法院认为,化妆品公司对"员工是其他公司派来"的说法不能提供足够证明,而黄小姐实际是在化妆品公司工作并接受管理,因此认定存在劳动关系,对黄小姐的申诉予以支持。日前,上海市闵行区人民法院对此作出一审判决,判定企业与员工存在事实劳动关系,责令企业按《劳动合同法》关于"双倍工资"的规定偿付工资。

二、依法保障职工合法权益

《中华人民共和国劳动法》第4条规定:"用人单位应当依法建立和完善规章制度,保障劳动者享有劳动权利和履行劳动义务。"在我国,劳动者享有广泛的权利,诸如就业权、签订劳动合同权、劳动报酬权、休息休假权、劳动安全卫生保护权、职业培训权、获得社会保险福利权、提请劳动争议处理权等。除上述权利外,劳动者还有其他法定权利:劳动者依法享有参加和组织工会的权利,民主管理的权利,参加劳动竞赛的权利,提出合理化建议的权利,从事科学研究、技术革新、发明创造的权利,依法解除劳动合同的权利,对用人单位管理人员违章指挥、强令冒险作业拒绝执行的权利,对危害生命安全和身体健康的行为提出批评、检举和控告的权利,对违反《劳动法》的行为进行监督的权利等。职工的合法权益是否得到保障,将直接关系到职工的积极性、职工队伍的稳定性以及对优秀人才的吸引力,从而影响创业的发展。

创业者如何保护职工的合法权益呢?第一,要和职工签订劳动合同;第二,要为员工支付报酬,购买医保、社保等;第三,要给员工安排合理的休息休假时间。如果条件允许还要定期为员工提供培训。保障职工的合法权益可以根据实际情况来执行,但一定要有相应的法律法规作依据。

【案例】工地打工出身的打工仔刘雁飞,经过不断努力,组建了湖北卓越集团,下辖房地产开发公司、物业监理公司、建筑劳务公司等十几个独资子公司。刘雁飞被卓越员工尊称为"打工英雄"。公司作为带领农民工进城务工的企业,作为农民工的用工单位,在对待农民工的用工管理上,坚持"管理就是管人,管人就是管心,管心就是将心比心、以心换心"的理念。在工作上,加大科技投入力度,降低劳动强度,加强劳动保护,积极改善工人劳动作业环境和作业条件;在生活上,建起了高标准的后勤保障系统,较好地解决了工人衣食住行等问题,即三个"保障":一是保障职工劳动报酬。在劳动合同管理上,公司与每位员工都签订劳动用工合同。二是保障员工安全,给员工办理保险。在施工安全管理上,公司始终把职工安全放在第一位,坚定不移地贯彻"安全第一、预防为主"方针。三是保障员工升迁的权益,在人才的使用和员工的升迁上,公司做到全体员工一视同仁。

三、给职工以人文关怀

职工作为企业的主体,我们不能仅仅把他看作追求经济利益的劳动者,还要把他们看作追求自我价值实现的人。基于此,给予员工"人文关怀"就显现得十分重要和必要,是尊重员工权益的重要方式和体现。给职工以人文关怀,不仅体现在企业要关心人、尊重人、理解人,帮助员工提升生活质量,关注生存发展,也体现在企业注重员工情感发展,帮助他们提升生命质量,构建精神家园。作为一个未来的创业者,中职生要认识到,创业发展要以职工的发展为基础、以维护和促进社会的进步为己任、以符合人类共同利益的价值追求为准则,在促进创业发展的同时,更应该让创业发展成果惠及全体员工。人文关怀是对职工激励的最好内容和最高标准,体现的是对人的终极关怀,关注的是人的精神世界,必然激发人的最大潜能。2010年以来,富士康科技集团连续发生多起员工跳楼事件,引发各方关注,更是说明了人文关怀对创业的重要性。

【案例】微软的人文关怀

前微软中国区总裁唐骏写过一本书,叫《我的成功是可以复制的》,书中对微软的员工文化进行了详细描述,尽显人文关怀。其中印象较深刻的有两点:一是微软员工的家属前来探亲的话,公司会安排接送和住处,以解决员工的后顾之忧,让员工安心、舒心、静心地工作,彰显了十足的人情味、人本味;二是每到重大节日往员工家里邮送一份礼品,比如中秋节送月饼,算是表达一份心意,传递一份情意。礼轻情意重,不啻为收买人心的良策妙法。正是这些春风化雨、温暖人心的人文关怀,激发出微软人的敬业精神,唐骏说他从来没有在午夜12点前下过班。微软的凡此种种做法对很多企业来说受客观条件的影响并不具备拿来就用的可能,但我们要镜鉴的是理念和思想,并结合实际实施易行、管用的人文关怀手段,过去有定期体检、困难慰问,未来还要研创新方法、新手段。送的是关怀和温暖,收获的是人心和贡献,何乐而不为呢!

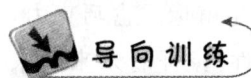
导向训练

1. 假如你是某公司的老板,你的同桌是你要引进的员工,试签一份劳动合同。
2. 试填写"与我的企业经营活动关系密切的工作条件"。

材料储存和管理	
工位	
控制有害物质	
光线	
福利设施	
房屋设施	
工作组织	

3. 假如你是某公司的职工,试想想,你最需要老板给你什么样的人文关怀?

(厦门电子职业中专学校 曾生根)

第四节 不怕一万,只怕万一

——谈商业保险

故事引入

有一个经营砖瓦生意的老板,每当夜晚他下班开车离开砖厂后,就有一位小精灵推着车子来捡砖瓦。这种情况持续了很久。有一天,有人告诉砖厂老板说:"老板,有人在偷您的砖呢!"砖厂老板回答他说:"我知道,数量不是很多,砖厂的砖有几百万块,又有什么关系呢?"

时间过得很快,砖厂老板日渐衰老,已到65岁了。他的砖厂变得一无所有,他失业了。在一个晴空万里的日子,小精灵开了一辆大卡车进来了,卸下了数以万计的砖,一次又一次,小精灵不停的运输,直到砖场堆满为止。砖厂老板惊奇地望着小精灵,充满无限的感激,他的砖瓦生意又开张了。

中国有句成语:"天有不测风云,人有旦夕祸福。"阿甘也说:"人生就像一盒巧克力,你永远不知道下一块是什么。"这些就是风险。风险意味着不确定性,象征着未来的未知数。它的最大特点就是不知何时、何地、以何种方式发生,更不知道它什么时候会降临在自己的头上,人们对它防不胜防。在现实生活中,我们几乎每天都能看到各种触目惊心的灾难事件,这说明了风险的不可避免性。但是,创业初期由于受资金的限制,中小企业往往专注于利润的获取而忽略了潜在意外风险的控制或规避,一次始料未及的自然灾害或意外事故就足以击垮创业企业。

那么,人们应当怎样化解和规避风险呢?

最好的办法就是买保险,保险是对付风险的一种很重要、很特殊的方法。在一定意义上,保险是一种改变风险的方法,投保人通过购买保险把自己的风险转移出去,保险公司就是接受风险的机构,保险公司通过收取保险费用和支付赔款的形式,将少数人的巨额损失分散给众多的被保险人,从而使个人难以承受的损失,变成多数人可以承担的损失,为遭灾受损的投保人排忧解难,补偿损失。为众多有危险顾虑的人提供保险保障。所以说,转移风险是化解和规避风险的最好办法。如果企业购买了企业财产保险或公众责任险,对于因火灾、台风、风暴、雷电等自然灾害或因意外事故而导致的承保财产损失,可在企业财产保险项下获得赔偿;而餐馆、酒店、超市、商场、物业管理等服务类行业,容易发生大小事故,造成顾客人身伤害或财产损失,购买一份公众责任险以转移此类赔偿责任,将在很大程度上为企业免除后顾之忧,从而促进企业的良性发展。

创业初期,一般满怀创业激情,但缺乏风险意识。因此,准备创业的你,必须要有风险意识,通过购买保险来减少隐患,规避风险。

一、未雨绸缪——要有保险意识

大家都知道,我们买的服装一般都会附带该件衣服上相同的纽扣和颜色一样的线;而每一辆车一般都会配备备用轮胎,车是越轻越省费用,那为什么还要加一个备用轮胎呢?这些都是为了以防万一,以防纽扣掉了买不到相同的纽扣缝上,以防爆胎。买了一件没有备用纽扣的衣服,是不是总会担心扣子少了怎么办?驾驶一辆没有备用轮胎的汽车,是不是也总会担心爆胎?保险就像备用轮胎、备用纽扣一样给人提供安心。

"水未来而先垒坝",说的就是"大禹治水",他倡导的就是"提前疏浚,以利泄洪",而智叟却暗笑愚公愚昧,"杞人忧天"。"不怕一万,只怕万一",企业购买保险正是为了防患于未然。

【案例】2009年8月,台风"莫拉克"登陆浙江,致使该省多达上万的工厂企业停工或者半停工,造成了巨额损失。对中国4000多万中小企业而言,遭遇如此巨灾的风险概率极低,但对每一个身处台风破坏之中的企业来说,都是一场灭顶之灾。很多企业如私营小型企业更是可能就此破产。这次惨痛的教训再一次提示我们,购买保险转移风险,将在很大程度上为企业免除后顾之忧,促进企业的良性发展。

二、积谷防饥——初步认识保险

丘吉尔说:"如果我办得到,我一定要把保险这两个字写在家家户户的门上……因为我深信,透过保险,每一个家庭只要付出微不足道的代价,就可免除遭受永劫不复的代价。"

那么,什么是保险呢?保险不等同于"保险柜"。我们一般所说的保险是指商业保险。所谓商业保险是指通过订立保险合同运营,以营利为目的的保险形式,由专门的保险企业经营。商业保险关系是由当事人自愿缔结的合同关系,投保人根据合同约定,向保险公司支付保险费,保险公司根据合同约定的可能发生的事故因其发生所造成的财产损失承担赔偿保险金责任,或者当被保险人死亡、伤残、疾病或达到约定的年龄、期限时承担给付保险金责任。

企业的保险险种通常包括:

(1)资产保险——如机器、库存货物、车辆、厂房的防盗险、水险和火险;商品运输险,特别是进出口商品的这类险种。

(2)人身保险——业主本人和员工的商业医疗保险、人身事故保险、人寿保险等。

购买保险固然可以减少隐患。但各类企业的风险有差异,并非所有的企业风险都能投保。例如,产品需求下降这种企业最基本的风险,就只能由企业自己承担。企业办了保险,一旦发生了问题,员工和企业的利益可以得到可靠的经济保障。有的企业主为了省钱而不上保险,其实是很失策的。如果一家企业(制造业、林业、商业等)没上保险,其贵重设备被盗窃,或发生火灾时,损失全由企业自己承担。加入财产保险,是一个转移风险的良策,一起意外失盗或因洪水、地震、火灾、房屋破坏等造成的意外损失都会有保险公司的赔偿,这种转移也正是避免风险的良策。

【案例】在很久很久以前,有一个妇人,她每天煮饭的时候,总是从锅里抓一把米出来,放到一个特备的米缸中。有人讥笑过她这种行为,但她不以为意,依然故我。过了不久,发生了灾害,地里粮食严重歉收,很多人家都揭不开锅了。但这位妇人家由于有一个特备的米缸,得以熬过了饥荒。这位妇人的行为事实上就是一种保险行为。

三、曲突徙薪——撑起一把保护伞

那么,该如何为自己的企业撑起一把保护伞呢?首先要根据自己企业的情况决定投保哪些险种。一般来讲,从专为小企业提供法律事务咨询的政府或非政府机构里都能得到有关保险的信息,也可以从当地的保险公司那里得到报价。记住:保险公司将设法出售他们的一揽子保险。最明智的办法是比较核实各种渠道的信息,为你的新企业购买最适当的保险。你应该考虑将保险作为一种减少部分经营风险的手段,但不是所有的项目都可以保险。此外,还应该了解一些投保技巧和投保前后应当注意的问题,注意识别保险推销中的陷阱。

对大部分中小企业主来说,要一一选择合适的保险产品并不容易,这时候,一份"保险套餐"显得省心省力。美亚财产保险在2012年全新推出"工商通保"。之所以称为"通保",正是因为不同类型的企业可根据自身需求,灵活选择匹配的一系列保障,既避免了投保时逐一选择产品的麻烦,又防止错选、漏选。与美亚"工商通保"类似的还有平安财险推出的恒利达综合保险。

"工商通保"等专为中小企业量身定做的综合性保险,包括企业财产保险、公众责任保险、雇主责任保险等都是中小企业规避风险的必要保障。保险业内人士提醒创业者,因为大部分创业的企业形式为个人独资企业,开办个人独资企业,主要是由创业者个人承担无限财产责任。当企业资产不足以清偿企业债务时,法律规定企业主不是以投资企业的财产为限,而是要用企业主个人的其他财产来清偿债务。也就是说,一旦经营失败,创业者有可能倾家荡产。因此,企业更应通过购买保险转移风险,帮助自己迅速从灾害中站起,增加抵御风险的能力。

【案例】三星级酒店、经济型酒店、旅馆经营者可以考虑"旅业通保"。该"套餐"中,营业中断保障的保险金额最高达每天15000元,赔偿期限可达3个月,并扩展承保因通道阻碍或公共供电设施故障导致的营业中断损失。公众责任保障对单一场所年度累计赔偿可封顶1500万元,并扩展停车场责任。此外还有财产损失保障、现金盗抢保障及雇主责任保障。

"天有不测风云",同学们应该学会利用保险方式来"购买"风险抵御能力。如果中小企业购买了企业财产保险或公众责任险,将在很大程度上为企业提高信用,同时免除后顾之忧,促进企业的良性发展。此外,保险不仅有利于受灾企业及时恢复生产,而且还有利于企业加强经济核算和持续经营。

1. 你知道中国有几家保险公司呢?有哪些保险公司为中小企业提供服务?
2. 你将为你的豪华游艇配备哪些设施?
3. 保险是不是保证不出事故?保险就是保险箱吧?
4. 请你当当业主,根据以下实际情况判断办不办保险?决定投保哪些险种?

黄亮和李燕新开业,手头钱紧,几个月之后能否挣钱也说不准,能不能省点钱投在事业上?商量之后,他们有了这样的打算:

头一年不办医疗保险。黄亮头一年还可以享受单位的公费医疗,等自己的企业有了起色,退职后再办医疗保险。李燕身体好,没生过大病,平时不吃药。一个人一年200元保险费,两个人就是400元,这笔钱可以用来办厂。但是,从第二年起,他们准备给自己和工厂买保险。

头一年不办工伤保险。黄亮他们这一行不用机器,不和电及有毒化工产品打交道。不办工伤保险,可以省100元。

头一年不办防盗险。作坊里只有桌椅板凳、小工具、工作台、少量原料和库存品,价值不高,不怕偷。不办防盗险,可以省150元。

办防火保险。尽管他们采用冷塑工艺,不用烧结窑,唯一易燃的原料羊毛用铁桶存放,搁在院子里,又有灭火器。不买防火险可以省240元。但作坊毕竟在自家院里,万一发生火灾,损失就大了,所以决定办防火保险。

(厦门电子职业中专学校　洪萍萍)

现代中职生创业导向

第五节 天下兴亡,匹夫有责

——谈创业的社会责任

故事引入

2008年5月2日,中国四川,从这里传出一条震惊世界的消息,在四川盆地的腹地汶川发生了里氏9级的强烈地震。这场突如其来的大地震,调动了举国上下甚至是全球的救助行动。作为市场的主体,企业自然而然要做出表率。据不完全统计,汶川地震后,全国企业向地震灾区捐款捐物总值约600亿元。参与社会救助,这就是企业的社会责任之一。

企业社会责任,目前已经成为现代企业普遍认可和遵行的准则。创业行为,就是融入现代企业活动的行为,所以也应该遵循这一准则。

所谓的企业社会责任,就是指企业在追求经济效益的同时,应该承担对政府的责任、利益相关方的责任、消费者的责任,以及对社会、资源、环境、安全的责任,保护弱势群体、支持妇女权益、关心保护儿童、支持公益事业等。

一、企业社会责任的种类

经济责任、法律责任、伦理责任和慈善责任构成企业社会责任的总和。西方研究企业社会责任的著名学者卡罗尔认为企业社会责任乃社会寄希望于企业履行之义务;社会不仅要求企业实现其经济上的使命,而且期望其能够遵法度、重伦理、行公益。

1. 经济责任

我们创业,就要为社会成员提供产品与服务,满足消费者需求并盈利,这是经济责任。因此,企业的经济责任要素包括股东盈利、经济效益、竞争能力、经营效率、效益持续性等方面的最大化。

2. 法律责任

我们创业,要遵守政府的法律法规、在经济框架内追求经济目标,这是法律责任。企业的法律责任要素包括政府与法律期待、遵守法律法规、成为守法企业公民、履行法律义务、产品和服务符合满足最低法定要求。企业法律责任,体现公平运营观念,与经济责任并存,构成现代企业制度的基本规则。

3. 伦理责任

我们创业,就要遵守社会公德,遵守道德规范,这是伦理责任。伦理责任反映了消费者、雇员、股东、社区等对于公平、公正和道德权利的关注。伦理价值与道德规范随时间而演化,伦理责任一般体现比现有法律法规要求更高的绩效标准。

4. 慈善责任

我们创业,就要关注社会福祉,体现人类善意,这是慈善责任。慈善责任是社会期待一个良好企业公民应采取的行动,包括在财务资源或人力资源等方面对艺术、教育和社区的贡献。慈善责任以自愿为原则。

二、企业承担社会责任的意义

清初学者顾炎武说,天下兴亡,匹夫有责。这句话讲的就是每个人都应该对国家和社会有一种责任感。作为社会的一员,所有的行为都要对社会和国家负责,这是做人最起码的准则。同时,一个人还要对自己负责,对家庭负责,对工作负责,对企业负责,对社会负责,最终企业也要对社会负责,从而形成企业的社会责任感。

一个企业的存在,绝对不能仅仅以赚钱为唯一目标。除了赚钱,企业还应该服务社会、创造文化、提供就业机会、把高质量的产品和服务以最低的价格提供给消费者。这些都是企业应该具有的目标,也可以说是企业的使命。一个企业如果从管理层到普通员工都能形成这样的责任感,那么这个企业最终一定会有大的发展。仔细研究那些世界著名企业,我们会发现,任何一家企业都不是以赢利为自己的最高使命,它们大多以服务社会、造福人类、改变生活之类的崇高使命作为自己企业文化的核心。

三、通过案例看企业的社会责任

【案例】媒体报道说,从2011年6月17日开始,渤海石油钻井平台发生漏油事故。根据国家海洋局海洋环境保护司司长李晓明介绍,早在6月4日,发生事故的蓬莱19-3油田B平台已经开始出现少量的原油泄露。6月17日,进行采油操作的美国康菲公司向海洋局报告,所属的蓬莱19-3油田B、C平台溢出的石油和油基钻井液总量约1500桶(大致相当240立方米),然后康菲说,我们就漏了这么多,一定堵住,不漏了。然而,仅仅过去一个月,又新发现了泄露1000桶油基泥浆,这1000桶油基泥浆是再次溢出的还是残留下来的,各方面都不得而知,康菲公司也没有给公众一个合理解释。按照国家海洋局6月初的要求,8月7日是完成海底油污清理工作的时间底限,但康菲公司没能按期完成。当时,事件发生后,康菲公司承诺说:要彻底排查溢油风险点,彻底封堵溢油源。然而,国家海洋局北海分局组成的检查组对19-3油田事故现场进行监督检查时发现,康菲公司执行"两个彻底"——彻底排查溢油风险点、彻底封堵溢油源——进展非常缓慢。具体表现在：溢油风险点的排查根本没有实质性进展；自B平台发生溢油以来，到8月3日历时2个月，康菲公司也没有查明B平台附近海域溢油点的详细情况，C平台是否还存在溢油隐患也不知道；康菲公司对切断溢油源采取的只是临时性措施；溢油状况一直未得到完全控制，而且也始终没有提出详细可靠的封堵措施。

在渤海湾漏油事件中，美国康菲公司成了被指责的主要方。当从企业社会责任的角度来看待此次事件时，我们可以发现，美国康菲公司一点都不冤枉。

(1)从经济责任方面来说，虽然康菲公司满足了股东盈利等指标的要求，但因为漏油，污染了海洋，造成严重的环境破坏，可持续性发展的基础严重被削弱，使经济责任中的重要目标——"效益持续性最大化"不可能实现，所以康菲公司没有实现经济责任的全部目标。

(2)从法律责任方面来审视这个问题，关于此次事故，主要适用的法律是《海洋环境保护法》。其中涉及石油开采污染的法条，包括了第51到第54条，具体规定了在石油相关的作业中需要遵守的规定和义务。康菲公司在渤海采油中发生的漏油污染事故以及事故发生后的消极态度、封堵溢油源进展非常缓慢等事实，说明康菲石油公司没有尽到企业应尽的法律责任。至于追责，适用法律就不仅有《海洋环境保护法》，还有《环境保护法》、《侵权责任法》、《民法通则》和《刑法》等。

(3)就伦理责任来说，康菲公司也有颇多被指责之处。溢油事件最早在6月初就发生，直到7月初才被媒体曝光，可是康菲公司并没有停止B、C平台的生产作业。这使得已持续两月之久的溢油事件仍在恶化，康菲不得不对外坦白：已调整集油罩的位置到新渗油点，矿物油油基泥浆溢出总量增加到400立方米，约2500桶。溢油量已达3217桶，远超最初估计的1500桶。

两个多月过去了，渤海漏油事件非但没有画上句号，反而因怠慢拖延愈演愈烈。与有关部门的三令五申、社会各界的强烈关注不同，肇事者美国康菲公司似乎颇为从容，不仅未在国家海洋局的清理期限内完成清污，还"遮遮掩掩、刻意隐瞒"，直到被事实逼到了墙脚，才勉强承认之前未尽力排查溢油风险点。可见，在整个事件中，康菲公司的隐瞒、勉强承认、排故拖拉等，都是一些违背社会公德、企业道德和职业道德的行为。

(4)在这个事件中，还有一家企业不得不提起，那就是中海油。发生漏油事件的渤海湾油田是由中海油和美国康菲石油公司合作开发的。2011年6月19日，中海油渤海蓬莱19-3油田出现原油渗漏，两天后该消息被新浪微博披露。国内媒体闻讯后跟进采访，但中海油皆以沉默应对，而网上相关油井渗漏的微博和转贴也均遭删除；直到7月3日，有媒体再次对此事进行报道，真相才开始浮出水面。但此后，中海油对这次事故的回应却是搪塞和推卸。在媒体确认了漏油事故后，中海油内部人士向媒体表示"泄漏范围比较小，只涉及200平方米左右"，而国家海洋局的调查结果显示，事故造成的影响已让840平方千米的水质从1类下降到4类。事故的责任更是被中海油撇得一干二净，全部扣在康菲石油公司头上。中海油的自我定位一直是"负责任的跨国公司"，在其官方网站的公司社会责任的描述中,不断提到双赢、跨国责任、伙伴信任、社会欢迎、环境友好等字眼,其宣称自己是"始终把对环境和社会的承诺铭记于心,做负责任的企业公民";并"不断为经济发展、环境保护、社会进步和人类更加美好的未来贡献自己的力量"。但此次事件,却暴露了中海油社会责任、商业伦理方面的巨大缺失。

分析下列案例。

案例一:问题电视检测"踢皮球"

2008年元月1日,张先生在广州苏宁电器天河旗舰店购买了两款索尼液晶电视。元月3日,电视送到家,当晚拆开包装测试电视效果时,发现该电视信号接收不良,不能正常观看。原本有线电视网络40多个频道,但这台电视只能收20多个频道,而且图像不清晰,其余的20多个频道则根本没法观看。考虑到苏宁公司有承诺,如对产品不满意可在7日内退货。随即张先生拨打苏宁电器的投诉电话,详细登记了购机资料和相关情况。

元月4日,苏宁建议张先生给索尼服务热线打电话。索尼的服务人员称在保修7天之后方可上门维修。考虑到苏宁的退货时间是7天之内,张先生元月5日晚又一次打电话给苏宁,同样没有得到具体回复。被厂家与商家来回推过一番皮球后,张先生很无奈地迎接了新年。

费尽周折,张先生终于更换了新电视。但张先生同时提出疑问:苏宁规定的退货条件是消费者购机7日内凭索尼公司的故障检测报告才可退货,而索尼则要求保修7日之后才可以上门检测,这难免让消费者怀疑厂商之间存在猫腻。

案例二:员工加班不认账

苗先生原是家乐福北京中关村店的一名员工,在此店工作了4年。2008年1月,因为单位要更换员工合同等问题,他提出了辞职,并提出补偿其工作期间完成的加班量。但人事部门表示,未找到苗先生的加班记录!苗先生因此感到"很心寒"。据苗先生介绍,他的工作时间是每天下午2:30到夜里11:30,其间有一个小时的休息。大多数情况下,还要加班几个小时,有时甚至通宵。但加班时间都没有记录,更没有加班补偿。据苗先生估算,在其工作期间内,超过半数的工作日都有加班数小时的经历。

《北京晨报》记者随后采访了曾在该家乐福店工作过的其他几位基层员工。据他们介绍,工作日加班的情况非常普遍,情况与苗先生所述基本一致,他们皆表示,加班任务繁重正是自己选择辞职的重要原因。

(厦门电子职业中专学校　赖晖煜)

第七章 创业设计方案选

校园网络二手交易市场创业设计方案

一、创业项目

如今电脑已经成为年轻人特别是学生生活中不可或缺的一部分,也正是因为如此,淘宝一类的网购网成为流行前线,对此,我们对 90 后、00 后的购物消费进行了调查,根据这个广大的市场,进行别出心裁的创意,将淘宝网的形式与拍卖联合,并在校园内展开形成一个校园网络线上、线下结合的二手市场。

1. 公司经营宗旨及目标

宗旨:诚信至上,文明经营;服务师生,互惠互利。

目标:为全校师生提供一个轻松、方便、信任的网上二手交易环境,充分回收二手物品,以创造更大价值。

2. 公司简介

公司名称:厦门电子小家二手交易市场。

我们的网址:http://www.ps123.org.

3. 业务范围:校园学生的二手货物寄售、拍卖。

二、市场定位

1. 市场分析

目前本项策划在国内的各个学校都没有,也就是说,我们是未来发展的潜力股。我们主要把市场定位在学生。作为卖家,学生不会因为手上有一两件用过的物品而去开淘宝网店,即使开了,没用信用度也很难卖得出去,更何况,开网店需要长时间的在线看店,学生也没那么多时间。而买家,通常上淘宝类的网店,首先选择的都是信用度高,有3钻4钻或更高级别的卖家,才能有质量和安全上的保证,几乎不会去光顾没有信用度的学生散户。我们二手交易平台刚好弥这个缺口,给大家提供一种全新的托管(寄售)交易模式,学生只要把要卖的实物交给我们的工作人员,所有后期的拍照、上架、出售等全由我们来完成。另外,我们学习淘宝的网购形式,同时又结合线下看货,眼见为实,让学生更安全、更放心地进行网上交易,线下收货。

2. 市场目标

建立成为厦门乃至全国校园的第一网购格子铺市场,发展成为厦门大部分中小学校园内让学生放心购物的二手市场。

3. 顾客的购买准则

顾客网上预订,网下现场看货决定购买。采用自愿原则,顾客与公司订立双方均可接受的租赁协议书。并且还可以选择旧物拍卖,以低价开始,根据分类不同依次递增。

三、管理理念

1. 管理思想

合理分工,同时还可以服务学校,通过招聘校内勤工俭学的学生进行培训及管理,做到6S管理要求,实习上岗,并让每位同学都有好的归属感,为以后走上社会提供很好的实践经验。

2. 管理队伍

我们将构建一支在各种有影响力的岗位上具有直接技术与经验的管理队伍,并欢迎一切有志于谋求本公司发展的人才加入。

3. 管理决策

管理团队主要是由我们创业小组的人员组成。我们的管理团队成员分别来自不同的专业,有管理的,有技术的,具有较好的统筹能力及相关专业知识,能为公司制定切实可行的决策,最有效率地完成任务。在我们获得风险投资后,投资家自然也成为公司管理成员,我们还将邀请具有各专业技术及管理经验的人员加入,并担任重要职务。

四、经营理念

1. 经营一个"以学生消费为中心,一切为学生利益着想"的企业。
2. 把重心放在顾客价值和顾客满意度上。
3. 成就客户——我们致力于让每位客户的满意和成功。
4. 创业创新——我们追求对客户和公司都至关重要的创新,同时快速而高效地推

动其实现。

  5. 诚信正直——我们秉持信任、诚实和富有责任感,无论是对内部还是外部。

  6. 多元共赢——我们倡导互相理解,珍视多元性,以全球视野看待我们的文化。

五、项目亮点

  由于我们针对的群体主要以学生为主,现在的高中、初中学生大部分是 90 后、00 后,他们的特点是追逐时尚,易于接受新事物,物品的使用大多"喜新厌旧",消费观念强烈。现代社会是信息社会,网络的迅速发展使得各种各样的信息充斥 90 后、00 后的生活。如今,许多 90 后、00 后家里都会有很多买了之后又不喜欢的东西堆积,比如衣服、书籍、CD、影像制品、漂亮的记事笔记本、时尚杂志、精品饰品等等,既占空间又浪费资源。因此,通过我们开发的电子小家二手网络交易平台,这些物品可以再次实现它们的价值,并且物主可以回收资金,一举两得,相信这个二手网络交易平台一定可以得到 90 后、00 后学生们的青睐!

六、市场营销策略

  学生将要出售的二手物品送到公司的柜台,并且填写一定手续。填写寄售期、拍卖期,缴交寄售部。服务员检查二手物品是否损坏并拍照,发到校园网内,并做介绍、标价等。顾客经过网上看货后,可到现场验货,满意后签订协议并购买。我们在两小时内通知卖主,将出售的物品总价交予卖主,我们抽取物品总价 10% 的服务费。

七、法律政策环境分析

  1. 所需证件方面的规定

  需要具备的基本执照:个体工商户营业执照、税务登记证。

  2. 消防方面的规定

  见《中华人民共和国消防条例实施细则》,其中火灾预防、火灾扑救都是要认真学习的知识。

  3. 税务方面的规定

  了解税收管理法规、工商管理法律法规的实施细节。根据《个体工商户税收定期定额征收管理办法》核定应缴税额(营业税、个人所得税、教育税和城建税)。

八、实施方案

1. 人员与制度

(1)前台中介人员:1个。

(2)网站管理人员:2个。

(3)网站推广与宣传:1个。

(4)财务人员:1个。①顾客卖家的商品登记,买家的消费登记,回扣的结算;②人员的工资情况。

2. 销售计划

开业前进行对内宣传,因为我们是校园的二手网络交易市场,所以优先从学校开始做宣传,以问卷调查的方式及网上调查的方式先了解老师与学生的想法。对外我们通过宣传单和海报、展板在全校进行大规模宣传。再者,往外扩展,到本市的各个中小学校进行宣传。

九、具体运作

购置设备:一台电脑、两套办公桌、一台数码照相机。

店面面积:工作室面积60～80平方米。

店内布置:把工作室隔开,一半做仓库,一半做办公招待区域;设计办公招待区域的结构划分,营造出温馨的办公场所,给卖家、买家和工作人员一个舒适的环境。

十、项目创办的步骤

制作网站→租借服务器→所需证件和申办手续(初步流程)→选址、筹集资金→确定企业名称→验资→工商管理部门审批→领取个人工商营业执照→公安局刻章→办理卫生许可证→税务登记证和一般纳税人资格证→领取营业执照和其他材料。

十一、成本分析

因为我们还是在校创业学生,所以我们的场地、设备等都是由学校免费提供给我们。

(一)前期投入

1. 域名:50元/年。

2. 虚拟主机:128元/年。

3. 推广方式

(1)实地推广

以海报、宣传单、展板的方式在校园内进行推广,让全校师生知道我们的校园二手网络市场交易平台。

(2)网络推广方面

通过做SEO,提高网站的关键字排名。如在百度搜索"厦门电子职业中专"就能看到电子小家网站。同时与厦门各大学生论坛交换友情链接。

(3)社团合作

邀请学校社团入驻电子小家,如广播站,实现在线就能为同学点歌,扩大小家的影响力。

(4)活动推广

如近期小家与乐漫堂动漫公司共同举办了分享美食免费试吃的活动,丰富了同学们的业余生活。

(5)手机用户

手机可以直接上网输入wap.ps123.org,轻松、快捷登录小家,进行交易。

(二)经济效益预算

根据上述内容可以预计,在校园内二手交易深受学生欢迎。从厦门教育局网站我们了解到,我市共有38所高中、职业院校,每个学校至少有3000名学生,现在我们以最保守的数据来算,就拿我校来说,以我们3000多个学生来算,只要一天有1/20的学生进行交易,一天至少有150件物品可以成交,那学生拍卖的二手物品价格一般都在二三十元左右,以20元来算,我们一件物品可以抽2元钱,一天就可以赚300元,以学生在校一个月至少20个工作日来算,我们一个月至少有6000元的收入。

(三)发展阶段预测

如果这些阶段性的目标能够在本校逐步实现,我们将拿出部分资金用于扩大规模,推广到厦门市各个高中、职业院校。因为我们不需要场地、不需要给员工开工资、不需要购买设备、资金风险几乎为零,所以即使失败了,我们浪费的只是一些时间和精力,却积累了很多再创业的经验、广大的客户群体,赢了公司的声誉和知名度。

十二、策划总结

前三个月为打响知名度,我们会通过不同的方式吸引顾客,如赠送小家币等;同时在刚开业期间我们会在校内举办一些活动来回馈客户,让更多的学生参与到这个交易平台。由于我们校园二手交易市场洋溢着青春色彩的旋律,相信会吸引广大的学生消费群体。

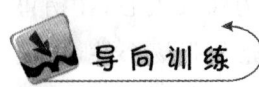

　　1. 假如你正在经营网络二手交易市场,试想想,有没有什么好的网店用品宣传策划方案?

　　2. 如今经营网络二手交易市场竞争压力也很大,试分析在经营过程中会碰到什么风险并如何去避免它?

　　3. 请根据以下主题试写一份校园二手书创业方案。

　　在这个资源匮乏的年代,节约成为了时代的主题。树木对于全球气候起着至关重要的作用,而今全球的森林面积急剧减小。二手书的有效利用对于节约资源和保护环境具有重要的意义。我们的项目有两大优势:诚信度高,没有运费。

　　针对在校学生,利用校内的网络资源优势,在校园网上建立二手书交易平台。此网站可以成为校园数字图书馆的一个子单元,让全校的同学既能在网上看到校园图书馆内的有关藏书,也可以通过这样的一个平台进行二手书交易来购买自己所需要的图书。如果平台运营成功,在积累了一定的经验后,可将系统范围扩大到其他学校系统,进而进军互联网市场。

(厦门电子职业中专学校　林毅惠)

"非凡皂艺"创业设计方案

一、项目介绍

　　1. 项目名称:"非凡皂艺"。

　　2. 项目概述

　　手工皂由天然植物油、植物精油等原料手工制成,含有丰富的天然甘油成分,对皮肤有出色的滋润、养护作用,更兼具美观、环保、养生等多重价值。

　　随着人们生活水平的不断提高,手工皂引起越来越多人的关注,引领着新时期沐浴用品的流行风潮。厦门作为经济特区,市场经济发达,人们的消费观念比较前卫,也比较容易接受手工皂这类中高档沐浴用品。鉴于当前厦门地区人们生活质量不断提升,手工皂市场潜力巨大,我们决定利用自己所学的精细化学工艺的专业知识,大胆进行手工皂创业,争取成为该行业的佼佼者。为了让手工皂更为深入人心,在销售中我们加入DIY环节,让消费者亲自参与到手工皂制作过程中,充分张扬个性,展现才华。

二、市场可行性调查

(一)目标商机分析

1. 手工皂的市场潜力巨大

目前,手工皂已在一些经济较为发达的北京、上海、台湾等地,引领着沐浴用品消费的新风潮,手工皂的消费需求也在不断增长。同时,手工皂在许多城市和地区存在较大的潜在市场。如能在这些地区大力推广使用手工皂,就能迅速占领各地空缺的销售市场。

据调查,目前,厦门手工皂实体店较少,且多数集中在鼓浪屿。我们服务的消费市场主要定位在厦门岛,同行竞争压力相对较小,潜在市场空间也较大。我们通过问卷调查发现,大多数人听说过手工皂,但未深入了解过手工皂。90%的消费者会选择购买DIY手工皂,83%的消费者可能会购买试用手工皂,因此,我们的手工皂将拥有巨大的市场潜力。

调查中我们还发现60.05%的消费者希望在专卖店购买手工皂,19.95%的消费者会通过网购的方式购买,可见到实体店购买还是大多数消费者比较放心的购买方式。

2. 引入DIY环节更具吸引力

DIY是Do it yourself(自己动手做)的缩写,带有独立创造的意思,是一种个性化消费理念,也是当今流行的消费导向。在手工皂销售中加入DIY环节能更好地延长手工皂的销售生命周期。DIY手工皂满足了年轻人个性化、体验式的消费需求,有利于大力推广手工皂,进一步挖掘潜在的消费者。问卷调查结果显示,有89.4%的消费者很关心手工皂的外形设计,这充分说明大多数消费者有追求个性化的消费需求,所以DIY环节才是吸引消费者的重要手段。

3. 加大公益、环保宣传,获得社会认同

与市面上工业合成肥皂相比,手工皂更环保、更健康。大力宣传和普及手工皂,有利于引导全社会的人纷纷加入到环保、绿色、低碳的生活方式中来。据调查,有86%的消费者很看重手工皂环保优势,我们可以加大宣传手工皂的环保优势,吸引更多消费者。同时,我们可以举办变废为宝的公益活动,获得全社会的认同。例如,举办公益活动宣传,将生活中产生的废油制成环保手工皂,并借此机会推广我们的产品。

(二)目标产品分析

我们的主打产品有保湿手工皂、控油手工皂、祛痘手工皂、美容手工皂、抗老化手工皂、DIY手工皂等。店内还搭配销售手工皂包装盒、礼品袋、小皂网等。手工皂的环保、美观,加上DIY特色,必然能够紧紧抓住年轻消费者的心。

(三)竞争状况分析

目前厦门地区的手工皂实体店主要集中在鼓浪屿,且大多数手工皂店内的产品价格过高,缺少DIY环节,市场空间也相对较小。而我们的主要服务范围是厦门岛,目前岛内手工皂店很少,市场空缺很大,DIY环节更是我们吸引消费者的法宝,我们将好好把握这些有利的市场环境,迅速占领市场,打响品牌。

(四)目标顾客分析

问卷调查显示,青睐手工皂的女性消费者居多,这也预示了我们服务的主要消费者是女性,在产品种类的设计上也会倾向于女性消费者的消费需求。

目前,我们手工皂的主要消费者是厦大片区中高收入群体,其中游客和公司白领的比例较大。我们在推广产品时还会根据不同年龄段、不同职业的消费者的需要进行价位的调整,从而更好地适应他们的需求。

三、店面经营

(一)店面选址

为了进一步接近我们的消费群体,我选择了人流量大、交通便利、旅游资源丰富的厦大片区作为店面服务区域。"非凡皂艺"计划在厦大西村公交站附近开业。

(二)店面特色

在店内设计中,我们将分为宣传区、手工皂展区、DIY区、样品试用区、包装区、制作室、仓库等几个区域,如图7-1。

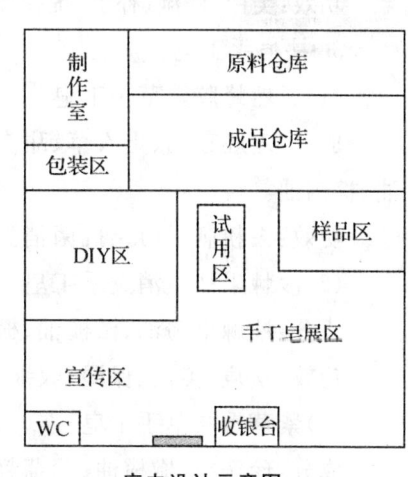

店内设计示意图

1. 在宣传区,我们会张贴介绍手工皂制作和使用的相关知识,帮助消费者了解一些手工皂的基本常识。

2. 在手工皂展区,我们会科学设计展台和灯光,让手工皂焕发出动人色彩,吸引更多顾客前来购买。

3. 在DIY区,我们会亲自指导和帮助顾客来动手制作手工皂。

4. 在样品试用区,我们将提供一些手工皂样品,给顾客试用。

(三)产品特色分类

1. 保湿手工皂

(1)茶油保湿皂

成分:橄榄油、甜杏仁油、椰子油、蓖麻油、乳木果油、荷荷巴油、棕榈油等。

功效:美白、保湿、补水、祛斑。

(2)芙蓉玫瑰皂

成分:玫瑰花瓣、橄榄油、椰子油、葵花籽油、玫瑰果油、蓖麻油、乳木果油等。

功效:去粉刺、抗痘、控油、去疤、收缩毛孔、抗菌消炎。

(3)牛奶金盏花手工皂

成分:棕榈油、橄榄油、牛奶、金盏花浸泡油等。

功效:保湿、控油、去角质、收缩毛孔、提亮肤色。

2. 控油手工皂

(1)绿茶控油手工皂

成分:绿茶、杏仁油、椰子油等。

功效:去粉刺、抗痘、控油、收缩毛孔。

(2)橄榄油控油手工皂

成分:橄榄油、椰子油、乳木果油、荷荷巴油、棕榈油等。

功效:去粉刺、抗痘、抗氧化、美白、控油、补水、抗菌消炎、提亮肤色、收缩毛孔。

(3)椰子控油手工皂

成分:葡萄籽油、小麦胚芽油、月见草油、椰子油、蜂蜜、蓖麻油、紫草、乳木果油、棕榈油、可可脂等。

功效:美白、保湿、补水、提拉紧致、抗皱、去眼袋、抗菌消炎、去头屑、提亮肤色、祛斑。

3. 祛痘手工皂

(1)天然蜂胶紫草手工皂

成分:麦胚芽油、熏衣草、甜杏仁油、椰子油、蜂蜜、榛果油、紫草、乳木果油、荷荷巴油、棕榈油等。

功效:去粉刺、抗痘、抗菌消炎、祛斑。

(2)沙棘果祛痘消炎手工皂

成分:沙棘果精油、橄榄油、椰子油、熏衣草等。

功效:祛痘、美白、保湿、收缩毛孔、补水、抗皱、抗菌消炎。

(3)紫草熏衣草手工皂

成分:珍珠粉、橄榄油、葡萄籽油、小麦胚芽油、甜杏仁油、酪梨油、椰子油、蜂蜜、蓖麻油、紫草、乳木果油、棕榈油、可可脂等。

功效:祛痘、抗氧化、美白、保湿、去角质、去疤、祛斑。

4. 抗老化手工皂

(1)紫草番榴手工皂

成分:橄榄油、熏衣草、依兰、椰子油、葵花籽油、蓖麻油、乳木果油、可可脂等。

功效:抗氧化、保湿、抗皱。

(2)芙蓉玫瑰皂

成分:玫瑰花瓣、橄榄油、椰子油、葵花籽油、玫瑰果油、蓖麻油、乳木果油等。

功效:保湿、控油、去角质、提亮肤色。

(3)榛果玫瑰滋养皂

成分:橄榄油、椰子油、榛果精油、玫瑰精油等。

功效:保湿、抗皱、祛斑、去角质。

5. 美容手工皂

(1)橄榄油手工洁面皂

成分:橄榄油、椰子油、棕榈油等。

功效:美白、补水、保湿、提拉紧致、提亮肤色。

(2)绿爽橄榄油祛痘手工皂

成分:橄榄油、芦荟精油、椰子油等。

功效:改善毛孔粗大、美白、改善皮肤暗沉、增强皮肤弹性、保湿、活化细胞、排毒祛痘。

(3)玫瑰美白保湿橄榄油手工皂

成分:玫瑰精油、橄榄油、椰子油、牛奶等。

功效:美白、保湿、补水、嫩肤、使肌肤变得光滑水嫩,适用于所有肤质。

6. DIY手工皂

(1)全程DIY

根据顾客的需求,我们会提供制作原料、制作器材和防护设备,对顾客进行简短的培训,并有专业人士对其制作过程进行监督、指导,让顾客充分体验到创皂的乐趣。

(2)半成品DIY

我们将皂基融化成皂液提供给顾客,再由顾客进行入模工作,或者让顾客对成型皂坯进行雕塑,充分发挥出顾客的想象力和创造力。

(四)产品优势

1."非凡皂艺"手工皂与市场上工业合成沐浴用品对比的主要优势

(1)制作流程简单方便,可在家操作。

(2)皂里含有丰富甘油,对皮肤呵护效果更胜一筹。

2."非凡皂艺"手工皂与皂基皂对比的主要优势

(1)天然原材料制作,品质值得信赖。

(2)可灵活调整配方,制作出不同花样、效果的手工皂。

(3)成本低,利润是皂基皂两倍,利润比高达90%以上。

3. DIY手工皂的主要优势

(1)DIY手工皂延长了手工皂的销售寿命。

(2)让顾客体验到做手工皂的乐趣,吸引更多顾客。

(3)有利于迅速占领市场。

(五)经营推广

1. 分阶段促销

(1)开业前期促销:在店里开展免费体验护肤活动,吸引更多人进入我店消费。在此期间开始发展会员,实行会员打折活动。

(2)开业中期促销:在节假日不定期进行购物抽奖活动,开展相关的优惠打折活动,如中秋博饼、换季打折、节日优惠,进一步扩大手工皂销售量。

(3)开业后期促销:大力推行团购优惠活动,进一步巩固和增加中低价手工皂的销售额。加大精品手工皂的宣传力度,推动高端手工皂消费量的增长。

2. 多渠道宣传

(1)海报宣传

在店面玻璃窗上张贴宣传海报,店门口放置宣传广告牌、公益活动宣传海报。

(2)传单宣传

印制小宣传单进行派发,介绍本店的服务项目、联系方式,及时宣传本店近期的优惠信息。

(3)户外活动宣传

通过开展手工皂护肤体验活动、优惠促销活动等进行宣传推广,增加消费者对产品的好感,拉近与消费者的距离,赢得良好口碑。通过开展变废油为手工皂的活动,进行公益宣传,树立良好的社会形象,创造形象价值。

(4)媒体宣传

通过报纸广告、网络广告、电视广告、广播广告等形式强化宣传效果。

3. 巧用定价策略

(1)差异化定价

针对不同的消费群体,提供不同功能性的手工皂,并根据其消费水平的高低,对不同性价的手工皂做出不同的定价。比如,对于白领消费者,我们会推荐购买一定数量的手工皂有折上折的优惠。对于大学生消费者,我们则会推荐搭配购买的优惠活动。

(2)整数定价

在对手工皂定价时,主要采用整数定价的方式,一般以"0"作为尾数。满足了顾客"一分钱一分货"的心理,给人一种方便、简洁的印象。

4. 用会员制紧紧抓住顾客的心

本店设有会员长期优惠价,要成为本店会员需缴纳一定的入会费,办理会员卡。持有会员卡的消费者可在平时购买商品时享受会员价,在特定的节日活动中还享有特殊待遇,比如会员生日赠送小礼物。

四、风险评估

(一)存在风险

1. 客源风险

主要是经营初期大多数前来消费的是游客群体,他们大多可能因为好奇而前来购买手工皂,但旅游淡季消费量可能会有所下降,这就可能迎来销售的淡季,如果没有不断挖掘和增加其他消费人群,就会严重影响到店铺的经营,甚至出现亏损的情况。社会上仍有许多人对手工皂比较陌生,他们暂时不会有购买手工皂的需求,这就需要用较长的一段时间去介绍和推广手工皂,争取更多的消费人群来试用和购买手工皂。

2. 资金风险

本店需要提前生产一定量的手工皂,如果不能在保存期内全数售出就会造成商品的挤压,将不利于短期内回笼资金,造成资金链断裂。如果本店在前几个月出现了经营亏损却没有相应的资金作为生存的保障,那么只能宣告创业失败。

3. 定价风险

目前国内物价不断上涨可能导致制皂原料成本上升,可能会导致手工皂的价格有所上升。本来手工皂的售价就高于一般工业化学合成肥皂,如果售价一再上调可能会让越来越多的消费者"望皂兴叹",手工皂的销售量也会大大减少。同时,该行业竞争对手会不断地增加,许多同行可能会通过降价促销来吸引顾客,这也可能迫使我们降低手工皂的售价来加入竞争中。

4. 开业风险

开店初期,由于店租较高、知名度不高、经营管理经验不足等,本店首先面临着生存风险。比如,开业时当顾客急需一定数量的手工皂,本店可能无法马上满足顾客的需求,引起顾客的不满或者失去购买信心。或者开业前期手工皂的销售量可能不多,此时经营成本就成为非常大的负担,没有处理好就会面临倒闭。

5. 竞争风险

就产品而言,目前手工皂的主要竞争对手是当前市场上工业合成的沐浴产品,虽然市场上大多数沐浴产品在环保、护肤、绿色、美观等方面都不如手工皂更具优势,但其较低的售价、较长的保存期、产量较多等优势也会对我们手工皂造成很大的威胁,如何在激烈的市场竞争中克服定价劣势,发挥产品的质量优势就显得尤为重要。

此外,目前厦门地区存在着一些手工皂店,这也是我们的竞争对手。特别是鼓浪屿上的手工皂店已经经营了较长的时间,具有一定的影响力,这也会对我们构成间接的威胁。

(二)应对策略

1. 针对可能存在的客源风险,我们可以针对不同的年龄层,推出不同种类的手工皂,针对不同的皮肤推出有针对性功效的手工皂,使消费者对我们的产品更有信心。

2. 针对可能存在的资金风险,我们可以在前期投资中准备一笔备用资金,在资金周转发生困难的时候以备调用。

3. 针对可能存在的定价风险,我们可以不断创新并改进手工皂制造工艺,根据顾客的需求调整产量,降低生产成本。同时,优质的售后服务将成为我们在竞争中立于不败之地的又一法宝。

4. 针对可能存在的开业风险,我们在正式开业前的一段时间,根据客户的需求调查,预先设计并制造一定量的手工皂样品,尽量避免产生无法及时满足顾客需求的问题。前期销售购买的人可能不是那么多,所以我们会先预留一笔备用资金。同时,我们会做好前期的产品介绍工作,加大宣传力度,来提高本店的知名度。

5. 针对可能存在的竞争风险,我们一方面会加大手工皂的宣传力度,让手工皂进一步深入人心;另一方面我们在销售中加入了DIY环节从而吸引更多的年轻顾客加入购买行列。

五、组织与管理(人力资源分析)

1. 企业法律形式

(1)企业法人代表由店长担任,其他人拥有同等股份。

(2)企业拥有正规的经营许可证件,如营业执照、安全卫生许可证、产品质量检验合格证等。

2. 企业组织设置(岗位设置)

店长:蒋晓俊

生产管理:吴沙田

财务管理:黎福定

营销管理:陈肖

六、财务分析

(一)总投资

12万元,每股东出资3万元。

(二)前期投资

办证:3000元

广告牌:1000元

架子:2000元

桌椅:600元

空调:2000元

冰柜:6000元

各类油脂:30000元

店面装修:20000元

制皂模具:780元

制皂刀具:376元

容器量具:470元

制皂搅拌:320元

防护工具:224元

其他工具:400元

广告宣传:2000元

联网设施及配件:5000元

以上各项合计:74170元

(三)备用资金

120000－74170＝45830元

(四)后期每月

1. 预期每月销售额

每天销售块数约为20块,平均每块价钱25元,一月共30天。

销售额:20×25×30＝15000元

DIY制作平均每天4组,平均每组20元。

销售额:4×20×30＝2400元

月销售额:15000＋2400＝17400元

2. 预期每月开支成本

店租:4200元

店员工资:店长1名,月薪2000元,店员3人,月薪1500元,预计加薪500元。

总资＝2000＋1500×3＋500＝7000元

水电费:500元

广告宣传:600元

以上开支各项合计:12300元

3. 预期盈利

盈利＝销售额－开支＝17400－12300＝5100元

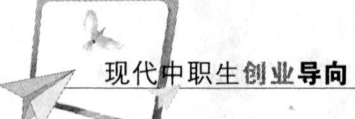

总盈利＝盈利－盈利×缴纳税款 11％＝5100－5100×11％＝4539 元

4. 盈利比率

盈利比率＝100％－材料成本比率＝100％－3.4％＝96.6％

主要产品列表：

产品名称	主要成分	功效	价格
木果熏衣草护肤皂	木果精油、熏衣草精油等	滋养皮肤、舒缓及保湿功效	0.276 元/克
檀香甘油保湿手工皂	檀香精油、棕榈油、蓖麻油、椰子油等	保湿、抗衰老、抗皱纹、紧实肌肤	0.234 元/克
牛奶手工皂	牛奶、蜂蜜、椰子油、橄榄油、棕榈油等	可用于沐浴及清洁脸部，香味宜人	0.2 元/克
玫瑰精油手工皂	天然植物油、玫瑰花精油等	保湿、紧致，适合任何肌肤	0.4 元/克
柠檬美白手工皂	柠檬精油、椰子油等	美白、舒适皮肤、滋养皮肤，泡泡十足	0.232 元/克
柑橘保湿手工皂	棕榈油、椰子油、蓖麻油、柑橘精油等	具有极高的保湿防护和深层清洁功能	0.232 元/克
木果牛奶护肤皂	棕榈油、木果精油、柠檬酸、牛奶等	滋养、舒缓及保湿功效，适合每日使用	0.4 元/克
鲜奶草莓皂	橄榄油、草莓、果汁、牛奶等	滋养、美白、排毒、控油、改善皮肤	0.24 元/克
芦荟滋润皂	芦荟精油、橄榄油等	祛痘、去粉刺、收缩毛孔、去角质	0.099 元/克
水果精油手工皂	各类水果精油、椰子油、橄榄油等	滋养肌肤、淡化细纹、增强皮肤弹性	0.14 元/克
紫草手工皂	橄榄油(紫草浸泡)、葡萄籽油等	祛痘、除印、控油、消炎	0.95 元/克
鲜奶青瓜皂	椰子油、橄榄油、鲜奶、小黄瓜汁等	保湿、水润、嫩肤、恢复肌肤娇嫩柔滑	0.4 元/克

七、策划总结

"非凡皂艺"会秉承健康、绿色、环保、美观的经营理念，让手工皂走入越来越多的寻常百姓家,鼓励全社会一起行动起来倡导低碳、健康的生活方式。手工皂的 DIY 制作,更让消费者们亲自体验到手工皂的制作过程的乐趣,获得自己动手创皂的成就感。

目前,我们的"非凡皂艺"还在不断酝酿中,要经营好这一项目,还需要端正心态,用心制作好手工皂,不断了解消费者的消费需求,积累经验,改进和创新制皂工艺,争取早日创业成功,扩大规模,成为该行业的佼佼者。

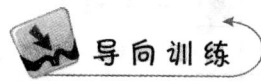

1. 请同学们分析,在当今市场中,这个项目有什么优势与不足?
2. 请尝试分析,这个项目满足了顾客哪些类型的需要?

(福建化工学校　陈志雄)

沁景坊·掌上盆景创业设计方案

一、项目介绍

微型盆景又称掌上盆景,是一种以花草为主、缀以山石等小件配置而成的极小型盆景。盆景体态微小,玲珑精妙,活泼多变,布置随意性强,可配以微小的几座置于案头,也可群休组合在博古架内,逼真地反映大自然的神采风姿,构思精细,造型美观,点缀居室,生机盎然,可谓艺术人生。

二、市场分析

为了解广大群众对掌上盆景的认识,我们小组对路人、小区、大厦作出了一次重点AB选项抽样式的调查。调查人数50人。

调查结果如下:

调查主题	选项	票数
请问您知道什么是掌上盆景吗?	A. 知道	26
	B. 不知道	24
请问您家有摆放掌上盆景吗?	A. 有	24
	B. 没有	26

续表

调查主题	选项	票数
您购买盆景的原因主要是什么?	A. 外观好,款式新	18
	B. 对人体有益	23
	C. 尝尝鲜	9
您会选择哪个购花地点?	A. 超市	2
	B. 专卖店	24
	C. 花鸟市场	13
	D. 居民区附近的花店	11
您喜欢什么样的盆景?	A. 实用的	12
	B. 美观的	38
您会在什么情况下买花?	A. 逢年过节	9
	B. 习惯性	7
	C. 看中了就买	26
	D. 赠送亲友	8
您对盆景的要求比较注重什么?	A. 功能	25
	B. 价格	25
什么价位的掌上盆景您能接受得了?	A. 小于15元	10
	B. 15～30元	32
	C. 30～50元	8
	D. 50元以上	0
您对盆景品种的了解渠道是什么?	A. 网络	21
	B. 朋友介绍	29
您会购买掌上盆景吗?	A. 会	38
	B. 不会	12

三、营销分析

(一)分析营销机会

1. 管理营销信息与衡量市场需求

(1)营销情报与调研

桂花、仙人球、水仙、牵牛花、玫瑰、风信子……

迷你小菊花:100粒种子5元(进价)

菊花:1.1元(100粒)

矮牵牛:3元,200粒种子以上

山茶花:3.8元1棵幼苗

莲花:1元1棵幼苗

玫瑰:1.5元1棵幼苗

荷兰风信子:2.8元1棵幼苗

仙人掌:1元5粒

仙人球:0.5元1粒

2. 评估营销环境

据调查结果显示,不知道我们产品的人占48%,可见发展空间大,还有很大一部分人没有发觉我们的产品。家中有摆放我们这样的产品的就占48%,说明我们的产品是人们可以接受得了的。因为我们产品能对人有益而买的人占了46%。喜欢从专卖店买我们的产品的人占了48%。喜欢产品的美观性的占76%,而我们的特色正是我们产品的美观,包装完美。在调查中唯一平衡的就是,价格与功能都是人们所看重的,哪一个也少不了。在我们产品的价格方面,能接受的价位在15～30元左右的人有64%。知道我们的产品的人,也是大部分通过朋友介绍了解,占58%。最后得到的结果,会购买我们的产品的人占76%。

3. 分析消费者市场和购买行为

消费者购买行为模式:现金付款、刷卡付款、网购邮寄。

(二)市场信息

1. 导入期市场:以18—28岁未婚男女和29—50岁女性为潜在目标消费群,其中20%的中上阶层为主要目标消费群。

2. 成长期市场:加上11—17岁少年以及50岁以上老人为目标群。

3. 饱和期:再加上29—50岁,为目标群。

四、消费者研究(潜在目标消费群体)

(一)动机

1. 尝试新的消费方式。

2. 享受周到服务与公平价格。

3. 培养孩子的爱心与耐心(DIY)。

(二)性格

1. 容易接受新生事物。

2. 追求时髦,紧随消费潮流。

3. 购物挑剔,但对价格不是非常关心。

4. 注重生活质量,希望与众不同。

(三)有利点

1. 规模经营,易产生知名度。

2. 售后服务良好,以取得受众信任。

3. DIY设计开动大脑,用你的双手去创造:只要想得到,就能做得到。这就是DIY精神的体现!

五、营销方案

1. 管理产品线、品牌和包装

(1)货源来源

区域:厦门＞思明区＞国贸/火车站

美格农艺(厦门兰花城)

地址:莲前东路美格兰花城　邮编:361004

目录:宠物花卉＞花卉市场＞花店

区域:厦门＞思明区＞国贸/火车站

美格农艺馆是台资企业。厦门美格农艺有限公司的大型展销空间,占地7000多平方米。在馆外的露天盆景展区,数百盆造型各异的盆景错落摆放,有榕树、榆树、铁树等。美格农艺馆除了兰花外,还有各种观赏花木,如七彩铁、鸭脚木、袖珍椰子、福禄桐、金钱树、龙血树、发财树、巴西棍等。吊篮类的有弦月吊兰、花叶椒草等。还有仙人掌、仙人球、海棠、文竹、菊花等。另外,还兼营花盆、花瓶、石类、根雕、农用机械、实用工具、农药、肥料、基质等与苗木花卉种植、养护有关的物品。

(2)品牌决策

首先客人选择完花以后,到DIY区选择花盆,然后选择包装纸、彩色便签夹、彩色铁丝和彩色硬皮纸。这样每盆花的包装成本就在1.4~3.2元。

2. 主旨

(1)以微笑服务客户、以真诚换取信任;

(2)规模经营,降低成本,价格低廉;

(3)统一配货中心,质量可靠,渠道顺畅,款式新颖;

(4)免费教学,解除后顾之忧。

六、营销策略

微型盆景以零售为主,同时可兼顾批发。批发的可送货上门。网上销售。实现实体店与虚拟店共同盈利。

促销手段：

1. A4 双面彩色印刷 2000 张,仅 290 元(深圳异林广告印刷有限公司)。

2. 在小区、学校、大厦等进行宣传、推销。

3. 开业与平步发展阶段,定期举办免费盆栽花圃教学与培训,扩展 DIY 市场。

4. 网上推销,进行特价推广。

5. 在电子城、商城、Lenovo、apple、安踏等品牌店免费提供防辐射、抗紫外线等微型盆景进行宣传。

6. 联系公交、小区等广告位,开业初期租赁进行宣传、推广。

七、店面选址与装潢

1. 必须有双向交通,机动车可以方便通行、停靠。受交通管制的地方不好开店,满足不了大额商业用花。

2. 周围有大的建筑物可以辐射,如大的写字楼、商场,这样能够增加即兴购买的客源。

3. 如果有居民区的话,可以保证散户购买。

4. 开花店一般需要时间的积累,客户的稳定,所以选址应该考虑店面的长久性。

在选择花店地点时,以上几点最低要满足两点。

因此,我们选择了位于厦门市中山路这一片商业区中的镇邦路。经过厦门商铺网、小鱼网的网络调查与致电咨询各大中介了解,确认 50 平方米左右的店铺的租金在 4000～5000 元/月。

5. 店面设计。店面设计根据的不同季节、不同节庆作出不同风格的布局,但整体不变,货物陈列围绕一个主题,将其他货物错落有致地排列就好。过一段时间就变换一下,给客户人以总是新鲜、别致的感觉。

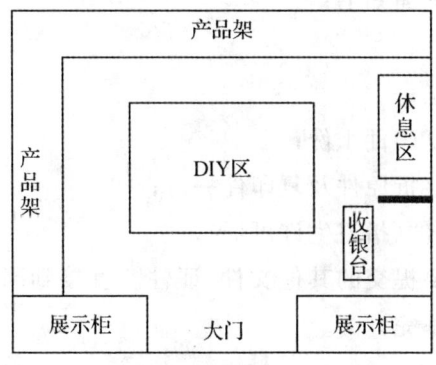

店面设计示意图

八、竞争分析

(一)竞争优势

1. 资源与条件

据我们的市场调查,目前厦门地区从事微型盆景的销售店较少,较为零星,一般较为松散,形成流动摊,尤其是以盆栽植物为常见,市场上微型盆景较为少见(因为树桩的培植时间周期较长)。

我们团队中的成员有的从小对盆景比较感兴趣,为盆景的创业设计打下基础;有的居住在山区,有许许多多丰富的树桩资源,经过加工、培植可成为盆景的素材与品种。我们计划开辟一个小型的培植基地,提供较为廉价的产品。

2. 提供优质服务

由于我们通过工商、税务等部门注册登记,有固定的场所,再加上为顾客提供热情的服务(店里可订一些关于盆景栽培等相关书籍,提供《中国花木盆景》等杂志,同时可在网上收集整理相关的资料,印发给有需要的顾客参考),赢得顾客的青睐,吸引更多的顾客光顾。

(二)竞争劣势

因为初次步入微观盆景营销,缺乏营销的经验;加上初次创业,投入的资金有限;在盆景的技术管理方面有待于提升。

九、组织与管理

1. 证件办理

(1)个体工商户登记申请书;

(2)企业名称预先核准通知书;

(3)身份证原件复印件;

(4)一寸免冠照片3张;

(5)租房合同原件及复印件1份;

(6)工商管理费专用存折原件及复印件一份;

(7)前置审批文件、证件(指卫生许可证);

(8)工商部门认为需要提交的其他文件、证件。直接到当地工商所办理,如果提交的材料齐全,三天内就可办完。

2. 团队管理

合伙人的具体分工:财务管理、日常经营管理、收银工作由张逸馨、黄丽梅负责。货源的采集和营销、宣传工作由张木子、刘金明负责。培植基地由许文佩、林巧妹负责。聘请临时工作人员上山采集树桩盆景素材,并承担培植等工作,为营销店提供稳定的货源。

十、财务计划与投资报酬分析

1. 货源

6 位合伙人每人出资 1 万元,启动资金合计 6 万元。

2. 支出预算

(1)一次性投入

		费用(元)	说明
一次性投入	店面租金	4000~5000	年租金一次性付清(10 平方米)
	店面装修	1500	简单装修,体现绿色
	办公用品	2500	电话、传真机、电脑、打印机各 1 台
	桌椅、货柜(摆盆景)	1000	办公桌椅、简易的花盆架若干
	广告信息、宣传单	1000	门面广告牌、网上发布信息
	办理相关证件费用	100	工商登记、税务登记
	合计	10100~11100	

(2)月经营性投入

		费用(元)	说明
月经营性收入	人员工资	6000	每人预发 1000 元,年终分红
	水电费	100	
	办公电话通讯费	500	电话、网络费
	采购成本	4800	每盆平均以 4 元进价,月可进 1200 盆
	各项税收费用	200	定额税率及各项收费
	合计	11600	

3. 月赢利情况

预测每天销售 40 盆,每月可销售 1200 盆,月营业额 12000 元

每盆进价 4 元,零售为 10 元左右。

每月营业额

＝1200×10－1200×4

＝7200 元

扣除月经营性投入,月利润为

＝12000－8900

＝3100 元

年利润为(毛利)

3100×12＝37200 元

扣除一次性投入,年有利润为

37200－11100＝26100 元

十一、风险评估

1. 因刚开始经营掌上盆景,对许多盆栽植物、树桩盆景的生长环境还不是很熟悉。对策:认真学习有关盆景种植的相关书籍,向园艺师傅学习,尽快掌握经营管理知识。

2. 要紧跟市场的流行色,追求时尚,及时调整经营策略。

3. 创业初期,资金有限,经验不足,规模较小,竞争较为弱势。要以优质的服务,来赢得顾客的赞同与信赖。

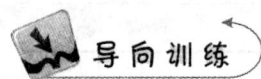

1. 下列(1)至(6)的相关内容是一般的项目选择所涉及的内容,请你按项目选择的程序加以排序:

(1)组成自己的项目选择准则体系,给每个标准重要性打分;

(2)每个项目打分加总,选出分数最高的几个方案;

(3)个人能力的评估,知道自己的优势和劣势;

(4)列出所有的候选项目,每个项目按照标准体系打分;

(5)最后从中选择最佳方案;

(6)把选择的项目列出,请有创业经验的亲朋好友帮助进一步评估。

正确的排列程序为:＿＿＿＿＿＿＿＿＿＿＿＿＿＿＿＿＿＿＿＿＿

(厦门海沧职业中专学校　陈　平)

"锄山牌野菊花"创业设计方案

一、创业项目介绍

本项目是以收购、加工、经销野菊花为主的创业设计。本人居住地翔安区内厝镇锄山村及周围的村庄有大面积种植野菊花的传统,因此,有充足的货源。本创业项目就地取材,能充分利用资源优势;同时计划向国家商标局申请"锄山牌野菊花"的商标,从而促进销售,扩大品牌的影响,提高市场的占有率。

二、市场分析

野菊花是多年生草本植物,花、根、叶均可供药用。采摘下的野菊花可制作成保健茶、野菊花饮料。野菊花的功用:清热、明目、解毒,治头痛、眩晕、目赤、心脑烦热等。药理作用:抗病原体(杀菌)、增加毛细血管抵抗力。近年来市场的需求量不断上升,有很好的发展前景。

经过市场调查,野菊花的用途广泛,消费的群体主要有以下几个方面:

1. 个人消费者(家庭需要,许多家庭都有买野菊花来泡茶)。
2. 个体客户(花茶店、药店、中草药店)。
3. 超市、花茶店(超市经常需要供货)。
4. 中药制造商(如野菊花凉茶等)。
5. 饮料加工厂(如惠尔康出品的野菊花茶饮料)。
6. 日用品加工厂(如黑妹牙膏等)。

三、营销策略

借助本地资源优势,通过申请商标专利权,通过有关部门的产品质量认证,确保品牌与质量,让消费者与客户放心,确保客户源的稳定性。

1. 营销地点的选择

充分利用家里现有的房屋,一间作为办公室,同时设置一个专柜陈列不同的产品,其他两间作为仓库。办公室可适当进行装潢,有自己的乡村特色。

2. 产品宣传的渠道

(1)在报纸杂志及新闻媒体上登广告。

(2)建立自己的销售网站。

(3)制作宣传单给需要菊花的企业客户(产品介绍,质量、价格优势等)。

(4)制作名片,利用熟人进行推介。

(5)利用洽谈会,租个展位进行产品展示推广,扩大知名度(如厦门一年一度的"9·8"贸易洽谈会)。

(6)利用本地区的有线电视台做宣传,随本地区的报纸向订户发放宣传单。

3. 产品销售的方法

(1)电话订购;

(2)送货上门;

(3)网上订购;

(4)用户上门取货;

(5)推销员上门销售产品。

4. 竞争形势分析

(1)竞争优势

①地处种植产地,熟悉市场的定价,节省运输成本。

②有充足的货源。可以和种植户签订产销合同,保证产品的质量与数量。

③充分利用家里的空间,节省店面的租金投入及装修成本。

④亲戚家里有一个野菊花粗加工厂,利用起来,减少设备的投入。

⑤市场处于发展的初期,需求量不断的上升,有发展的潜力,势头良好。

⑥投入成本低,风险性小。

(2)竞争劣势

①经验不足,有待进一步深入市场,了解每年需求量,以便下订单签订产销合同;

②野菊花的种植会受到自然因素的影响,可能造成产量的不稳定;

③野菊花的收购价格,受到全国其他几个产区的制约。

四、组织与管理

1. 申请营业执照与卫生许可证

(1)在营业之前向工商部门申请登记。

(2)申请卫生许可证及产品安全认可证。

(3)注册电子邮箱,开立网店及办理相关手续。

2. (自家房子)装潢

(1)布置一个产品展示台,陈列不同等级和各种包装规格的野菊花样品;

(2)在村口及自家房子醒目的地方安装广告牌,图文并茂,晚上配上灯光。

3. 资源和条件

(1)自己学的是电子商务专业,对销售及网络营销较为熟悉。自己充当销售员。

(2)充分利用家庭及亲戚的人力资源。

①父亲自己有种植菊花的经验,对菊花的质量可把好关,对本村及周围村的种植户较为熟悉,订购的时候有"近水楼台先得月"的优势,易赢得种植户的信赖。其可担任采购员,把好质量关。

②母亲善于收藏、整理货物,充当仓库保管员的角色。

③姐姐学的是财会专业,对成本与利润的计算有把握,做管账员。

④我与姑妈家同村,我可租赁她的粗加工厂或者加工机器,节省设备的投入。

五、日常经营管理

1. 及时将产品的信息发布在网上,及时答复买家的留言,热情接待来访买家,抓住商机,进行产品推介。

2. 及时做好订单信息处理,及时安排发货,做好跟踪服务,做好信息的反馈,提高服务质量。

3. 巩固老客户,认识新客户。对客户进行科学管理,建立客户信息库。节日发短信祝福。

4. 做好商品进出明细账,记录每月的进、销、存数量及金额,做好销售目录表。

5. 经常走访客户(包括电话联系、邮箱等),倾听客户对产品质量的评价,了解客户的要求,进一步了解需求量的发展趋势,便于备好充足的货源,满足需求。

6. 经常走访村里的种植户,了解种植户的种植面积、生长情况及年产量多少,确保满足客户的需求量。

7. 产品的包装规格:分成大、中、小三种,以满足不同客户的需求。大的以公斤为单位,中的以斤为单位,小的以克为单位。

8. 包装袋的封面为"锄山牌野菊花"的文字及商标,突出产品的品牌特色。

六、资金来源

1. 家里自凑资金 20000 元。

2. 农村信用社贷款 15000 元。

3. 自家已有一台电脑。

七、财务计划与投资报酬分析

支出预算

（一）一次性投入合计6100元

1. 展览厅装修：2000元

2. 广告牌制作：600元

3. 办公设备（电话、传真机、打印机）：2500元

4. 桌椅、柜台：700元

5. 包装用封口机：150元

6. 办理相关证件费用：150元

（二）月经营性投入合计25000元

1. 采购成本（平均）20000元（每斤20元，其中包括自家种植货源，其他亲戚的货源先支付一些成本价）

2. 电费：100元

3. 办公电话通讯费：200元

4. 包装袋（手提袋）：100元

5. 各项税收费用：150元

6. 物流费及汽油费（邮费、交通费）：300元

7. 印制宣传单：150元

8. 家庭成员劳务费：4000元

（三）赢利目标

就目前而言，收购价每斤20元，批发价格为25元，零售价为30元，如果经过粗加工的野菊花，每小袋包装后每斤售价可达35~38元，产品的毛利润50%~80%。

（四）效益分析

本公司预算：收购菊花20元/斤，批发价格为25元，零售价30元/斤，毛利5元左右；设淡季为7个月，旺季为5个月。

(1) 淡季每月销售1000斤/月，设淡季为7个月

每月毛利润＝销售量×每斤毛利润
　　　　　＝1000斤×5元/斤
　　　　　＝5000元

(2) 设旺季销售1500斤左右/月，零售价每斤35元左右，批发价27元，设平均毛利润10元/斤，5个月。

旺季每月毛利润＝每月销售量×每斤毛利润
　　　　　　　＝1500 斤×10 元/斤
　　　　　　　＝15000 元
每年毛利润＝5000 元×7＋15000 元×5
　　　　　＝35000 元＋75000 元＝110000 元
每年净利润＝每年毛利润－家庭成员劳务费及各项开支
　　　　　＝110000 元－48000 元－12000 元
　　　　　＝50000 元

投资回收期大约为一年时间。

八、风险评估

经营野菊花，我们有足够的信心，因为每年都有外地的销售商到我们村里收购野菊花，而我们拥有天时地利人和，应该有更好的收获，但是不排除风险，以下是几个我们必须面对的问题。

1. 创业伊始，经营管理经验不足

解决方案：虚心学习，从书本上学习，从实践中学习，注意总结经验与教训，为今后的创业打下坚实的基础。业余时间报考成人大专班学习营销及管理方面知识。

2. 野菊花是很容易受自然因素影响的植物，从而造成产量不稳定，影响收购的数量。

解决方案：及时了解全国其他产地的种植情况，以便备好充足的货源，以满足供应商的需求。

3. 野菊花收购时要注意质量，储存中尽量避免发霉变质。收购储藏要适量避免库存积压。

解决方案：虚心向有经验的人学习，应对储藏发霉变质的难题。加强对市场的调研，以应对难题。

九、创业小结

我自家有货源，村里及周边有许多菊花的种植户，姑妈家有一个菊花粗加工厂……这些为我创业提供了前提和条件，经过市场调查认为这一方案具有可行性，因此萌发了创业的意念，经过评估本创业方案风险很小，相信在我们的努力下一定能够实现创业梦想的！

导向训练

1. 如果您的家乡有类似的资源,请您进行市场调查之后写一份创业设计方案。
2. 选择自己将来拟创业的项目,尝试对目标顾客进行描述。
3. 选择自己将来拟创业的项目,尝试对项目市场的容量、占有率及市场容量的变化趋势做个预测。

(厦门海沧职业中专学校　陈　平)

合作舍创业设计方案

一、项目概述

"合作舍"以服装、鞋帽为主营范围,面向文教区的大中专学生,针对年龄层次需求的变化,进行产品的分类销售。其主要经营者为2009级厦商店长班的张晓银和物流101班陈丙坤,因是由两人携手合作,故取名为"合作舍",希望能秉承世界上第一个合作社——罗虚代尔公平先锋社的精神,将"平等合作、精诚团结、科学管理、公平交易"的精神作为指引自己走向成功的灯塔。

二、市场分析

(一)选址分析

厦门工商旅游学校宿舍区的KK超市旁:KK超市位于厦门工商旅游学校和厦门理工学校的学生宿舍区旁,附近还有华夏学院、厦门工艺美术学校,拥有上万的充足人流量,且客源稳定性足。

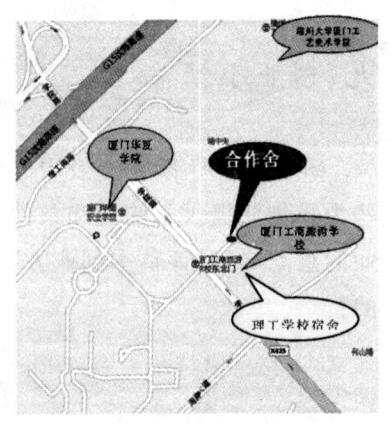

(二)对象分析

1. 中职生:工商旅游学校的学生每天都要穿校服上课,他们只能从鞋子、头饰等方面来装饰自己,鲜艳的鞋子和特色帽装能使他们的校服多了与众不同的亮丽感,可以以个性的鞋子和帽装吸引他们消费。

2. 大学生:大学没有要求学生穿校服,所以大学生对时尚的女装、女鞋较为钟情,对产品的性价比提出更高的要求,可以为他们提供时尚流行、质量档次较高而价格较为适中的产品。

三、管理模式

(一)人力结构

2009级厦商店长班性格开朗活泼、勇于拼搏的张晓银,物流101班善于实践、坚持不懈的陈丙坤。

(二)文化建设

1. 合作精神:"合作舍"的宗旨就是平等合作、精诚团结、科学管理、公平交易。企业依赖的是团队的合作,只有团队成员携手互助,才能将企业推向成功的彼岸。

2. 持之以恒精神:创业中最需要的是一颗坚持的心,创业过程中,难免会遇到困难,而在困难面前不低头,坚定信念,最终必将迎来胜利的甜美果实,"合作舍"也将越来越辉煌。

(三)经营策略

1. 物品摆放——物品摆放是吸引顾客的一种重要因素,正确的摆放方式有利于促进交易的达成。"合作舍"常用的摆放方式有以下几种:

(1)分类摆放——按照一定的类别进行摆放,每一类商品下再细分等级类别,商品一目了然,方便顾客查找物品。

(2)主题摆放

节假日的时候,"合作舍"结合某一特定的日期或节日作为主题,使陈列货品与该主题相关联,容易带动销售气氛,特别受到节假日没有回家的同学们的喜爱。

(3)季节摆放

季节变化的时候,"合作舍"会根据季节变化,把应季货品提前一两周集中起来即时陈列。

(4)对比摆放

大部分的商品因为售给年轻人的原因,色彩都比较明丽,日常摆放时用明暗颜色能形成鲜明对比的色彩搭配,和着迪斯科音乐,有较强的震撼力、吸引力。

另外,"合作舍"经常调换货品陈列位置,防止滞销,服饰的搭配也经常改变,制造新鲜感,吸引顾客。

2. 促销策略

(1)填写顾客表领取惊喜礼物

初次进店的顾客只要填写长期顾客表,便可获得精美小礼物,这样利于及时将商品信息告知顾客,维护顾客群,提高顾客对商品的购买欲,增加购物次数,从而使商品销售量上升。

(2)及时传达每周新货上架的信息及打折消息。

(3)常常赠送一些小礼物,一方面表达小店的谢意,另一方面让顾客感受到小店的热情,享受意外获得礼物的惊喜感,从而对"合作舍"人性化的服务留下深刻的印象。

(4)打折

A."合作舍"的打折一般在周日下午到周一晚上的这段时间,采用买一送一或者几折优惠的策略,打折和赠送的东西一般是过季货品或者滞销货,因为周日下午很多学生刚从家里回学校,资金较充足,特别有购物的欲望。

B."合作舍"准备每个学期做几次聚人气的短期促销,售价为20~30元,可以处理本店的滞销货,及时回笼资金。

(三)管理系统化

1. 报表填写

报表的填写是商品管理的重要环节,"合作舍"将把不同格主的东西分为A1、A2、B1、B2等类型,每卖出一样东西都必须记在销货日记账上,每日营业终了盘点一次商品,月中和月末各汇总编制一张报表,进行实时核对,做到日清月结,有效避免商品串号,防止丢失。

2. 现金管理

个体经营中现金的流动较快,需要有效管理。

(1)精打细算(精打细算所需资金)、开源节流。

(2)商品进销,少进快走,一方面避免积货,另一方面避免资金周转不来。

(3)根据日常零用金所需的情况,小店的备用金为每天200元。

(4)每日的营业额及时存入银行,尽量避免坐支现金。

(5)分期付款,灵活调控资金。

3. 进货管理

(1)进货原则——谨慎原则。

(2)确定4种进货渠道。

A. 批发市场进货。B. 厂家进货。C. 网上进货。D. 外贸订单的尾货。

(3)进货细节如下:

A. 尽量避免按照自己的喜好进货。

B. 尽快掌握沟通技巧。

C. 放下面子,保持头脑清醒。

(4)商品核对——进货时都必须根据票据仔细核对商品的数量、号码、检查物品是否有损坏或者劣质。

(5)进货记账——每进一件货品都必须认真填写进货单。

4. 定价

"合作舍"的大部分商品依据成本进行定价,就是每种商品的进货成本加上应分担的固定成本(租赁费、水电费、工资、设备折旧摊销费用等)作为最低价格(不亏损的价格),依据每种商品的特点、受欢迎的程度和我们的预期利润制定出最终的销售价格,实际销售时再根据实际情况采用尾数定价法、吉祥数定价法等不同的方法对不同商品的价格进行调整。

四、宣传策略

"合作舍"主营衣服和饰品,所以"合作舍"的广告语为:挑"衫"拣"饰"、独"衣"无二。广告方式如下:

1. 在本校和周边学校的校园内,在学校的允许下张贴宣传海报、发放传单。

2. 在小鱼网、赶集网、58同城等各网站以及各校园贴吧、论坛内发帖,在自己的微博上发布"合作舍"产品信息。

3. 充分利用周围同学以及能互惠互利的格子铺铺主进行宣传。

五、财务分析

(一)资金投入财务预测

1. 店铺装修:2000元左右。

2. 柜台:3000元左右。

3. 广告和标牌:大约500元。

4. 灯具:1000元左右。

5. 店面租金:每月3000元。

6. 进货:总进价在20000元左右。

7. 流动资金:5000元的流动资金作为运行成本。

财务预算合计大约为40000元。

(二)前期投入明细账目

开店初期投资明细账

单位:元

项目	金额
一、启动资产	50000
二、实际投入明细：	
(一)装修费用	
1. 贴墙杂志5本,一本20元	100
2. 广告牌	300
小计	400
(二)设备投资	
1. 沙发一把(二手)	200
2. 柜台桌椅一套(二手)	300
3. 柜子	2500
4. TCL空调一台	2000
5. 照明灯具	1000
6. 衣架	1000
小计	7000
店面租金(6个月)	15000
其他费用	1600
合计	24000

(三)量本利分析及销售预测

(1)9月份的量本利分析

每日流水报表

日期	商品名称	单价	所属格子	数量	备注	原价
9月1日	T恤	40	C1	1		
9月1日	夹子	2	A1	1		
9月1日	匡威高帮	75	C2	2		略
9月1日	指甲油	7	C3	1		
9月1日	T恤	40	C1	1		
	……	……				
小计			963.00			
……	……	……				
9月30日						
合计			19580.00			

收入表

2011 年 9 月　　　　　　　　　　　　　　　　　　　　　　　　　单位:元

收入项目	金额
一、主营业务收入	
服装(用 C1 代表)	7500
鞋子(用 C2 代表)	8200
小饰品	3000
小计	18700
二、其他业务收入	
A1 租金	180
A2 租金	150
A3 租金	180
A4 租金	130
B1 租金	60
B2 租金	60
B3 租金	60
B4 租金	60
小计	880
合计	19580

支出表

2011 年 9 月　　　　　　　　　　　　　　　　　　　　　　　　　单位:元

费用项目	金额
1. 水电费	300
2. 店面租金费用	2500
3. 广告宣传费用	200
4. 进购商品成本	10000
5. 人工费	500
6. 宽带费	50
合计	13550

根据进货和销售记录计算:

9月份的销售利润＝19580－13550＝6030元

(2)销售预测

开店两个月来(9月、10月)小店营业额保持在15000～20000元之间。每个月的利润能保持在5500元左右,这样算下来,一年经营所得的利润可以达到50000元(因为学校寒暑假3个月,小店不营业),预计在一年左右可收回投资资金。

六、风险评估

(一)优势

1. 成功的销售经历

(1)销售经历一——网上代理

一次偶然机会,张晓银看到一家网店需要招聘服装代理的信息,就萌生了试一试的想法。同对方联系后,她们把服装照片放在自己的QQ空间里面,通过网络渠道进行销售,从中赚取差价。由于不用承担风险又不用花费太多精力管理,她们挖到了人生的第一桶金,这让她们有更大信心去进行下一步的尝试——摆地摊。

(2)销售经历二——摆地摊

摆地摊对于学生来说是一件需要勇气和魄力的事。张晓银和陈丙坤把从网上订购的夏季畅销服饰,按60、80、100元/件分别进行打包,在同安人流量最多的商业街——中山路的路边进行销售。她们由一开始的别扭害羞到习以为常,大声叫卖,进而不厌其烦地向顾客介绍衣服,渐渐喜欢上帮顾客搭配服饰。不过,摆地摊时躲城管的狼狈经历让她们终生难忘,也真切地体会到生活的不易和创业的艰辛,那时,她们想,要是能拥有自己的一间小店,堂堂正正、心安理得地销售自己的商品该有多好。

虽然假期摆摊只经历半个多月时间,但却学到许多宝贵的经验:第一,学会不再难为情;第二,学会快速掌握市场需求;第三,学会了进货。

(3)销售经历三——格子铺经营

开学后,张晓银和陈丙坤在学校附近的KK超市租了一个格子铺,尝试着把假期卖剩的商品处理掉。在这过程中,通过观察,了解顾客的心理,从而能够根据市场的反应掌握进货的商品样式以及各种促进销售的技巧。在获利不错的情况下,逐渐扩大经营,进而形成现在的"合作舍"。

2. 强强联手

与KK超市形成互助关系,作为文教区唯一规模较大的超市,KK超市能够为"合作舍"带来充足的人流量,而"合作舍"也能带动自己的顾客到KK超市消费,互惠互利,共同发展。

3. 时尚新鲜,对学生具有吸引力

自我销售与出租格子铺的模式十分新颖,混合式的经营能够使商品多样化,对喜好个性化的年轻学子来说,不乏吸引力。周围服装销售行业的发展还不充分,竞争压力小,客源不太分散,能够形成稳定的客户群。

4. 国家政策的支持

在就业形势相对严峻的形势下,国家为鼓励大学生创业,制定了相关的优惠政策,包括创业补贴、减免税优惠政策等,希望能够更好运用相关资源,做大做强自己的事业。

(二)潜在风险

1. 地处郊区,新客源开发不易:文教区位于集美郊区,偏离经济中心,除了周围的学生外,没有其他的客户来源,在销售额的提高上存在一定的障碍。

2. 学生的消费能力有限:学生在经济上还不能独立,因此在消费时存在顾忌,在这种情况下,商品的档次和价格都很难提升。

3. 行业门槛低,预期竞争激烈:服装销售行业对专业化及资金的要求较低,是很多初次创业者的首选,因此,在创业思潮高涨的学生群中,可预期将面临的竞争压力。

七、展望与小结

创业的艰难和成就,张晓银和陈丙坤已有深刻体会,为了提高市场竞争力,她们将添置收银机等设备,使结算更加便利,及时掌握商品的情况;拓展业务,推出特色定制服务;进行实体店与网店双向操作;开拓市场,在学习实践中不断完善,他们相信"合作舍"会越走越好、越走越远。

开店创业,每天的销售都是未知的,每天迎来的朝阳既是熟悉的又是陌生的,充满了挑战。在开店的过程中,张晓银和陈内坤慢慢学会专注做事、享受经营过程,更明白了"合作与坚持"的含义。他们勇于创业的经历告诉我们:当我们脚踏实地做事时,快乐与财富也在悄悄地随身而来。所以她们想大声告诉地大家:千里之行,始于足下,我创业,我辛苦,我创业,我快乐!

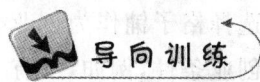

1. 请你拜访一位做生意的亲戚或朋友,记下他的创业经历,思考一下作为一名创业者,他(她)具有哪些优秀创业者的素质值得你学习。

2. 现代管理之父彼得·德鲁克认为:创业者是那些能寻找变化并积极反应,把它当作机会充分利用起来的人。你认为什么人是创业者?

(厦门工商旅游学校 吴艺娟)

格里童话创业设计方案

一、创业背景与市场调查

(一)关于"格子铺"——

"格子铺"源自日本,顾名思义,店面就是设计成几十个甚至是上百个"格仔柜",任何人只需支付每个月 100~200 元不等的租金,就可以在格子铺中寄卖任何物品,同时还不必自己经营,"格仔铺"的主人会代你经营看管,招呼客人。

(二)选择"格子铺"项目的三大理由

1. 从自身能力出发,这是我们力所能及的项目

"格子铺"投入小、门槛低、风险比较容易控制,十分适合资金不是很充裕的我们,我们完全可以把格子铺作为经营的起点,既积累创业经验和理财能力,又可接触社会,有利毕业后发展。

2. 从市场需要出发,这是有商机的项目

格子铺的消费者和"格主",大部分是年轻学子。我们学校处于集美文教区,地段偏僻,远离繁华的厦门市区,汇集了厦门理工学院、华厦学院、厦门工商旅游学校、福州大学工艺美术学院等多所大中专院校,共有在校生 32000 人左右,然而各项商业配套并不成熟,隐藏着巨大的商机。

我们针对周边在校生进行了相关的市场问卷调查分析(调查问卷表附后):

(1)目标客户调查分析

70%的愿意选择自主创业的人,在不了解市场的情况下,有意选择格子铺作为创业初期的实验和广告的平台,18%的人在校学习了专业知识后,尚无创业条件,例如,没有资金或者学业紧张没有时间等,但希望尝试做老板,也有意选择格子铺作为代销的平台。另有 12%喜欢 DIY 的同学,希望通过格子铺让更多的人分享自己 DIY 的快乐,并收回成本获得收益。总之,在调查中,90%的人认为格子铺的市场前景是可观的。

我们将目标客户集中于以下五类人:

一是喜欢 DIY 的同学,希望通过格子铺让更多的人分享自己 DIY 的快乐并收回成本获得收益。

二是具备条件想做点生意的在校学生。

三是自己在网上或其他商圈已经有店,有意进军拥有众多年轻消费者的本商圈的商家。先在格子铺里经营一段时间,既能起到为原有门店做广告的作用,也有助于了解本商圈的消费喜好。

四是附近大中专学校的学生借此机会勤工俭学。

五是不想放弃目前工作,又有意下海开辟第二职业的白领,利用经营格子铺为今后开店积累经验。

(2)租金价格调查分析

以下是我们针对不同年龄层所做的格子铺租金市场价格调查分析:

市场价格调查数据表

价位(元) 年龄(岁)	50～100	101～150	151～200	总数
16—25	26	48	14	88
26—30	27	58	15	100
31—35	15	22	17	54
总数	68	128	46	242

以上调查显示,101～150元这一价位是各年龄层普遍较为认同的。我们将以此作为定价的参考依据。

3. 从兴趣和专长出发,这是我们较为"熟悉"的项目

我们团队中的三个女生都十分喜爱并擅长手工作品,我们决定将格子铺定位为手工格子铺,希望可以吸引手工爱好者展示和出售他们的作品。由于长期担任学生干部,我们团队的人际交往能力较强,在平时的学习、生活中我们也有意识地建立了自己的人际网络,扩充自己的社交圈子,相信他们会成为我们将来的合作者或顾客。如在我校第一、第二届"技能节"手工艺品制作比赛中获奖的许多同学我们都有意交往,将她们作为我们的目标客户。

二、资源与条件

(一)人力资源

这里有必要先介绍我们的创业团队:

林英才　厦门工商旅游学校财务专业085班学生,校学生会主席

赖晓云　厦门工商旅游学校财务专业092班学生,校记者团团长

张　晶　厦门工商旅游学校空乘专业091班学生,校广播站站长

柯瑞霞　厦门工商旅游学校空乘专业083班学生

我们的共同点:希望表现自己,想创业,敢创业,勇于拼搏,坚持不懈,善于交流与合作!

(二)资金来源

格子铺和普通店铺不同的是,不需要大量自备资金备货,所以无需准备高额资金,余

下的基本都是店面租赁以及装修所需的资金,因此其开店成本相对较低。我们的创业资金主要以合资形式筹集,由我们的团队四人共同出资;每人出 15000 元,合计 60000 元。

三、选择店址及店内设计

选择一个好的店址是开"格子铺"的关键。我们把店址选在厦门工商旅游学校宿舍区外的学生一条街。

（一）选址理由

1. 格子铺的经营商品范围决定了目标顾客群,应当尽量向这些顾客靠拢。

格子铺的主流消费群体在现阶段还是应该定位于年轻人,选址也应当向此靠拢,在大专院校周围肯定比在高档商圈更适合。

2. 便利租格子的人,符合他们的期望。

目前阶段,反应最快的租客类型当属年轻人,尤其是学生,这就更支持了第一条所说的选址原则。当然除了学生外,已经在做网上生意或非常想尝试做生意的人,在租客中所占比重逐步上升,但是他们所能经营的产品也基本受限在年轻人的消费品。

3. 门面的性价比

鉴于目前门面房租金和转让费日益高涨,不考虑性价比的店铺选址方法肯定会导致亏本。相比厦门岛其他地区,集美文教区我校学生街的门面租金还是有优势的。

4. 竞争因素

格子铺很容易模仿,估计很快就会有类似的跟着冒出来,这是无法避免的。自己的店面要做出特色以面对日后的竞争,我们将把这个思路细化到装修风格、装修成本以及经营成本、经营管理上。

（二）地形图

以下是我们设计的一张地形图:

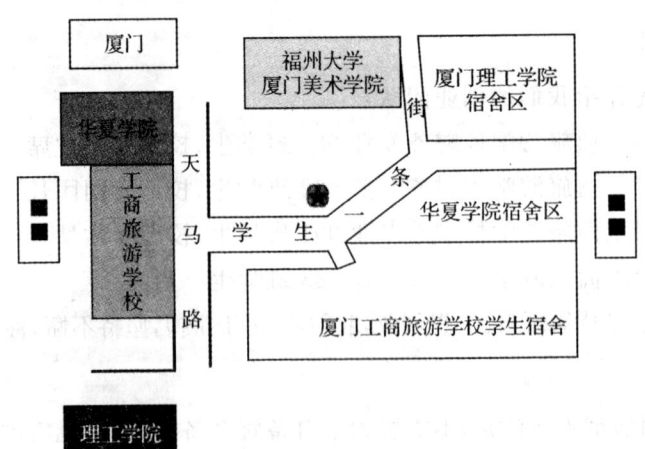

标有 ■ 的地方便是我们计划要选择的店址(位于KK超市旁,店面面积11*5,共55平方米,硬磨之下老板同意以2800元/月租给我们)。这个位置的优势从图上可以很明了地看出,店面面对学生街这条上下课回到宿舍的必经之路,人流量相当大,四所学校学生的总量加起来超过了3万,且均是16—24岁之间的年轻群体,与我们的市场定位相符。另外,旁边还有几间大超市,这无疑为我们的客流量奠定了基础。据不完全调查结果显示,学生月均在休闲用品上的花费占生活费的43%左右,其中女生达到了83.14%以上。逛格子铺的大多是女生,而附近几所学校的学生中女生占了60%以上。再者,目前这里"格子铺"市场处于空白,我们可以抢占商机。

(三)室内设计图

为了较为准确地进行投资及收益预算,根据选择的店面,我们做了一个详细的设计,以计算出可以摆设的格子数。以下是简单的店面设计平面图:

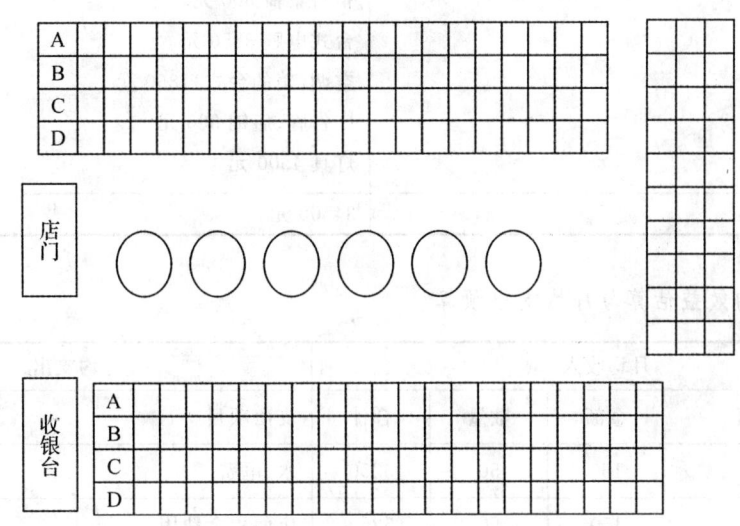

格子共190个,靠墙环绕三面。中间可做3架短挂衣架。格子分类(共分A、B、C、D四层)。

四、成本及效益分析

合伙经营共投资：60000 元，启动资金 37000 元，备用金 13000 元。

1. 投资明细

项目	金额
1. 装修费用	人工费 1600 元 柜子成本费用 12000 元 物料费（粉刷、装饰等）5000 元
2. 店面租金（月）	2800 元
3. 财务费用	1200 元
4. 设备投资	休闲沙发座椅 800 元 柜台桌椅 600 元 台式电脑 3850 元 空调（美的台式）1850 元 广告牌、店铺 300 元 灯具 4500 元
合计	34500 元

（二）月均效益估算与月均支出预算

月均收入				月均支出	
格子出租	金额	数量	合计	支出项目	金额
B 层	150	50	5250	水、电费	200
C 层	150	50	5250	店面租金费用	2800
A 层	100	50	3250	广告宣传费用	200
D 层	50	40	1000	物业管理费用	200
每天营业额	150	25	3750	进购商品成本	2500
合计			18500	宽带费	100
				人工费	2000
				合计	8000

备注：考虑到格子的出租率不太可能 100%，因此：B 层、C 层我们按照 70%，A 层按照 65%，底层按照 50%的出租率来预算。因为格子出租率不能达到 100%，空格子用来自行销售，所以就产生了每日的营业额收入。

(三)月利润预算

项目	行次	金额
一、营业收入(2+3-4)	1	16000
加:主营业务收入(格子出租)	2	14750
其他业务收入(自行经营销售)	3	3750
减:主营业务成本(进购商品)	4	2500
二、营业成本(6+7+8+9)	5	5712.5
减:管理费用(人工、水电、物料等)	6	3000
销售费用(广告宣传费等)	7	300
财务费用	8	200
营业税金及附加	9	2212.5
三、营业利润(11-12-13)	10	0
加:营业外收入(代销代售费用)	11	0
减:营业外支出(损耗、消耗等)	12	0
其中:非流动资产处置损失	13	0
四、利润总额(亏损总额以"-"号填列)	14	10287.5
减:所得税费用	15	0
五、净利润(亏损总额以"-"号填列)	16	10287.5

备注:根据相关减免优惠政策,"大中专毕业自主创业者,自申请营业执照起两年内免交所得税",因此表中所得税费用为0元。营业外收入以及营业外支出均由当月实际情况计算,因此预算表中为0元。

(四)投资回收期

月份	算式	金额
第一个月的净利润	10287.5×(1-40%)	6172.5
第二个月的净利润	10287.5×(1-30%)	7201.25
第三个月的净利润	10287.5×(1-20%)	8230
第四个月的净利润	10287.5×(1-10%)	9258.75
第五个月的净利润	10287.5×100%	10287.5
合计		41150

根据以上的月利润预算表可以看出每月可收益为10287.5元；但是根据我们的营销策略，在第一个月我们以宣传为主，将盈利降低30%~40%之间，第二个月至第五个月依次将盈利比例回升10%，所以我们可推算出投入资金后，回收时间是五个月。

五、风险评估

（一）劣势分析

1. 这种业态很容易模仿，易陷入低层次竞争。

2. 这种销售模式在法律上也面临一些尴尬。尽管目前很多经营"格子铺"的"铺主"和"格主"之间都签订了合同，除明确租金、寄卖等事项外，还明确了双方对商品质量的责任；但如果商品一旦出现质量问题，只能依靠"格子铺"内部协调和"格主"的诚信。

虽然如此，我们认为，可以扬长避短，在经营管理上做文章。

（二）扬长避短

1. 生意红火，特色是王道

对进入店铺的商品进行选择，尽量避免雷同，让一些有潜力、商品较有个性的"格主"入驻，又要确保店铺给消费者的整体印象是明晰的。格子铺里的东西一定要新颖有特色，由于这些商品基本上都是针对年轻消费者，必须不断进行产品更新，以满足他们追求个性的需求。

2. 提高格子铺的品牌影响力，用"心"服务

格子铺是"一个老板和一百多个'迷你老板'的合作"。要开好一家格子铺，需要店铺老板和各位格主的齐心努力。店铺老板为店里各个格子的商品做好统筹工作，尽量使店里的产品差异化、特色化、丰富化；要提高格子铺的品牌影响力，我们不能仅仅收了格子租金就了事，而应尽量帮助格主提高销售业绩，如每周坚持给格主发销售报告，进行分析，并建议格主适时调整商品，当租户选择的商品不适销，应及时提出更改寄售商品的建议；要与各格主沟通，对商品定价、促销手段等提出参考；防止不同格子产品的同质化竞争等。

只有提高格子铺的品牌影响力，帮助老格主提高销售额，格子铺的出租率才会提升，新格主才会源源不断地入驻。

3. 签订合同

在格主寄售货品时，店主要对货品严格把关，并与格主签订详细的合同，规定彼此的责任条款，做好各种登记。

六、经营策略

(一)取名策略

人要有人名,当然店也要有店名。一个新颖又容易记得住的店名是很重要的,应简洁、明快、易记,并赋有文化内涵,从视觉形象和文字字体都精心规划,经一番考虑和构思,我们决定将本项目取名为"格里童话"。

1. 项目名称:格里童话

2. 广告语:格里童话,梦开始的地方……

"童话"代表着快乐与温暖的心情,"梦开始的地方"寓意着这里是创业的起点,美好的梦想从此放飞!

3. 经营模式:主要是以吸引格子招租和代售

招租商品范围:格子出租、手工制品、各类精品、文具、服装鞋帽、特色零食、时尚包包。

突出三类商品:A. 格主自己制作的手工艺品
      B. 新、奇、特等小百货、装饰品
      C. 罕有收藏纪念品

4. 经营理念与服务宗旨

我们认为,生意是用心来做的,用心就能做出大市场。我们的服务宗旨是努力做到店主、格主和顾客三赢!为顾客负责,为格主负责!我们将秉承服务至上原则,真诚服务于消费者,讲信誉,微笑服务,用心服务。

(二)宣传策略

1. 电视招商广告。电视招商广告的费用高,对我们中职生来说几乎不可能。但我们考虑可以上厦门电视台谈话类节目进行宣传,以"中职生创业"为主题,应该比较受欢迎,电视台也有可能考虑。这样我们就打了效果很好的免费电视广告。

2. 报纸广告。我们考虑采用软文广告,邀请记者到我校来进行采访,确定一个有价值的主题,如"格里童话,梦开始的地方——厦门工商旅游学校中职生大胆进行创业实践,开设特色格子铺",在新闻中植入我们的广告,一则基本可以免费,二则效果更好。

3. 到附近的四所学校校区及宿舍区散发传单。传单的主要内容为自己店铺的特色和招商政策。既可散发,也可在店内给咨询的人看。

4. 目标地区张贴海报。

5. 互联网广告。我们准备从以下几方面入手宣传:

(1)在专业网站上注册自己的店铺,尤其是能提供比较详细展示信息的网站。专业类网站比较受搜索引擎欢迎,容易被普通用户搜索到。比如"格子店铺联盟网",每天都有 N 多人通过搜索引擎访问,上站后也会点击自己的城市名称看这个城市的各个店铺。

(2)到厦门最热门的小鱼网论坛发帖,目标针对性强,效果肯定不错。

(3)在百度贴吧、百度知道发帖提问。

(4)建立"格里童话"QQ 群,不仅仅有利于找到格主,也便于业务交流。

(5)建立自己店铺的网站,短期效益不大,因为不太可能被搜索引擎收录找到,但长期会有效果。

(三)促销策略

1. 招商策略

(1)首批格子铺主免收首月租金,租金根据店铺格子位置及大小不同而定(我们的店面首月免收租金)。

(2)一次性签订三个月,并且一次付清,给予九折优惠;签订半年租期,给予八折优惠;长达一年的,给予七折优惠。

(3)本店统一管理,安排销售管理及联系格主发货,以配合本店实施各项促销活动和打折。

(4)双方签订"'格里童话'格子铺租赁销售合同书"。

2. 零售策略

(1)统一销售管理。"格里童话"格子铺协同格主制定价格,根据市场价格建议格主调整价格以达到更好销售。

(2)统一结算,采取月末结算方式。

(3)促销活动解释权最终归"格里童话"格子铺。

(4)为配合销售,产品的陈列和铺货及补货,都由"格里童话"格子铺店员及店长全程跟踪。

3. 促销方式

(1)打折。针对不少顾客求便宜的心理,宁可牺牲一点自己的利益,以激起顾客的购买欲望,虽然手法显得老套了一点,但应该说还是有一定的效果的,而且操作起来也十分简便。我们会在开业、节日等时候使用,目的只有一个,明不降价暗降价,低租金,降低风险,吸引那些犹豫不决的潜在格主快速转变为格主。

(2)送货上门。针对顾客的不同需要,实现电话预约、送货上门的服务措施,这一措施能使本店有效地提高知名度,增加业务量。送货上门也是一门学问,还应去学习学习,要不有可能顾客不满意,就会搞得费力不讨好。

(3)向亲戚朋友推销,互相传知。

(4)实行会员制。实行会员制,能有效地吸引一大批相对固定的消费者。到广告店专门制作一些精美的会员卡,分发给那些老客户,按照顾客的累计消费金额,给予不同幅度的优惠。同时还不时地给拥有会员卡的顾客提供一些特殊的服务,比如节日主动送上问候、赠送小礼品等。

(5)开展格主交流活动。定期或不定期地开展格主交流活动,允许格主带朋友参加,讨论经营赚钱的话题,会带动许多人。

4. 售后服务

(1)所有销售商品在1天内免费退货,7天内商品有产品质量问题的可以调换相同商品。商品若有质量问题,格主以100%退换货给顾客,期间产生的问题,格主负全部责任。

(2)统一使用环保袋。提供精美礼品包装。

(3)如为本店造成的损失或问题由我们承担。

(4)为了保证格主们的法律安全利益,在租格时,我们将会与格主签署合法的合同。

七、项目创办的步骤与实施

所需证件和申办手续(初步流程)如下图所示:

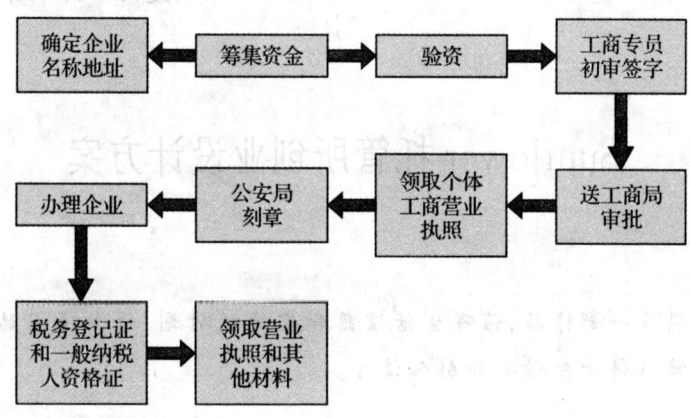

八、项目小结:小小格子铺 创业梦舞台

做生意就一定会有风险,虽然是小小的"格子铺",同样也存在着风险,但我们有勇气尝试,有风险才会有动力,有风险才会更努力,才会更有成就。刚开始的时候总是会遇到一些困难和麻烦,不过我们相信坚持不懈,克服一切艰难险阻,我们的"格里童话"一定会越来越红火!

我们对这个项目充满信心,这是成功的开始!一个好的项目是要用"心"栽培的!我们将以"格里童话"作为经营的起点,积蓄创业经验和理财能力,让我们的梦想腾飞!经历了最初的梦想,当我们已有一定实战经验后,我们未来的发展方向是——"连锁经营",这是我们共同的理想!

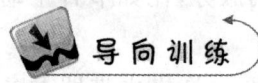

1. 中职生选择创业领域、构思创业项目时应注意哪些方面？
2. 请根据创业者必备的心理素质,对"现在的你"进行自我诊断,再写写改进措施。

创业者应有特点	自我诊断			改进措施
	强	中	弱	
独立				
合作				
果断				
克制				
坚韧				
适应性强				

（厦门工商旅游学校　　陈美璇）

Sunflower托管所创业设计方案

人生就是一部作品,谁有生活理想和实现的计划,谁就有好的情节和结尾,谁便能写得十分精彩和引人注目。

——莎士比亚

随着市场竞争、人才竞争愈演愈烈,就算是大学毕业生都会面临着"毕业即失业"的残酷现状,更何况是我们这些中职生呢？与其毕业后遭人嫌弃、"宅"在家里,还不如提前做好创业计划,为以后的生活打算打算。

一、市场调查

据相关调研显示,厦门市各区及市局直属学校共有353所,学生超过41万人,调研显示,其中近1/3的学生有午托服务需求,13.7万名学生中,参加午托的主要原因是学校离家太远,占54.6%；因为家中无人照看,占28.2%；其他原因占17.2%。大量的学生有午托、晚托的需求,然而由于种种原因,2004年以来,厦门市禁止学校创办午托服务,使得校外午托班供不应求。

但通过调查,我们发现目前午托班存在一系列的问题:

1. 无证经营,厦门市共有100多家午托班,其中有80%属于无证经营。

2. 存在安全隐患,藏匿于居民楼中的午托班,活动空间小,饭菜搭配不科学,卫生令人担忧,没有消防通道等安全措施。

3. 多数午托班从业者不具备教师资格证,学历较低,基本是一些家庭妇女、下岗职工,她们管理学生的方法简单,不利小学生的健康成长;有些午托班的老师为了省事,还让学生互抄作业。由于缺乏管教,很多学生在午托班染上不少恶习。虽然也有极少数的午托班从业者是退休教师,但他们办班缺乏新的、科学的教育理念,不能迎合新一代学生的心理需求,办班的效果也不理想。

4. 档次较低,目前午托班的收费标准为:午托300元/月,午晚托500元/月。低廉的价格决定了其服务的不完善。

通过问卷调查,有88.59%的家长表示中午放学到下午上学这段时间需将孩子寄午托班;但当前的午托班在设备、场所、卫生质量、管理、服务质量、安全措施、伙食质量等方面让家长担忧。调查中仅有17.31%的学生喜欢到午托班。

针对市场的需求以及优质午托班的空缺,我们准备创办一个有着全新经营理念和全方位服务的sunflower托管所。

二、法律政策和环境分析

无证经营的午托班已引起社会的关注,将被纳入"清无"行动。如果我们在"清无"时期将合法的、设备齐全的、安全的Sunflower推向家长,我想Sunflower会是家长最满意的选择。

法律政策:

1. 办理托管教育服务营业执照;

2. 到所属的居委会报备;

3. 教育部门的审批;

4. 管理人员需持教师资格证书,负责膳食的员工需持健康证;

5. 厨师(有营养师证)。

由于午托班是顺应市场的需要发展起来的新兴行业,相关法律、法规对此没有规定,工商部门进行登记管理无法可依。因此只有等厦门市政府出台相关管理规定,设定办理"午托班"的准入条件,并明确相应的审批部门以及具体的审批程序,我们再对照执行。

三、市场定位

我们准备将午托班设在湖滨二、三里的小区里,因为附近有外国语附属小学和滨东小学这两所思明区的名校。尽管小学是以就近原则划片入校的,但很多家长都受到"让孩子赢在起跑线上"这一教育理念的影响,想尽一切办法(如将小孩户口迁到祖辈的户口、买一套小户型的房子、交跨片费用等)让孩子到离实际居住地很远的名校读书;这些孩子基本上都有午托的需要,而且他们的家长对孩子的教育十分重视,且家庭条件比较好,他们需要的是条件较好的午托班,市面上那些经营管理混乱的午托班,他们较不放心,因此,我们考虑把这些对经营场所、经营方式有着较高需要的家庭作为我们的服务对象,通过我们的努力使之成为我们创业的源泉。

四、经营理念

(一)师资力量

Sunflower托管所的主要负责人王敏是一位品学兼优的学生,在中专学习期间,参加自考,科科合格,已获得大专文凭;婉贤的姐姐,是一位英语专业的师范毕业生,有教师资格证书,喜欢从事自由职业,愿意加入我们的托管所,对托管所的日常学生辅导将是非常有益的。

(二)重在学生素质的提高

Sunflower托管所和其他午托班最大的区别是它有着全新的教育理念:

午餐过后,在督促学生完成学业之后,有午休习惯的学生休息;不午休的学生到我们的书吧阅读,书吧配备了上千本适合小学生阅读的课外读物;也可以练习书法或学习礼仪课程;喜欢看电视的学生,只能看到迪士尼神奇英语等英语学习片或是科学与自然等扩大学生知识面的片子,并且只能看半小时。

对于晚托的学生,我们将组织半小时的体育锻炼或兴趣爱好的培养,如到南湖公园慢跑、到小区打篮球、室内打乒乓球、形体舞蹈、口语训练、珠算等,经过半小时愉悦身心的活动后,再安排进入当天功课的温习。

这些项目是其他午托班所没有的,他们仅仅关注的是学生是否完成作业,作业一旦完成,学生就开始打闹、玩耍起来了。我们则认为:学生不是学习机器,为什么现在厌学的学生那么多呢?试想一下,7—12岁的小学生在学校要学习,到午托班也是做作业,回到家还是读书;孩子的天性都没了,这样的生活岂不是太无趣,他们应该有课外的兴趣爱好,在玩中学一些有益的技能;另外,他们的体育锻炼太少,平时应加强,免得胖墩越来越多;还有,现在的独生子女都被宠坏了,应具备基本的礼仪素养。相信理智的家长会认同我们的教育理念,其实,一个健康快乐的孩子总比一个抑郁的"读书机器"好吧!

(三)择优录取,从而创立品牌托管所

几乎所有的午托班对于生源都是希望多多益善的,而我们 Sunflower 托管所则不然,刚开始,我们会根据场地及配备的人员,控制招收 30 位生源,这样才能保证为其提供优质服务;今后再根据我们的经验来增加生源。另外,Sunflower 托管所会提高自己的"门槛",对于表现不好、影响他人且屡教不改的学生给予"清退",让学生和家长知道"不是有钱就能来 Sunflower,Sunflower 是一个讲求品质、追求高素质的场所"。这样,才能保证我们的午托班以一个好的品牌基础发展壮大。

(四)用奖励机制来约束我们的学生

我们相信"好孩子是夸出来的",因此,我们设立"奖卡"制度,有 1 卡、5 卡、10 卡、20 卡、50 卡、100 卡,分别以表现和学习成绩的等级来换取,累积到一定的额度就到礼品柜换礼物,例如 200 卡可换一把铅笔,1000 卡可换文件袋……还有很多可爱的礼品都必须用奖卡来换。

五、资源和条件

(一)人力资源

我们的创业团队由以下五位厦门工商旅游学校财务专业 095 班同班同学组成:

王　敏	班长、财会专业部主持人、省三好生
朱诗颖	文艺委员
叶　琪	生活委员、市书法比赛获奖者
郑婉贤	会计科代表
郑菲菲	宣传委员

虽然我们是财会班的学生,但我们生性活泼、开朗,有文艺方面的特长,父母希望我们成为财务人员,但我们通过市场调研发现,中专生只能成为财务人员"金字塔"的奠基石,因此,我们有了共同的梦想是:利用自己的特长,将来有自己的舞蹈室、书法室、音乐室,培养小朋友的文艺特长,但是独立创业时机未到,我们要借助团队力量,创建有特色的午托班,以后再成立自己的工作室。共同的梦想让我们走到了一起。

(二)人员分工

负责人及公关人员:郑婉贤

厨师兼采购人员:阮轶晨

安保人员(接送低年级学生)及体育教练:王火定

记账人员兼服务人员:郑菲菲

师资及兴趣班辅导员：朱诗颖、叶琪、王敏

Sunflower 托管所的员工是由创业团队的五位同学以及外聘本班的王火定、本校烹饪班的阮轶晨同学和一位英语专业的师范毕业生，共八人组成。其中朱诗颖从小习舞蹈、钢琴及吉他，叶琪擅长书法，王敏擅长语言艺术，王火定是我们财会部的篮球高手，郑菲菲准备考取教师资格证，加上有当幼师的妈妈的指导，她对小孩子的心理有一定的研究；本校烹饪班的阮轶晨同学能做一手可口的饭菜和诱人的糕点。这样的人员配备应该比较充足。

（三）场所环境

我们有一套低租金的三房一厅一厨一卫的一楼的房子，是其中一位合作者的父母提供的。我们将租下对门的二房一厅一厨一卫居室，并将这两套打通，这样我们就可将这五房装修成餐厅、形体房兼课外阅读室（兼写作业的书房）2间、休息室2间。

六、营销策略

（一）取名策略

1. 项目名称：Sunflower 托管所

"Sunflower（向日葵）"的花语是"勇敢地去追求"，它将激励着我们勇敢地向前冲，不管创业的道路有多艰难，我们都要坚持。

"Sunflower（向日葵）"也寓意着正确的培养方向，我们将带领午托班的学生朝着正确的方向前进。

2. 广告语："孩子们的加油站"。

3. 经营模式：以午托、晚托、午晚托为主，偶尔托、周六日兴趣班为辅的经营模式。

（二）宣传策略

1. 电视宣传。郑婉贤的家长在厦门电视台任职，可帮助我们做一些广告方面的支持，这将使我们托管所在成立之初就有一个好的外部宣传环境和形象。

2. 人员宣传。郑菲菲的家长是幼儿园的园长，她的许多同学在全市各家幼儿园任职，可以向他们的幼儿园毕业生介绍我们这所 Sunflower 托管所；另外，我们通过熟人向滨东小学的班主任推荐 Sunflower 托管所，再由他们推荐给学生，应该比较有效果。

3. 传单宣传。每年8月11—12日，是小学新生报名的时间，到学校门口派发面巾纸，面巾纸的包装袋印着午托班的宣传资料，这样可既防止纸质的传单被丢弃，又可让家长在取用面巾纸时顺便阅读我们的资料，并在炎热的夏季感受我们的关怀，从而有一个好印象。

4. 价格宣传。我们打出比别家托管所贵的价格肯定也会引起家长的关注："比别人贵，是不是有什么优势呢？"从而来了解我们的托管所。

(三)促销策略

1. 赠送美术袋。对于初次报名托管所的学生,每人赠送印有Sunflower托管所图文标志的美术袋,一方面是给新生的"见面礼",另一方面也是对Sunflower托管所的一种宣传。

2. 对老生的优惠策略。凡是第二次报名Sunflower托管所的"老生",一律给予当月优惠50元,感谢他们对Sunflower托管所的信赖;对于介绍同学、朋友来托管所的学生,再给予50元优惠。

3. 对学生的后续培养。托管所的学生在寒暑假报名参加我们的兴趣班,报名费打八折,这样可以让他们成为我们寒暑假兴趣班的主要学员,借此慢慢推广我们的兴趣班。

七、资金投入和使用

资金来源:郑婉贤投入5万,父母将她的压岁钱投保,领用创业基金。

资金使用:1. 装修 22000元

2. 一张折叠乒乓球桌(网上购买) 600元

3. 8套上下铺的床(到旧货市场购买) 8×100元=800元

4. 配套餐具 40×10元=400元

5. 饮水机 150元

6. 办理执照等开办费用 500元

7. 员工的工作服 800元

8. 阅读写字书桌 20×100=2000元

9. 棋类等项目 200元

10. 其余做流动资金

收费标准:午托(提供舒适的休息场所、卫生营养的午餐、辅导作业)500元/人

午托+晚托(适当的运动或课余活动、卫生营养的晚餐、辅导功课)800~900元/人

偶尔托:30元/次

周六日的书法班、舞蹈班、普通话学习班:300元/人(共8次,每次1个半小时)

每月:纯午托10人,收5000元

午托+晚托20人,收18000元

偶尔托,收600元

兴趣班:收6000元

每月支出:食品原材料 4000元

水电费 400元

每月房租 1500+1200=2700元

其他费用 300元

卫生费：12元

有线电视费用：20元

税金：(5000+18000+600+6000)×5%=1480

每位员工基本工资：2000元/月

三位负责兴趣班的员工另加：500元/月

最后结余：3188元（作为后备资金或年终奖）

这样一年结余 3188×12=38256元

大约不到一年半，我们就可以收回投资额。

月收支情况表 单位：元

摘要	收入	支出	盈余
纯午托（10人×500元）	5000		
午托+晚托（20人×900元）	18000		
偶尔托（20人次×30元）	600		
兴趣班（4班×10人×150元）	6000		
食品原材料	4000		
水电费	400		
每月房租（1500+1200）	2700		
杂项支出	300		
卫生费	12		
有线电视费用	20		
税金(5000+18000+600+6000)×5%	1480		
员工工资：8人×2000元/月	16000		
兴趣班老师补贴3人×500元/月	1500		
合计	29600	26412	3188

今后，随着经验的丰富以及办学能力的提高，我们的生源会不断增加，相信我们几位合作者的工资待遇也会不断提高。而且一旦我们的运作模式得到社会的认可，我们还可以追加投资，做大做强。

八、风险防范

（一）责任重大

开设托管所，我们的服务对象几乎是独生子女，一个孩子关系着一个家庭的幸福，

因此责任重大,不能有一丝一毫的差错。我们的应对措施:

1. 保证学生的食品卫生安全是重中之重,我们会对食物的进货渠道严格把关,并对其进行详细的记录,对于佐料供应商,严格挑选一批讲质量、重信誉的供应商作为合作伙伴。

2. 学生的人身安全也至关重要,对于学生的户外运动,我们会派三人以上带队,其中男生负责安保工作,确保学生的安全。中午和放学时段,托管所里的学生最多,我们加强值班制度,保证每一位学生都在我们的视线范围,避免学生因小摩擦造成纠纷、打架或斗殴。我们还会挑选一些表现好的学生,委派管理干部的职位,及时向我们汇报学生的情况,当然我们会给予奖卡等奖励。

3. 学生的身份证明。对于托管的学生除了家长出示身份证、户口本、可联系的电话号码外,还应出示学生证,以免出现来历不明的生源。

(二)创业成本不断上涨

当前物价不断上涨,为了让学生吃得好,又不增加家长的负担,利用员工王火定家在翔安农村的优势,每周为我们提供一些当季新鲜的蔬菜及禽蛋,既便宜又新鲜、营养。

(三)应对淡季

寒暑假为托管所的淡季,但我们将利用这三个月开办除了我们能承担的书法班、形体班、礼仪班、小主持人班、珠心算班外,还将邀请美术专业的老师开办儿童画、素描、水粉画等培训班。这样我们的场地可以得到充分的利用。

九、环境介绍

我们托管所的斜对面就是南湖公园,课余时间安排学生们到公园里健身。

在托管所不远处就是湖滨四里菜市场,这样在采购食物方面也就方便了许多,菜市场这边不仅食物品种齐全而且还很干净。

叶琪同学的书法好,朱诗颖同学能歌善舞,这是最好的教育资源。

课外阅读室(兼写作业的书房)是学生学习的场所。在这里学生们可以做作业、学书法、画画,墙上展示有学生们的画画作品和书法作品。课余时间电视还会播放一些迪士尼的英语片,加强孩子们的英语听力和发音。

在课外阅读室的一角我们设了书吧,有国内外的名著、杂志等有益的读物,丰富了学生们的知识和见识。

干净整洁简洁的厨房,制造出美味、营养的套餐,并配备水果沙拉。根据季节特点,熬制凉茶等让学生带到学校喝。

当我们将书房的桌椅移开后,就成了舞蹈房,可让学生跳跳舞,练练形体;若摆上折叠乒乓球桌,又可让学生打乒乓球,现在的孩子由于课业负担重,很容易近视,乒乓球

呢,不仅可以保护孩子们的视力,而且还可以培养孩子们的专注力呢。

两间午休室,分为男生一间、女生一间,可供学生午休。

十、项目小结:特色托管所,圆儿时梦想,创美好未来

儿时的我们,都曾经因为家长的工作繁忙,在午托班待过。午托班的拥挤、嘈杂至今仍印象深刻;午托班老师的疏于管教,使我们在午托班养成不良的学习习惯,抄袭作业或整个中午看动画片……因此,我们长大懂事后,觉得午托班应该成为"学童们的加油站",要给予他们前进的动力,而不仅仅是吃午饭、睡午觉或是消磨时间的场所。这成为我们创业的初衷,创建特色托管所,圆儿时梦想,也填补市场的空缺。

梦想的实现一定是一个艰难、曲折的过程,特别是我们的服务群体决定了我们必须具备责任心、爱心、耐心……这对我们这群年轻人来说,是一个不小的挑战,同时也是一种磨炼。我们将以此为契机,让我们逐步成长起来,也让我们的特色托管所逐步壮大起来,成为品牌,成为"连锁",从而成就我们的大事业!

 导向训练

1. 刚步入社会的学生,创业需要考虑那些因素?
2. 请参照中国成功创业者10大素质,"现在的你"是否具备呢?再写写如何培养。

中国创业者10大素质	是否具备		培养途径
	是	否	
1. 欲望			
2. 忍耐			
3. 眼界			
4. 明势			
5. 敏感			
6. 人脉			
7. 谋略			
8. 胆量			
9. 与人分享的愿望			
10. 自省能力			

(厦门工商旅游学校 叶安妮)

贵州印江苗族野生金银花创业设计方案

一、项目介绍

  金银花是一味名贵的中药材，其各种产品更是在我们的日常生活中扮演了非常重要的角色，王老吉、和其正、开胃消食片、双黄连口服液、维C银翘片等日常生活中普遍接触到的生活饮料、药品，其最主要的成分之一就是金银花。我们将通过自己的努力，将金银花这样一味大家陌生而又熟悉的产品推向市场，为特区人民奉上珍贵、绿色、健康的贵州印江苗族野生金银花。我们选择务实、勤奋的创业步骤，开拓新的市场，积累资金和经验，相信在不久的将来，一定能打响贵州印江苗族野生金银花这一品牌，创造社会财富，造福苗乡父老，实现人生价值！

二、市场分析与资源优势

1. 市场调查

  我们创业团队走访了厦门和漳州的许多药店、茶庄、超市、特产店等，也在厦门中山路、火车站世贸广场等人流量大的地方进行了市场调查。发现厦门、漳州地区销售金银花的商家很多，但大多是产自湖南、山东等地人工栽培的，几乎没有野生金银花。

  调查问卷及部分问题调查结果如下：

序号	调查问题	答案选项	调查结果	备注
3	您有冲饮花茶、山楂、柠檬的习惯吗？	A. 经常	28%	调查潜在客户，了解市场空间。
		B. 偶尔	42%	
		C. 从不	30%	
7	您觉得野生金银花好还是人工种植的金银花好？	A. 野生的	85%	了解群众对野生金银花的态度倾向性。
		B. 人工种植的	5%	
		C. 一样好	10%	
9	如果我们有野生金银花，您会购买吗？	A. 会	30%	了解群众的购买意愿。
		B. 看情况	42%	
		C. 不会	28%	

据调查分析显示,厦门市场购买金银花的潜在客户还是非常巨大的,占调查人群的28%,这一数据在城市年轻女性的人群比率会更大,因为她们更愿意冲饮花茶、山楂、柠檬等健康药材。人们对野生金银花的接受态度远远高于人工种植的金银花。愿意购买野生金银花的人群比率也很高,占调查总人数的30%。调查结果表明野生金银花在厦门地区具有一定的市场前景,具备开展创业实践的市场空间。

2. 资源优势

团队成员张松同学是贵州省印江土家族苗族自治县苗族人,老家地处武陵山脉主峰梵净山西麓,那里气候温和,植被茂盛,自古以来就是著名的天然药材宝库。苗族人历来都有采草药的传统,家乡人每年都会在农闲时节上山采药。特别是野生金银花,更是苗家人必采的珍贵药材。因为金银花每年都有两次花期,所以在印江野生金银花每年都有相当的产量。但是前来收购野生金银花的客商并不固定,价格也被压得很低(32~40元/公斤)。因为交通不便利和信息闭锁,虽然外省市场上人工种植的金银花价格高达120~180元/公斤,而苗乡人却与全国药材市场完全脱钩。这些现实条件是我们创业项目的极大资源优势。利用得好的话,不仅能让优质的野生金银花造福全国人民,还能帮助家乡人更好地创收增收。

3. 产品优势

野生金银花相对于人工种植的金银花具有毫无争议的质量优势:野生金银花一个枝条只开2~6朵花,而人工种植的金银花一个枝条就可以开到20~30朵花,甚至上百朵花;野生金银花生长环境是无污染、纯天然的山野环境,而人工种植的金银花则化肥农药轮番伺候,大气、水质条件更是相差万里。难怪市场调查里面无论愿意还是不愿意购买金银花的人,都一致对野生金银花持积极肯定的态度。

三、创业步骤和经营设计

一块天然宝玉,如果再经过雕刻大师的精心加工,就可能成为一件稀世之宝。优质的野生金银花,加上精心的包装和贴心的服务,相信也能在市场经济的大浪中闯出一片天地。在开拓野生金银花市场的过程中,我们将根据创业发展的不同阶段提供不同形式的产品与服务:

1. 创业初期

所谓万事开头难,由于资金、技术、经验的限制,我们向市场提供比较原始的野生金银花产品,包括散装称重、人工包装的塑封袋小包、中包和整大袋批发购买的野生金银花干品。在服务上只能向购买客户宣传野生金银花的健康价值和冲泡服用方法。

在经营方式上,我们将采取务实的创业信念。首先注册一个个体户证照,店面选址没有特别要求,原则就是省钱省成本。野生金银花货源向家乡周边村民购买,运输则通过火车零担或者货运公司运到厦门,因为货量并不多,所以存储也比较简单,防潮防蛀及尽快销售即可。

在客户选择上,则主要集中在厦门及周边的各大小茶庄、小超市、小药店、中药铺、社区便利店和散客。推销方式则是采用最原始的方式:走村串巷,逐户推销。

宣传技巧上,则是委托广告文印店印刷名片和印有"贵州印江苗族野生金银花"标题、金银花功效、服用方法等内容的小宣传单,在推销的时候向有兴趣的客户发放名片,在每一包金银花包装袋里放一张小宣传单。另外,由于淘宝商城网店的开店成本上涨,我们也不在淘宝网上开店了,而是改为在厦门小鱼网等地区社区网站发帖宣传。总之,我们认真做好现在做得到的一切事情,决不好高骛远。

这个阶段的创业目标是打通收购—运输—存储—销售链条,学习推销经验,寻找客户资源并积累下一阶段的发展资金。

2. 创业中期

当我们积累了一定的经验、技术、客户资源和发展资金之后,我们将进入创业的中期阶段。这一阶段我们依然保持务实的创业信念,除了做好散户、茶庄、小超市、小药店、网购等生意外,积极向连锁超市、连锁药店推销拓展。在资金允许的情况下,我们将会在岛内或者岛外中心城区物色一个性价比理想的店面开设专卖店,不求大,但求小而精,以进一步提高我们的知名度和可信度。这一阶段我们的最高目标是注册一个有限责任公司,其目的是能够与更多的苗族老乡建立稳固的采购关系,同时也有较扎实的信誉担保去开拓更广阔的市场空间,包括同医院、药品制造商、保健品公司、连锁药材公司等大宗客户建立购销关系,向他们提供更多优质的野生金银花产品。

3. 远期目标

在远期目标的设定上,我们则是定位于创立注册一个专有品牌商标:贵州印江苗族野生金银花!这一阶段,我们在继续加强市场开拓的同时,将把更多的精力和资金转回自己的家乡:我们希望能够在之前所有的经营、学习、积累的基础上,将新的信息、新的技术、新的加工方式带回家乡,引导家乡的苗族父老们以更加科学的方法,更加先进的技术和更加科学的理念去生产、加工野生金银花。所谓固本强元,相信到那个时候,我们的苗族野生金银花将会在市场经济的风浪中找到自己的坐标和价值,我们的创业理想也将得以实现。

四、团队成员分工

在这个方案的设计上,主要是根据张松同学的现实条件开展设计,刘晓芸、刘丽、陈英英协助查找资料,设计问卷,开展市场调查,共同完成整个创业设计方案。在创业实践上,则是由张松和其家人开展。

五、财务计划与效益分析

1. 创业资金来源

(1)在校期间勤工俭学积累;

(2)顶岗实习期间工作积累;

(3)业余时间经营野生金银花销售收入;

(4)家人支持一小部分。

2. 创业初期投入预算

因为本项目从一开始的设计就紧密贴近创业实践的实际,所以我们的启动资金并不需要很多,只要在家乡登记注册个体户证照,在厦门租个住所,购置好存储箱、包装袋、电子秤,印好名片和小宣传单,采购好第一批野生金银花100公斤,托运到厦门,就可以开始创业实践了。我们的启动资金1万元就足够了。

3. 收益分析

创业初期在家乡采购野生金银花,每公斤40元,加上物流费用和租房子保管费用等成本按每公斤20元计算,则销售之前我们的成本为60元每公斤。在厦门市场,我们初期的批发价定为100元每公斤,零售价定为140元每公斤(与平价药店的普通金银花价格一样),则我们的批发毛利润为40元每公斤,批发100公斤毛利润为4000元。在创业初期我们采用业余时间推销的方式,若一个月销售50公斤,至少有2000元的入账,5个月业余时间技能收回成本。当每个月销售额达到100公斤的时候,既可以转为全职创业!

六、风险评估及对策

1. **野生金银花质量疑问**:在货源采购的时候,由我家人在同村和邻村周边收购野生金银花,以保证产品质量。

2. **市场开拓缓慢**:创业伊始,可能会遇到市场开拓进展缓慢,这阶段同时保有一份工作,只在业余时间走村串巷,逐户推销,积累经验,寻找客户,建立人脉,另外暂缓进货,应该能较好地解决这个问题。

3. **野生金银花存储风险**:如果存储的金银花因为时间太长没有销售出去,这时候可能会引起受潮、霉变、虫蛀的问题。对策一:我们可以通过向前辈请教学习,预防为主,改善存储条件,防患于未然。对策二:建立严格的存储制度,先进的货先销售,后进的货后销售,杜绝压仓货。对策三:若有一些货物实在是存储时间有些长,若质量还有一定保证,可以以较低的价格甚至成本价格销售。对策四:对于质量有点不敢保证的货物,宁可销毁,也不让它有影响声誉的机会。

1. 在本创业设计方案中,创业者选择野生金银花产品作为自己的创业项目,他的优势资源有哪些?
2. 在本创业设计方案中,创业者的经营策略选择是否具有可行性?请谈谈你的看法。
3. 结合你家乡的相关优势资源,寻找一个可以尝试创业的项目,并简单阐述你的构思。

(厦门海沧职业中专学校　许晓斌)

"厨房小囡"创业设计方案

民以食为天,吃是人生第一需要。吃什么,怎么吃,每个国家、每个民族、每个家庭、每个人都有自己的吃法。然而,快节奏的城市生活、遍地泛滥的地沟油、现代养生需求、食材相克等,是人们在健康饮食需求上遇到的几大难题。

中国青年报社会调查中心通过民意中国网和新浪网,对1063人进行的一项调查显示,在饮食上,69.6%的人首选"方便、节省时间",其次是"安全、卫生"(57.7%),排在第三位的是"科学、营养"(52.3%),还有11.5%的人表示"无所谓,吃饱就行"。广设的速食店满足了时间上的需求,但安全和营养完全得不到保证。很想在家做饭吃!但买菜、配菜、洗菜、切菜、调味等一系列前奏让一部分上班族和宅男宅女们对做饭望而却步。基于这个现状,"厨房小囡"推出实时配菜、及时装盘包装送菜上门服务,包括买、配、洗、切、调味。您只需按照名厨提供的菜谱,施展您的厨艺即可。

一、创业项目

饮食安全重于泰山,在地沟油盛行的今天,人们在外就餐时,多少会有所顾忌。对此,我们推出了"回家吃饭更健康"!您无需出门、无需承受人流的压力、无须亲自上阵挑挑买买,只需动动鼠标,在我们的网站上选定菜谱,我们会按菜谱按时将新鲜的配菜送到家,质量不满意可当场退货!

1. 公司简介:只要您有需求,我们随时可按您的菜谱将新鲜的配菜送上门!让没有时间买菜、洗菜的家庭"煮妇"既省时又免受挤菜市场之苦,在家或在办公室也能买到

新鲜便宜蔬果!

2. 公司经营宗旨及目标

宗旨:您吃得放心,我送得开心。

目标:突破瓶颈,让您实现省时、安全、有营养的餐饮品质,做个快乐巧"煮妇"。

3. 公司名称:"厨房小囡"

4. 业务范围:瓜果蔬菜肉类现定现买、送货上门。

二、市场定位

1. 市场分析

经过前期调研,我们认为这个项目有极大的市场:

(1)高品质的餐饮追求,更多的人热衷于在家做饭,而快节奏的城市生活和"宅"生活让大多数人因为买菜的麻烦,而难以将此付诸实施。这一系列矛盾将会促使广大"煮妇"选择我们这种省时高效的配菜服务。

(2)我们学习淘宝的网购形式,与顾客进行线上交互,同时又结合线下看货、货到付款等,眼见为实,让每个家庭安全放心地进行网上交易,线下收货;在小区内开拓这个市场,形成配菜风潮,在家、在办公室也能每日买到新鲜便宜蔬果,吃几道菜买几道,无须担心蔬果买多吃不完、肉类放久不新鲜等问题。另外,菜品丰富,最主要的是菜单周周更新,想吃什么菜就挑什么菜!

(3)目前,本项目在国内还没有人做过,我们预计,这种网上配菜方式是家庭餐饮业未来发展的必然方向。

2. 目标市场

建立厦门第一网上配菜市场。

3. 顾客的购买准则

顾客网上预订,网下现场看货决定是否购买。采用自愿原则,顾客与公司订立双方均可接受的合作协议书。

三、管理理念

1. 管理思想

合理分工,通过招聘校内勤工俭学的学生进行培训及管理,做到6S管理要求,实习上岗,并让每位同学都有好的归属感,为以后走上社会提供很好的实践经验。

2. 管理队伍

我们将构建一支在各种有影响力的岗位上具有直接技术与经验的管理队伍,并欢迎一切有志于谋求本公司发展的人才加入本公司。

3. 管理决策

管理团队主要是由我们创业小组的人员所组成。我们的管理团队成员分别来自不同的专业,有管理的,有技术的,具有较好的统筹能力及相关专业知识,能为公司制定切实可行的决策,最有效率地执行任务。今后,我们还将邀请具有各专业技术及管理经验的人员加入,并担任重要职务。

四、经营理念

1. 经营一个"让家庭主妇成为快乐'煮妇'"的企业。
2. 把重心放在顾客价值和顾客满意度上。
3. 成就客户——我们致力于每位客户的满意和成功。
4. 创业创新——我们追求对客户和公司都至关重要的创新,同时快速而高效地推动其实现。
5. 诚信正直——我们秉持信任、诚实和富有责任感,无论是对内部还是外部。
6. 多元共赢——我们倡导互相理解,珍视多元性,以全球视野看待我们的文化。

五、项目亮点

现代人的胃口越来越差了!为何如此?经常在外面吃,味觉都被麻痹了,能不差么?很想在家做饭吃!想法很好,值得提倡,但只有不怕麻烦,才能"行动跟着思想走"!可惜大多人都怕麻烦,买菜成了难题。于是,我们推出配菜并送菜上门服务。菜品丰富,菜单周周更新,想吃什么菜就挑什么菜!省时、安全又有营养。

六、市场营销策略

以问卷调查的方式先进行民意调查。例如该小区居民的饮食习惯、大众口味、家庭做饭情况等,并综合考虑各个年龄层的健康需求、季节变换等各因素推出菜谱、菜单,调查顾客的满意度。

我们通过宣传单、海报和展板在一个小区进行大规模宣传。之后往外扩展,到本市的其他小区进行宣传。

七、法律政策环境分析

(一)所需证件方面的规定

需要具备的基本执照:个体工商户营业执照、税务登记证。

(二)消防方面的规定

见《中华人民共和国消防条例实施细则》。其中火灾预防、火灾扑救都是要认真学习的知识。

(三)税务方面的规定

了解税收管理法规、工商管理法律法规的实施细节。根据《个体工商户税收定期定额征收管理办法》核定应缴税额(营业税、个人所得税、教育税和城建税)。

(四)审办手续

1. 办理消防许可证、工商营业执照、食品卫生许可证、税务登记证,举办文化活动向文化局备案,价格经物价局批准。

2. 提交申请

A. 经营场所的产权和租赁手续。

B. 经营场所的产权和租赁手续。

C. 法定代表人的身份证和工作状况证明。

D. 交纳一部分管理费用(营业开业登记费 300 元,执照副本 10 元,框架工本费 20 元)。

3. 税收登记

A. 全国统一代码副本,银行开户许可证。

B. 房屋租赁协议或合同。

C. 要有交税人的身份证、公章及法定代表人的印章。

D. 税务登记表一式三份。

经过对市场的全方位了解,经过我们四人的分析,通过实地考察,综合以上内容,我们动态调整我们的方案,以求更完善,跟得上市场发展的趋势。

八、实施方案

1. 前期调研

以问卷调查的方式先进行民意调查。例如,某小区居民的饮食习惯、口味、家庭做饭情况等,并综合考虑各个年龄层的健康需求、季节变换等各因素推出菜谱、菜单,调查顾客的满意度。

2. 推广方式

(1)以海报、宣传单、微博和上门介绍的方式在小区内进行推广,让顾客们了解我们的服务细则。

(2)搭建网站平台扩大宣传。

3. 准备工作

购置设备:一台电脑、一台打印机、两套办公桌、一台拍摄的数码照相机、厨具及相关用品。

4. 具体运作

具体运作流程如图1所示。

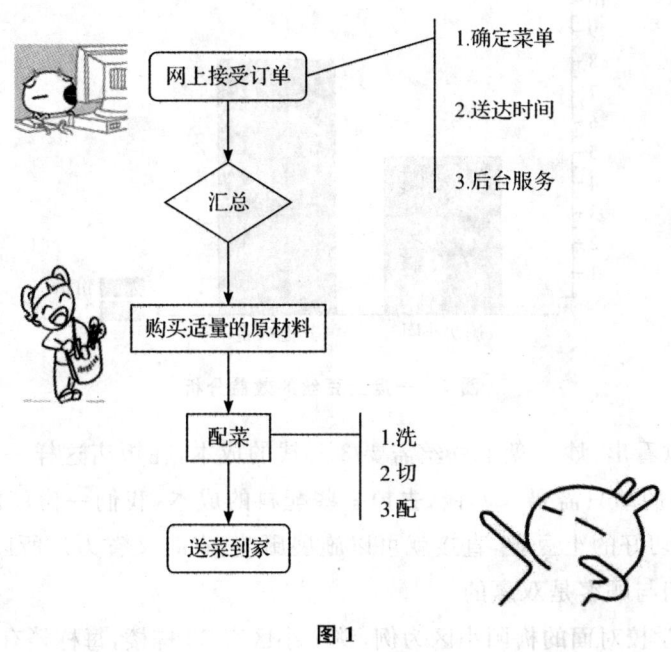

图 1

九、项目创办的步骤

市场调查→制作网站→租借服务器→所需证件和申办手续(初步流程)→选址、筹集资金→确定企业名称→验资→工商管理部门审批→领取个人工商营业执照→公安局刻章→办理卫生许可证→税务登记证和一般纳税人资格证→领取营业执照和其他材料

十、财务分析

(一)前期投入

1. 办证:2000元

2. 租服务器:200元/月

3. 设备(包括厨具、电脑、打印机等):8000元

4. 调动资金:10000元

（二）效益分析

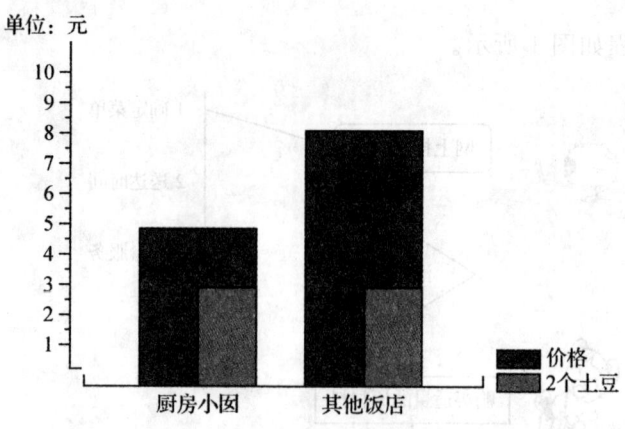

图 2　一盘土豆丝的效益分析

从图 2 可以看出，炒一盘土豆丝需要 3 元钱的成本，在饭店这样一盘菜的价格就要 7~8 元钱，而我们却只需要 5 元钱，去掉一些配料的成本，我们一份就能净赚 1~2 元。顾客收到洗好、切好的土豆丝，直接就可以施展厨艺，省时又省力。所以，从这个图我们就可以看到我们与顾客是双赢的。

接下来，以学校对面的梅阳小区为例，整个小区有 30 栋楼，每栋楼有 12 户居民，假设每天每栋楼有两户人家定我们的两道菜。那么我们就有 120 份菜送，以一份净赚 1~2 元的利益分析。

那么每天收入：120~240 元

月收入：3600~7200 元

年收入：43200~86400 元

由此可见，我们的收入是相当客观的。

（三）发展分析

1. 如果目标能够在某一小区内逐步实现，我们将扩大规模，推广到厦门市各个小区。
2. 不怕库存问题，资金风险几乎为"0"。
3. 即使失败了，但积累了很多再创业的经验和广大的客户群体。

十一、策划总结

前三个月为打响知名度，会通过不同的方式吸引顾客，在刚开业期间我们的交易会在价钱方面做一番优惠。我们相信会吸引广大居民消费群体。

【设计成员简介】

吴婉涓　女　厦门电子职业中专学校 2010 级网站建设与管理（14）班学生

季苗苗　女　厦门电子职业中专学校2010级网站建设与管理(14)班学生
陈志恒　男　厦门电子职业中专学校2010级设计专业(25)班学生
王　宽　女　厦门电子职业中专学校2010级网站建设与管理(14)班学生

【创业设计感言】
　　这是我们首次参加创业大赛,主要认识学习创业的流程及对事做事的态度,通过本次比赛,我们受益匪浅,并进一步体会团体的协作精神的重要性。也懂得了如何将团队力量较好地发挥和施展。在创业方案设计中我们遇到了很多困难,深知创业的艰辛与不易,更让我们坚信只要肯努力,失败与挫折过后,定会创出自己的一片天地。

导向训练

　　1. 在网上配菜的选购中,你认为消费者可能会出现哪些顾虑?如何消除这些顾虑?
　　2. 针对目前配送消费观不成熟的现状,试考虑可行的营销策略。
　　3. 网上配送遇到的主要难题有速度不够快、需求不够迫切、订单不稳定造成损耗大等。请就这些难题,试写一份解决方案。

(厦门电子职业中专学校　王蜜宫)

越光慢递公司创业设计方案

一、项目名称

越光慢递公司

二、市场分析

　　慢递概念的产生可以理解为"时间胶囊"与"传统书信"的创意结合。慢递提供和邮政类似的信件投递服务,唯一的区别是,投递时间由寄信人决定。可以几个月、几年甚至几十年。慢递实际是帮人在指定的时间投递情感。慢递公司是通过一种类似行为艺术的方式,提醒人们在快速发展的现代社会去关注自己的当下。

　　慢递的目标市场:

以 15~35 岁为主要目标人群。以毕业生、初入职场者、情侣、父母等有强烈诉说愿望或对未来充满憧憬的感性人群为重点目标对象(通过介绍、引导并激发人们的写信欲望)。

目标人群特征：
1. 有一定的支付能力。
2. 情感处在兴奋时期。
3. 尝鲜心理(好奇心)强。
4. 愿意相信他人。

三、营销分析

生活在信息高速发展社会的我们,发现快递公司由于符合上班族高频率的工作速度,生意越来越火;而就在人们倡导争分夺秒时,慢递公司这种新奇的创意一时间吸引了人。在快节奏的都市生活中,满街都是上紧了发条的匆忙步履,时间仿佛成了"催命符"。当你选择让亲友、孩子或自己等待一封未来将至的信,就是在呼唤慢生活的美好与单纯。

慢递是一种时下年轻人对未来的希望与憧憬,我们提供的虽然是和一般的信件投递服务,但是加入了对于"慢"的特殊服务,投递的时间是由寄信人自己决定的。顾客可以给自己或某人的未来写信,寄明信片或礼物等,然后指定发出的时间。收费则是中国邮政的常规费用,再加上存放和代发费用。我们会将顾客所要办理慢递业务的东西保管起来,然后根据顾客的联系方式、送达地址、日期建立一个数据库。如果是闽南范围内的业务,小店会亲自送达,而其他地区的业务则交由邮局办理。来这里的顾客大部分寄出的都是自己的心情。要把自己的心愿、情感托付在薄薄的信中,希望在将来某一天再回首自己的情思,让收件人多一份惊奇、多一份想念、多一份回味。

四、竞争分析

我们经过了长时间的市场调查发现,厦门鼓浪屿泉州路有家"漂流慢递"。另外还有一家"阿甘慢递"在鼓浪屿的龙头路。虽然我们的慢递公司位于思明区内但还是有一定的竞争压力。

劣势分析:这些慢递公司已有一定的客流量,在顾客的信赖感与依赖感已有了一定的基础,这是我们公司的劣势。

优势分析:我们有本专业的物流技术支持,运用良好的仓储配送系统,可以很好地保障顾客产品的质量以及配送的及时。另外,要以签订合同为顾客提高保障,同时提高可信度。同一地区多个分点同时开展,提高影响力形成品牌印象。以更专注的心态和高校人才资源库支持慢递项目的开展。经过推敲,设计了一套比较完善的运作系统和风险防范系统。

五、组织与管理

(一)员工管理

客服员 2 名,接待员 2 名,快递员 4 名。

客服员和接待员由本方案设计者们担当,需统一穿着制服,优良的服务态度,普通话流利,不得擅离岗位。

快递员有一定快递经验,普通话流利,有良好服务态度。

(二)经营策划

1. 媒体宣传:通过传媒的手段来为我们慢递公司做宣传;介绍给亲朋好友;以发放传单方式让更多人了解我们。

2. 营业推广:我们在"慢"的业务上提供不同的服务,例如,写给未来的自己、朋友、孩子等。同学间在未来的约定,情侣之间的服务以及网上的服务业务。这一切犹如时空胶囊,让寄信人与收信人感动、欣慰与惊喜。

3. 开业步骤:我们会在集美龙舟池附近租一间店铺;利用集美的旅游风光来加大我们的客流量;装修时卓显公司安逸舒适的环境;办理开业手续;创立我们自己的工作网址;员工的招聘;吸引顾客眼球。

4. 经营方案:我们拥有专业物流知识的支持,我们会联络第三方的仓储配送中心,经由专业的仓储的管理系统帮助我们合理地保障顾客的货物。无论顾客寄的是明信片还是货物,我们都会编写一编码,顾客可在我们的网站上随时观测自己的货物状况以及改变货物送址的信息。

(三)店铺与设备管理

店铺 60 平方米,租金 5000 元/月。

在店铺内设有服务包厢,保障顾客的隐私。

店内用具	台数	价格
服务柜台	1	5000 元左右
档案架	1	10000 元左右
电脑	3	10000 元左右
空调	4	10000 元左右
通信系统	4	5000 元左右
桌和凳子	25	8000 元左右
灯	15	1000 元左右
装饰物	若干	2000 元左右

续表

店内用具	台数	价格
主要明信片价格	空白贺卡	5元
	纯手绘明信片	10元
	立体明信片	20元
	创意明信片	30元
慢递价格	2010年内	10元
	2012年内	15元
	2050年内	200元

（四）资金来源

向亲戚借钱或银行贷款，4人共计15万元。

（五）财务管理

公司装扮3000元；宣传费5000元；门面招牌1000元；水电费2000元每月。

店内用具与明信片成本4万；店面装潢与公司宣传2万；店面年租金与水电费7万；流动资金2万元。

资金总计：15万元。

（六）盈利分析

我们的收费方式：明信片一张5元，我们会将明信片做成顾客想要的样式，让顾客写下对"未来"的某人的话。慢递费一年之内是10元，每增加一年，多收1元保管费。货物收费方式由货物的不同而定。

平均每天有30人来我们店慢递一年，每人一张明信片1元，慢递费10元。一张明信片成本是0.8元，每月职员总工资1500元，每月水电费2000元，每月租金5000元。

每月总营业额：15×30×30＝13500元

每月成本：0.8×30×30＋1500＋2000＋5000＝9220元

毛利：13500－9220＝4280元

若我们的利润可以如计划的一样，我们三年内可以回收投资成本

六、经营计划

以浪漫的慢递方式强化店内的氛围。特色的慢递形式能展现店内的形象，留住客户并吸引边际客户（有能力消费且愿意来消费，却未尝试过消费的人群）成为固定客户。

为顾客增加体验价值。无投资风险，将现有资源（顾客、员工、空间）利益更大化。

七、风险评估

由于我们是慢递公司,顾客的信赖度是很重要的,而且首期宣传力度不够无法吸引顾客的青睐。

因为是未来的信件,所以未来若是换地址,就无法传递到收信人手中。

如何保存这些很远期的信?一旦丢失,寄信人追究起来怎么办?

解决风险办法:

1. 在传媒的帮助下,用真诚的服务、完善的经营计划来让顾客满意。

2. 把流程、方法利用公告的形式告知,我们会把顾客的货物编上编码,在我们的网站上顾客可以很好地确认自己的货物的信息。

3. 寻求第三方的仓储配送中心的保管,以我们拥有专业的物流知识来确保货物完整以及保障客户的要求。

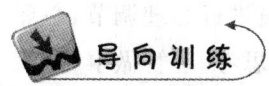

1. 试根据越光慢递公司创业设计方案设计一份市场调查问卷。
2. 根据本方案中的竞争分析,你对其利润管理方面有什么更好的建议?
3. 经营这种新型的慢递公司风险很大,试分析,若未来几年在仓库管理的过程中,货物膨胀,导致交至收信人时遇到障碍应如何处理?
4. 根据第三问,试拟一份慢递公司风险评估方案。

(福建化工学校 李佳欣)

领智教育机构创业设计方案

一、团队介绍

团队名称:梦的起航

团队口号:梦的起航 永不言败

团队成员:郑培红 黄雨婷 张月宝

指导教师:张睿

二、项目概要

名　　称:领智教育机构

注册资金:6 万元人民币

员　　工:初期预计固定 4 名,流动人员按需雇佣

地　　址:厦门市,某写字楼内占地约 100 平方米。

公司性质:教育服务行业。

预期服务对象:厦门市及周边地区家庭条件较好的小学生、中学生以及在校大学生。

营业时间:周末及寒暑假。

经营设想:弥补当前家长(特别是家庭条件较好的)因时间紧迫、过度溺爱、缺乏经验或方法不当,造成孩子娇气、自私、抗压能力低等性格缺陷,通过系统、有序、专业的课外教育,以及心理辅导服务,同时配合"实战型"的挫折教育,对学员进行心理调节、心理咨询、心理引导,培养他们健康的心态、健全的人格,引导学员正确思考,理智做事,全面提高学员的综合素质。

三、产品与服务

1. 服务详情

服务名称 \ 详情	服务方式	营业时间	收费标准
战胜软弱	1. 安排教师授课,通过演说和小游戏引导学员分析自己性格中的软弱成分,正视它,揭露软弱的本质,树立战胜的信心。 2. 心理专家面对面找出每个学员心理上的软弱点。 3. 通过野外生存实践等拓展训练,帮助学员战胜软弱。	1. 暑假、寒假共举办三期,每期 10 天左右的训练营。 2. 双休日举办为期 2 天的训练营	1. 假期的 10 天的训练营按照举办地点和流程定价,收费为每人 2000～2500 元。 2. 周末的 2 天的训练营收费为每人 300 元。

续表

服务名称 \ 详情	服务方式	营业时间	收费标准
摒弃自私	1. 让学员通过合作完成游戏任务来强调团结精神。 2. 利用拓展训练,如真人CS、定向寻宝等,来培养团队的信任感和默契度,以及齐心协力达成目标的成就感,强化团队精神。	1. 暑假、寒假共举办三期,每期10天左右的训练营。 2. 双休日举办为期2天的训练营。	1. 假期的10天的训练营按照举办地点和流程定价,收费为每人2000～2500元。 2. 周末的2天的训练营收费为每人300元。
击败挫折	1. 学员单独与心理专家面对面交谈,对学员的挫折承受能力做初步评估,并作初步引导。 2. 开展吃苦教育、适度的抗压训练等挫折教育,使学员能正确认识挫折,以积极的态度面对困难,掌握抗压技巧,培养健康向上的心理。		
家长论坛	按学员年龄段划分家长小组,在环境优美、让人心态放松的地方举办家长论坛,邀请心理专家、经验丰富的教师参与讨论和指导。设计的环节有先进经验汇报、专家答疑解惑、自由交流等等。	周六 19:00—21:30,共2.5小时	参加训练营的学员家长免费,未参加训练营的家长收费30元,免费提供茶水。如有特定的必要支出,如门票、车费等视具体情况而定。
头脑风暴	提出当前的热点问题,按照头脑风暴和无领导小组的规则,引导学员进行讨论和发言,再由老师进行点评,锻炼思维,开阔视野,提高辨别是非的能力,使学员树立正确的人生观和价值观。	周日 19:00—21:30,共2.5小时	1. 参加训练营的学员免费。 2. 非学员参与需20元入场费。

2. 特色服务：辅助项目

辅助项目，顾名思义是常规训练营的辅助服务，分为家长论坛和头脑风暴两项，可弥补传统拓展教育训练营的服务盲区。

第一，传统拓展教育训练营比较注重学员个人的锻炼，却或多或少忽略了生活环境的影响，不注重成长环境的改造。举办家长论坛就是希望能借助各种议题，通过家长与家长、家长与心理专家、家长与老师之间的交流互动，引导大家共同营造一个科学、合理、有助于青少年健康的成长环境，可谓标本兼治。

第二，传统的拓展教育训练营往往比较注重心理疏导和情商训练，而不注重智力开发和道德教育，我们举行头脑风暴训练，既可以锻炼学员的思维能力和创新能力，也可以通过无领导小组锻炼情商，还可以添加大量的道德教育元素，有助于塑造思想正派、心理健康、思维活跃的青少年。

只有把心理教育、家长教育、智力教育和道德教育相结合的"立体教育"才能取得最佳的效果。

四、市场环境分析

1. 宏观环境分析

（1）在以往的素质教育中，人们较为关注的往往是德、智、体、美等素质的教育，而心理素质教育则往往没有得到足够的重视。如今每个学校都要求配备心理咨询室，在这样一个教育转型时期，需要一个合适的组织承担学校还无法完全胜任的素质教育任务。

（2）随着社会的高速发展，由心理问题引发的社会问题频频爆发，全社会对心理健康的关注达到前所未有的程度，人们对于心理咨询的接受程度有了很大的提高，人们愿意为追求心理健康进行消费，就如同上健身房锻炼身体。

（3）家长对孩子最大的期许就是身体健康、成绩优秀、人格健全，而心理健康直接关系着健全人格的塑造，也影响着身体健康和学习状态。现实是大部分家长没有时间或能力对孩子的心理健康和情商培养进行有效的干预，我们这类组织就是为解决这个矛盾而诞生，合理的花费就可以显著降低孩子走上歧途的概率。

2. 微观环境分析

（1）地域环境分析

①厦门及周边地区的小学、初中、高中、大学较密集，消费人群广。

②该地区小康及以上家庭数量多，为子女素质教育投资有保障。

③该地区家庭具有为子女素质教育进行投资的传统，潜在客户多。

（2）教育现状环境分析

①现在的学生很大一部分都是独生子女，生活条件越来越优越，但由于一些家长的溺爱，其脆弱的性格特点越来越明显，生命之船遇到一点波浪就会发生险情，离家出走，

甚至自杀等极端做法已不再是新闻,这说明加强学生心理素质教育、提高抗压能力刻不容缓。

②现实生活中,由于独生子女家庭的普遍存在和社会发展的复杂化,以及一些传媒特别是网络世界的影响,很多学生不同程度地存在着种种异常心态,比如自卑、自私、胆怯、虚荣、孤僻、嫉妒、任性、骄横、抑郁、空虚等等,若不加强教育,后果可想而知。

③心理素质教育是素质教育的必然要求,健康的心理素质是青少年学习、生活、建功立业的基础。

健康的心理、健全的人格能成就成功人生已是公认的定律。

(3)企业自身环境分析

①企业应时、应势而生。

②企业的出色的产品与服务是内部动力,并以此抢占外部有利条件。

③服务在应用推广过程中,将不断应社会发展和客户需求开发新的项目,产品与服务的创新将作为企业经营的核心理念之一,保持企业的长久经营。

五、竞争分析

1. 企业竞争的自身优势

(1)企业确立的时间优势:在心理素质教育日渐重要的转型时期,前景广阔。

(2)企业建立的地域优势:厦门市及周边地区,学校体系完备且数量众多,拥有多个拓展训练基地,小康水平以上的家庭多,这为我们服务的推出准备了必要客户源和收入源。

(3)产品和服务上的竞争优势,专业、系统心理素质教育和新颖有效的拓展训练,以及立体化的教育方式,事半功倍。

(4)属于新兴事物,切入学生拓展训练的细分市场,该市场无最直接的竞争对手,因此占领市场相对容易。

(5)准备充分,服务优良,具备同后来者竞争的资本。

(6)先入为主的定位和不断创新的服务项目在竞争中具有先发优势。

2. 潜在的竞争分析

(1)学校的心理咨询室

①受制于信息的不对称性,常常都是在出现问题之后才进行一定的疏导,没有提前有效介入、防患于未然的机制,甚至很多学生具有心理问题却不自知。

②由于设备和人员的局限,无法完全覆盖所有具有心理问题的学生。

③由于长期形成的心理定势,多数学生认为学校就是说教、学知识的场所,无适合的谈话环境,且有担心自己的问题被同学或老师知道的后顾之忧,不是所有人都会主动选择学校的心理咨询室进行彻底的、面对面的心理沟通。

(2)社会上的心理咨询所等类似机构

①多以咨询为主,一般以事后处理、解决的形式提供服务。

②不能防患于未然,不能有效提高学生的心理素质。

③无法把提高心理素质作为一门课程,长期、系统地开放。

④很少开展拓展训练项目,因而就不能通过生动的过程进行强化教育,真正提高心理素质。

⑤不具规模性,无规模效应,每个人的经历都是一种财富,却无法组织进行集体讨论、相互交流,"财富"无法共享。

⑥不具跟踪性,不能做到有问题随时发现随时解决。

(3)根据我企业的定位,较他们而言,我们更能做到这些方面

①提供系统、完整、有序、长期、有效、跟踪性的心理素质教育。

②开设各种拓展训练,切实提高应付心理问题的能力。

③把心理素质教育贯彻到其他各种素质教育中以提高学生的综合能力。

④产生一定的规模效应。

⑤具有规模性,有问题随时发现,随时解决。

六、营销战略

1. 定位分析

(1)市场定位:系统化、立体化的心理素质教育,富有特色的辅助服务,以合理的价格和优质的服务,培养学员健康的心态、健全的人格,引导他们正确思考、理智做事,全面提高学员的综合素质。

(2)目标顾客定位:初期主要为厦门市及周边地区小康水平以上家庭的子女,中后期逐渐推广至在校大学生甚至党政机关、企事业单位人员。

(3)价格定位:价格合理,性价比高。

2. 营销对象

初期主要为厦门市及周边地区小康水平以上家庭的子女,中后期逐渐推广至在校大学生甚至党政机关、企事业单位人员。

3. 战略综述

由于销售对象集中,目前企业规模资金有限,仅以发放卡片、传单和平面广告的形式宣传,目标客户战略是最有效、最经济的选择。且我公司专业、系统、全面、优质的服务特色和性价比优势将吸引广大消费人群。

4. 营销阶段划分

(1)前期营销的主打方式——宣传

①目标:打开市场,吸引目标人群,让更多的人了解、参与本公司的服务,逐步扩大

业务规模

②宣传方法：企业核心理念——会做人，才会做事

主打广告语：投资素质，升华生命。

宣传：

A. 对学生：以折叠式卡片为主，根据市场调查共制作卡片5000份。

封面：卡片图主要为公司的核心理念和专业的营业场所布局。

背面：联系方式、公司地址、基本服务项目。

内容：设计独特的广告语，突出其潮流性，活动的实战性，吸引学生的参与激情。

B. 对家长：用浅绿色稿纸，以书信形式用简短却极富说服力的语言内容吸引家长，根据市场调查要求突出本公司提供服务必要性，以及为对孩子成长及未来的积极作用，家长对孩子成长的担忧。

C. 借助同学之间、家长同事之间和公司成员对外的传播和印象，扩大影响力。

(2)经营过程中的终极制胜

经营中的部分反馈及宣传策略：

①对学生：定期的表格填写，及时反馈他们对公司的各方面意见和其他社会信息。同时对老客户发放优惠卡，刺激新消费。

②对家长：可预先约定时间或者开办宣讲会，与他们进行交流，尽量征求他们的意见，感谢他们的支持，同时要注意不耽误他们太多时间。

也可用电话回访，谈及我们目前情况，更多了解学员在家庭的表现及性格等，及时备录，同时，及时回馈我公司在孩子成长过程中的帮助有多大，尽量寻求更多意见。

③对校方：总体了解学生的情况，尤其是平时的生活学习及面临压力的情况。同样通过邀请约见、电话回访等方式真诚地聆听他们的声音。

④可以举办各类活动，请一些学生、老师、家长和我们的教员一起讨论，真实地提出一些需要和我们的不足，也真正实现"共同学习、共同进步的一家人"形象。相信通过我们的真情付出，搭起公司—家庭—学校的环形桥，定能为孩子的健康成长营造最佳环境。

(3)前景策划的宣传方式

在公司业务进一步发展，规模进一步壮大，利润不断增加，消费者增多基础上，进行二期建设。可进行广告网络等宣传。

①以报纸广告为主，宜以评论的形式出现，既省费用又增影响力再加以电视、电邮、街头广告等方式。

②网络渠道：设置站点，利用互联网，在网上进行大部分电子业务、售后服务等。并建立讨论平台。

此时可形成全方位、立体型、轰炸性的广告效应，顺利达到预期目标，不断推出各种新兴业务、活动方式，争抢市场，将公司品牌、公司形象全面推向社会，形成坚实的无形资产，最终扩大业务规模，在全省乃至全国建立连锁服务分支机构。

七、财务策略

（一）资金来源

本公司创业资金由合伙人每人出资 2 万元人民币,共计 6 万元人民币。

（二）预计收支平衡表

	收入	支出	利润
第一年	16 万	10 万	6 万
第二年	24 万	12 万	12 万
第三年	32 万	14 万	18 万

其中,营业收入包括主营业务收入、特色服务项目收入和其他收入,营业支出包括员工工资、税费、活动经费、固定资产折旧费和其他支出。

（三）减少支出的策略

1. 招募假期短工做一些外围工作或者希望进行社会实践的高校学生社团联系使其参与我公司的活动,在不影响服务质量的前提下减少员工工资的支出。

2. 通过集中采购的方式,压缩一些快速消费品,如纸巾、杯子等方面的支出。

3. 通过高效的管理和合理的人员安排减少支出。

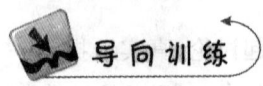 导向训练

1. 假如你是领智教育机构的推广人员,面对还没有引起足够关注的市场,能不能拿出一份具有操作性的推广方案以吸引目标人群,打开市场?

2. 心理素质教育市场还不够成熟,在经营过程应该采取什么策略以规避风险、提高收益?

3. 试着写一份为期两天的训练营课程方案。

（厦门市同安区职业技术学校　张　睿）

果蔬美容院创业设计方案

一、市场背景

据《中国美容经济年度报告》调查,美容经济正在成为继房地产、汽车、电子通信、旅游之后的中国居民第五大消费热点,美容业占 GDP 比重为 1.80%。中国目前美容行业市场每年约 3000 亿元,美容经济平均以每年 15% 的速度递增,这样的速度,除了 IT 业,就是美容业。金融危机来临,美容行业是继保健品市场之后的又一个平民化了的奢侈品,在中国这个人口众多的国家产生了巨大的市场。美容行业是继保健品之后又一个暴利市场,利润达 100%~200%。

看两组数据资料:中国美容业以中小型店为主流,其比重达 83.6%,而开有一家以上分店者仅占 16.4%。50 平方米以下的小美容店占总量的 65.04%,50~100 平方米中小型美容店占总量的 24.12%,100 平方米以上美容店仅占美容店总量的 10.84%。

随着人们的生活越来越富裕,人们对生活也越讲究了,对美容他们也不会不舍得花钱。美丽,对于女人永远是一种本能的诱惑。如果这个世界上只允许女人选择一件东西,那么女人一定会选择美丽。拥有粉嫩白皙的肤色、细嫩光洁的肌肤,是做个美人儿的第一要素。做个美容面膜,让自己成为活力水果美人。

我们制作的天然果蔬营养面膜,就是为顾客提供美丽健康的条件,首先使用我们产品贴敷在脸上,可以帮肌肤抵御外来的侵害,并且在短时间内,迅速补充表皮的含水量及流失的珍贵养分。而且自制果蔬保养品不含酒精和人工香料,更加自然、健康。天然果蔬中还含有丰富的营养性、功效性的物质,能营养肌肤并达到保健目的,有效治疗面部黑斑、青春痘、淡化皱纹。现在的美容中心用化学药品,难保对皮肤没有伤害,为此我们所设计天然果蔬面膜不含酒精和人工香料,更加自然、健康,达到食用级别。在做面膜的同时,我们还推出各种各样的果蔬饮料供您选用,补充您平日所缺乏的维生素 C、维生素 E 等,它们将有助于您促进细胞生长,让您褪去旧的死亡细胞,使皮肤达到完美和自然。

二、本店概述

我们的店面选在中山路名汇广场,面积有 45 平方米。每天的人流量约为 30 万人,我们主要面向普通群众,我们会为顾客提供冰凉可口的饮品,也可以在使用饮料期间做上一副天然面膜。我们致力于提供去除皮肤粗糙、暗沉甚至出现色斑皱纹等皮肤病,使顾客的皮肤柔嫩光滑。

公司宣言:激活肌肤色彩,追求自然元素,绿色平衡,您的美丽专家。

(一)公司名称

果蔬美容院(Green Balance)有限责任公司

(二)公司结构

部门	负责内容	负责人	联系电话
反馈部	主要是意见反馈,对顾客反映的意见进行反应处理。	林 珊	
采购部	采购面膜原料,负责管理财务。	鄢 慧	
设计部	制作各种各样面膜产品。	郭诗妮	
宣传部、推销部	专门负责制作广告,专门负责推销面膜。	杨燕珊	

(三)公司布局

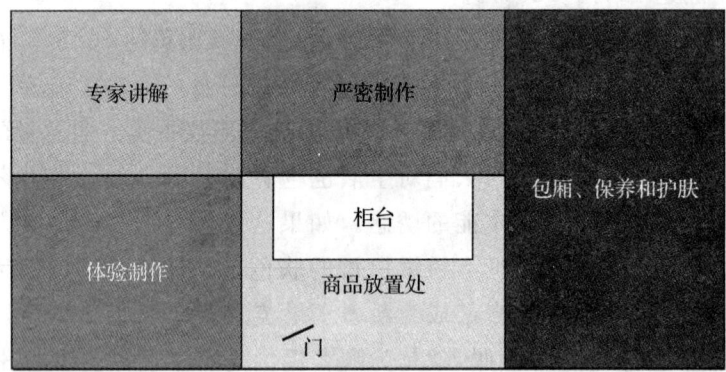

(四)远景规划

1. 短期计划:1—3年中要完成以下4项工作。

(1)稳定的客源;

(2)稳定的材料商;

(3)国家认可的权威认证书;

(4)良好的信用与服务理念的口碑。

2. 中期计划:3—5年内完成以下五项目标。

(1)第三年开第一家分店;

(2)产品的出售量增加一倍;

(3)拥有一个符合自己产品特色的代言人;

(4)不断更新与开发新的产品;

(5)形成固定广告系统。

3. 长期计划:5—10年内完成以下3项目标。

(1)建立的自己的材料厂,所需材料都自己生产。

(2)争取上市;

(3)与大品牌合作。

三、产品规划

(一)产品特色

1. 纯天然绿色果蔬面膜

面膜机制作的天然营养果蔬面膜,贴敷在脸上,帮助肌肤抵御外来的侵害,并且在短时间内,迅速补充表皮的含水量及流失的珍贵养分。而且自制果蔬保养面膜不含酒精和人工香料,更加自然、清新、健康。

天然果蔬中还含有丰富的营养性、功效性的物质,能营养肌肤并达到保健目的,有效地改善面部黑斑、青春痘,淡化皱纹,令面部肌肤光滑亮丽,美丽动人。本产品适合所有女性不同肤质的天然保养,把天下所有的水果、蔬菜,做成纯天然护肤品,让女性疯狂痴迷、爱不释手,带来女性天然美容新革命!

2. 果蔬减肥绿色健康

果蔬减肥系列产品宗旨在于治本之塑身,利用蔬果复方成分,配合中医的理念,研究出适合东方人体质的瘦身配方。为身体提供均衡的营养,蕴含多种纯天然果蔬精华,不影响人体摄取正常必需的营养物质,在满足人休生理需要的前提下,减少食物中的脂肪被吸收,能多方面打破脂肪聚积、体重上升的恶性循环,在最短的时间内令您减轻体重,重现窈窕身段。

3. 齐全的护理项目

(1)基础护理——年轻、健康肌肤的最佳选择

基础护理,指定期去美容院做清洁和补水保养。这也是所有护理疗程里最基本、最便宜的。对于年轻而健康的皮肤,太多高机能产品可能造成皮肤负担过重,高科技仪器的功效也不会明显。所以基础护理就完全可以满足皮肤的要求。

(2)功能性护理——问题皮肤的救星

几乎没有人敢说自己的皮肤是完美的。这样那样的皮肤问题似乎永远解决不完。对于这些更高一层的护理要求,基础护理显然不可能达到。

(3)身体护理——完美女人的守护天使

美女不是只有一张漂亮的面孔。光洁的脖颈、纤细的腰肢、柔软的手臂、修长的小腿都是美人的标志。身体护理是时下美容院护理的一个重要部分。前者借助于身体磨

砂和各种身体膜,如海藻收紧膜、牛奶白肤膜等,着重打造均匀光滑健康的身体肌肤。

(二)产品的种类简介

1. 柠檬汁面膜

含有丰富的维生素C,漂白去斑效果明显。常用的方法有两种:一种将一个鲜柠檬榨汁,加一倍的水,再加上三大匙的面粉,调成面膏状敷在面上,等20~30分钟后,洗净即可;另一种是将鲜柠檬切片直接贴于面部,等20~30分钟后即可。适用于油性皮肤和色斑皮肤。

2. 薄荷面膜

美容功效:迷迭香有消炎抗氧化功效;薄荷具收敛爽肤作用,敷时感觉阵阵清凉;苏打粉可分解油脂。三合一能发挥收细粗大毛孔的功用。

材料:薄荷香熏精华油2滴、迷迭香香熏精华油2滴、食用苏打粉半汤匙、一杯清水。做法:将材料混合调匀,置于不透光的玻璃瓶,用时拿出摇匀,沾湿化妆棉印在T字位及毛孔粗大的部位,10分钟后以清水洗净。

3. 蜂蜜番茄面膜

番茄2个,蜂蜜适量。将鲜番茄洗净,压榨取汁。将蜂蜜调入番茄汁中,若黏度不够,可加入少许面粉调成糊状。睡前洗脸后,涂于脸部,20~30分钟后用清水洗去。本面膜有祛斑、美白、嫩肤、抗皮肤老化、治疗皮肤痤疮等多种功能。对黄褐斑、老年斑、晒斑、青春痘都有治疗效果。

4. 葡萄面膜

做法:(1)葡萄面膜:将葡萄捣烂后直接涂于脸部。这种面膜不仅有洁肤作用,而且还有使皮肤保持柔软、光滑和细腻的效果。(2)将葡萄籽取出,只留下葡萄肉与葡萄皮,然后用果汁机打成汁,再以压缩面膜吸收即可使用。葡萄打成汁后,也可加入少许面粉,敷在面膜纸上敷脸。美容功效:葡萄具抗氧化功效,不但能净化肌肤,还可软化肤质,增加弹性和光泽。

5. 苹果面膜

美容功效:苹果中的果酸成分能吸走面上多余的油脂。材料:苹果两个、化妆棉适量。做法:将冰冻了的苹果榨汁,沾湿化妆棉敷在油脂分泌旺盛的部位如T字位、鼻翼、下巴,10分钟后清洗。

(三)产品定价

Ⅰ 产品价格

面膜	价格	面膜	价格
苹果面膜	1元/片(30 g)	丝瓜汁面膜	3.5元/片(20 g)
苹果吸油	4.8元/片	青瓜舒缓补湿面膜	2元/片
黄瓜面膜	1元/片(50 g)	薄荷收毛孔面膜	8.9元(25 g)

续表

面膜	价格	面膜	价格
樱桃汁面膜	4.2元/片(28 g)	西瓜补水爽肤面膜	29元/罐(120 g)
西瓜泥面膜	15元/罐(120 g)	猕猴桃美白面膜	1.5元/片(8 ml)
葡萄面膜	20元/片(40 g)	茄子粉祛斑面膜	3.5元(100 g)
柠檬汁面膜	6.9元/片(25 g)	梨子滋养补水面膜	330元/罐(60 ml)
蜂蜜番茄面膜	2元/片(23 g)	番茄泥去黑头收缩毛孔面膜	158元/瓶(100 ml)

Ⅱ 会员套餐策略、会员优惠套餐

1. 办理会员卡仅需218元可享受以下服务：

(1)获得四次美容美体经典护理；

(2)获得礼包一个；

(3)经典项目套餐，仅需188元，可享受价值390元的服务。

2. 贵宾消费积分制：

(1)一次性消费1000元即可成为本公司的贵宾；

(2)凡贵宾划卡消费15元即可获得积分1分。

(3)持贵宾卡现金购买产品时，可获得8.5折优惠；同时每15元可获得积分1分。

(4)贵宾卡金额消费完后，续卡时可获得每15元积1分优惠；

(5)带客积分：凡所带顾客现金消费，您同样享受每15元积1分优惠；

(6)您介绍的贵宾用现金购买产品时，您可享受每25元积1分的待遇；

(7)当您的积分达到一定分数，您即可在为您服务的美容中心换取与积分分数等值的护肤品，或者享受等值的服务项目。

四、竞争对手分析

竞争对手	简介	缺点	优点(我们)
美容院(含有化学物质)，例如，依宁女子专业美容院、新东方秀媛美容。	女子专业美容，高端技术时尚美容。皮肤护理，设备齐全。美容中心，与大多美容院相同。	有一定危险性，可能会过敏。化学品居多，辐射很多，对皮肤伤害多。化学剂量多，对皮肤有一定伤害。毫无特色。	纯天然，无公害，质量保证。一次见效，零伤害，零污染。直接提取，无添加，不饱和脂肪酸。主题鲜明。

续表

竞争对手	简 介	缺 点	优点(我们)
美容补品店,例如,润水澜健康美容养生馆。	养生美容一体,对皮肤和身体同时全方面护理。护肤,美容,具有多样化,还有各种补品。	养生本是一门深奥的学问,不可乱养,否则有百害而无一利。	果蔬对任何任何体质都有一定的好处,可以说对身体几乎无害。纯果蔬,对任何皮肤都有一定的帮助,能更好地护理。
整形美容,例如,美丽佩配个人护理。	一对一护理,专业护肤师。	化学产品,安全无保障,二次污染。	自然美、无公害、可回收利用。
女子美容SPA馆,例如,靓丽人生。	女子美容SPA,高级SPA。放松的好地方。	面向人群单一、地处繁华、污染太重。	男女老少皆宜,无选择性对任何人任何皮肤都有用处。地方合适,不会太过麻烦,也不会太过偏僻。

五、销售手段

1. 服务营销

首先是我们的柜台人员,柜台人员是公司的门面,也是一个代表我们整个公司的形象和服务精神的窗口,就算是问路的我们也要以礼相待、微笑相对。其次是公司的内部员工的形象,它代表着整个公司的素质,对于员工要制定相对应的守则与管理规范,让顾客感觉到不一样的服务精神。再次,公司的领导人物要对员工有一定的引导,要有模范作用,对人对己都要有严厉的管理。

2. 体验营销

我们开展自由摘取自己面膜所需要的果蔬到我们专业地点进行制作,期间有专业人员给予帮助。顾客可以在这里为家人做上一份代表心意的面膜。体验自己做的乐趣还能传达对家人的心意。我们还有四叶草活动,有专业人员将四叶草放在某些地方,等待幸运的人找到它,我们也会给予奖励。我们还可以让顾客自己选择喜欢的蔬菜或水果进行面膜的制作,让她们尝试一次免费的面膜再评价我们的产品。

3. 网络营销

我们将在网络上开设我们专门的网店,顾客可以不出门就知道了解我们的产品有哪些。我们还将在七夕的时候开展网络情侣化化妆,并送上活动期间光盘以作纪念。

4. 情感营销

我们将在母亲节推出子女或儿媳为自己的妈妈或婆婆做一副纯天然面膜,让他们共享天伦之乐。当然还会在父亲节推出专门的父亲面膜进行男士美肤。当然有了父母的面膜也不会忘了弥漫着的爱恋气息的情人节,而为此必备推销出你的恋人为你甜蜜的做上一副面膜,让你回忆恋爱时的快乐和美妙。不用担心制作困难,我们会为你提前准备好各种面膜原料,然后为你讲习简单制作方法。包你3分钟就会做出并能敷上面膜。

　　5. 知识营销

　　我们将请专业的人士讲解关于天然果蔬面膜的优点,让大家更好地了解天然果蔬面膜。明白我们的面膜是纯天然的,不会对皮肤造成伤害,让他们可以放心使用,让他们在健康的基础上增添完美的皮肤。

　　6. 合作营销

　　现如今市场的多元化为我们的产品带来了许多不同的销售方式,因此我们可以与商场或精品店的化妆品合作,我们可以让联合公司将我们的产品作为赠品给顾客,而我们也将它们的产品作为赠品给予顾客。

六、财务分析

（一）五年损益表

单位:万元

年份	第一年	第二年	第三年	第四年	第五年
营业收入	365	396	433	475	554
减:营业支出	175.6	204.6	235.1	263.2	322
折旧	20	20	20	20	20
摊销	0	0	0	0	0
税前利润	169.4	171.4	177.9	191.8	212
减:所得税	0	0	0	70.1	82.2
税后净利	169.4	171.4	177.9	121.7	129.8
减:按股分红	0	0	0	60	90
盈余公积	6.1	9.4	11.7	10.5	12.7
未分配利润	163.3	162	166.2	51.2	27.1
累计未分配利润	163.3	325.3	491.5	542.7	569.8

（二）股份分配表

单位：万元

姓名	诗妮	燕珊	鄢慧	林珊
股份金额	10	10	10	10
百分比	25%	25%	25%	25%

（三）投资回放期

40万÷2万/月＝20月

（四）成本简易分析表

单位：万元

项目	固定资产	装修	员工工资（3个月）	店面租金（3个月）	每日材料（3个月）	总计
金额	5	15	5.4	1.5	7	33.9

（五）每日潜在消费估算

200人次×50元/人＝10000元/天

七、风险控制

（一）风险分析

1. 外部风险

(1)客户接受程度。根据自己的身体状况在美容院进行美容的模式属于一种全新事物，消费者受传统思维的影响，对其认知并认可需要一个过程。

(2)店面成本。租金价格会提升，出现各种问题，需要进行店面装修。

(3)其他运营商竞争的市场风险。当今生活，有着各种各样的美容院，总是会推出各式各样的打折、优惠，以及为了争取客户，会不惜成本，把价格压低。

2. 内部风险

(1)技术人员的流失。会因为工资等其他一系列的原因，技术人员会跳槽。

(2)管理经验匮乏。因为公司初步建立，管理团队市场经验匮乏，缺乏先进的管理思想及管理模式。

（二）风险解决方案

1. 客户接受程度：随着人们生活水平的提高，人们都会很注重自己的身体健康，也开始注重皮肤健康。

2. 店面成本：可以跟房东签订合约，避免租金的起伏。

3. 其他运营商竞争的市场风险。用最真挚的诚意，对客户投以百分百的用心，以客户的满意度、健康、微笑为宗旨，建立团结用心的团体。做出区别于其他竞争者的东西，做出自己的特色。

4. 技术人员的流失。用心、真诚、和蔼对待员工，尽量为员工谋福利。公司将建立人性化的管理理念和企业文化，并采用公平、合理、有效的激励措施。

5. 管理经验匮乏。用心挑个好的管理培训班，抽空上课，虚心向其他公司有经验的人请教，平时多用心关注这方面的消息。

八、退出机制

风险投资作为一种投资方式，是以获取回报为目的的。我们非常感谢投资者对我们的信任，更会珍惜这种可贵的信任，尽最大的努力为投资方获取更大收益，并以谨慎周密的措施保证风险投资的安全退出。这是对投资方应负的责任，以实际效益树立起微笑公司诚信负责的美好形象，这有利于与以后与各方的合作，也是公司发展的需要。

（一）股份转让

如果风险投资者在五年期间内资金出现紧张，需要撤出投资，或者公司高层有意图回购股份，我们将采取股份转让的方式，将投资方股票套现来实现资金的安全退出，股利分红严格遵照合同所定一次性付清。

（二）清理公司

创业是一项较高风险的活动。本着对投资方认真负责的态度，如果公司在两年内还未能实现预期目标，且赢利希望渺茫，我们将清理公司，清算资金，尽可能把投资方的损失降低到最小。

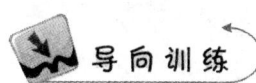 导向训练

1. 如果你是这家美容院的股东，你有什么办法扩大美容院的知名度？

2. 假如果蔬美容院顾客因过敏等原因出现面部水肿等不适状况，请想想，你将怎么处理类似事件？

3. 危机公关是现代企业必须面对的问题，请根据本导向训练试题 2 书写一份危机公关策划书。

（厦门医学高等专科学校　吴宝捷）

梦吟浅痕咖啡屋创业设计方案

一、创业背景

现代都市生活工作压力大,生活节奏快,给人们的精神上带来了很大的负担,所以人们都急切地想要需找一个可以放松的地方。而医学研究报告指出,咖啡豆含有大量对人体有益的健康成分,不仅可以让人提神醒脑,还可以让人们放松心情,放松压力,给人一种舒适的感觉。

二、创业项目

我们要开设一家时尚、特色与环保的咖啡屋。如今咖啡已经成为年轻人活中不可或缺的一部分,也正是因为如此,如今市场上有非常多的咖啡店,针对现在人们的需要,将提出一个项目,创造属于自己的咖啡屋。

1. 本店经营宗旨及目标

宗旨:诚信至上,文明经营;服务师生,互惠互利。

目标:为社会工作压力大的人们提供一个放松压力、提高自身修养、提高情操情趣的娱乐性场所。

2. 咖啡屋名称:梦吟浅痕咖啡屋

三、法律政策环境分析

我们会严格遵守企业经营程序方面的法律法规,我们会向工商局申请营业执照,并向卫生、税务局等申请相关的许可证。进行水、电申请并同时交纳保险金。

四、资源与条件

本店将设在环岛路。面积大约在150~200平方米左右。厦门环岛路全程31公里,路宽44~60米,为双向6车道,绿化带80~100米,是厦门市环海风景旅游干道之一。整条道路自然清新,品位高雅,美观大方。2000年,"东环望海"被评定为厦门新二十名景之一。其中从厦门大学到前埔的一段海岸,长约 9 公里,称为黄金海岸线,是集旅游、观光和休闲娱乐于一体的海滨绿色长廊。当你来到这条繁花似锦的环岛路,享受着这碧海蓝天、金沙礁石、滩湾白浪、绿树茵草,同时品味着我们梦吟浅痕咖啡屋的文化和服务。

我们店的主题特色就是以可食咖啡和 cosplay 为主打,而刚好我们又是学习动漫的人士,在学习动漫的同时又能增强我们的 cosplay 的设计方案,更为主要的是,我们动漫界的人士知道有这么一家咖啡屋之后,肯定会掀起一股热潮,为我们增加新的客源,并提高知名度,丰富我们的 cosplay。

五、经营理念

我们的咖啡屋虽然是供给人们品味美食饮品,放松精神的地方,但我们独具一格的特色也为一些人群带去了方便。当人们想在某地开办一个聚会或是想展示一下自己的才华与作品,我们都为他们提供了一个良好的平台。

六、项目创办的步骤与实施及项目经营管理的设想

(一)顾客

我们咖啡屋的目标客人主要是一些生活工作压力大的白领、正在读书的学生们和外来游客。在我们这座海滨城市外来游客多,在游览完这美丽的海景后,可以坐下来喝杯咖啡去去乏。还有一些年轻、时尚、很"潮"的年轻人,放松一下压力,来咖啡馆品尝一些甜点美味,使得他们从精神与身体上得到放松;而学生们易于接受新颖和时尚的事物,我们专门为他们售卖一些特色的咖啡与蛋糕,因为本店具有新颖化的特色,更偏向于潮流的发展,至此主要适于广大青年群体。当然,也不排除四五十岁喜欢 cosplay、喜欢时尚新鲜事物的"潮妈"们。

(二)特色

1. 产品特色:我店主要产品是传统咖啡、心情咖啡和可食咖啡,除此以外,我们还推出一些糕点和奶茶来自由搭配。另外,我们的可食咖啡是浓香咖啡利用制作果冻的方法,把浓香咖啡做成咖啡果冻。在果冻内放入一些干果,例如核桃、花生、葡萄干或瓜子等,不仅可以增加果冻的口感,干果吃起来香香脆脆的感觉给人口感上又"更上一层楼"的享受。同时那些干果的香甜还可以掩盖掉咖啡的那种淡淡的苦味,同时又能增加咖啡果冻的香甜。

2. 环境特色:厦门是一座处于亚热带的美丽的城市,这里一年四季如春,人们即使是经过一年的时间流逝,也难以察觉整个城市颜色上的变化。尤其是岛内人士。如春

绿、夏蓝、秋黄、冬红等,所以本店的色调以四季为主。店里的颜色会随着季节的交替而改变给人一种时光流逝的感觉,并且四季的色调都有着自己的含义。从视觉和精神上给人一种新颖的变化。

3. 服务特色:本店采用 cosplay 的服务形式,将服务人员装扮成动漫角色来对顾客进行服务宣传。也为顾客提供 cosplay 照的相关服务。将一些小魔术融入正常服务之中,为顾客带来新奇感。同时为恋人顾客提供相应的特殊服务。本店还提供给顾客展示台,来展示顾客的才华,同时实行奖品制。我们的奖品是以选手上台表演节目才华展示为依据。例如,顾客上台表演唱歌时,我们会以其唱的歌曲风格去奖励。我们的奖品设有玫瑰与百合,将这些鲜花送给那些热恋中的情侣,去祝福他们,可爱公仔、可爱cosplay 装、DIY 动漫水晶杯等去送予那些永远年轻的"动漫人"。客户中一定不会缺乏那种美食家的,所以我们会好不吝啬地将我们本店的招牌菜拿出来,与顾客同品。另外我们还会对有参与的顾客们分发优惠券等。

4. 活动日安排:本店将每周六或节日设为特殊活动日,一开始可以邀请或花钱组织一些特殊的活动,例如化装舞会、或者是有才艺人士的表演与动漫人士的一些新作展示等。并且制作意见箱来征取顾客的提议或意见。后期自然会有顾客自发地上门展示,以便拉到赞助,收取相关费用。同时推销产品。这个特殊日不仅提高互动,提高知名度,还带来一定的经济收益。

5. 名字特色:根据不同的季节不同的颜色主调,我们会在主题名后取不同的名字,例如春季的"梦吟浅痕之云之彼端"、夏季的"梦吟浅痕之听到涛声"、秋季的"梦吟浅痕之彼岸的黄金乡"、冬季的"梦吟浅痕之炽天使的挽歌"。室内风格与装潢等元素将与咖啡屋名字相对应。

6. 桌椅特色:我们的桌椅是相互配套、相互搭配的,我们的桌子是镂空的,在上面刻出一些精美的图案,例如,刻上十二星座的精美图案并 Q 版化。椅子是秋千式花藤座椅,到夜晚时还有细小的荧光,增添更多趣味与浪漫气息。并且设有报纸与图书架,供顾客浏览阅读。

(三)食品

本店将食品分为两大类:饮品类以及食用类。

1. 饮品类

本店同时展示两大类饮品特色:鸡尾酒式饮品以及淡雅类饮品等。

鸡尾酒饮品,顾名思义,是以调配鸡尾酒的方式去调配咖啡,用不同种类的咖啡与颜色以美丽图形、图像的形式展现给顾客品尝。这一类的饮品定会身后广大女孩子们的喜爱。

2. 食用类

本店有三大食品特色:食用咖啡杯,饼干式咖啡以及蛋糕式咖啡等。

咖啡蛋糕是以布朗尼（冰激凌蛋糕）为前身而打造的。我们打算把可食咖啡与蛋糕融为一体，在品尝美味的糕点同时，又能品味到我们的招牌菜"可食咖啡"。

果冻式咖啡（又名可食咖啡）：可食咖啡是我们的招牌菜，我们运用制作过果冻的方法来把我们浓香醇厚的咖啡做成固体，不再让顾客单一地品味咖啡而不能品尝咖啡，我们的可食咖啡不仅外观上很生动可爱，颜色上也很有讲究。不同的颜色代表着不同的口味。

（四）环境

本店采用季度制环境色调：春绿，夏蓝，秋黄，冬红。

春：春季本店采用中色调绿为主调，春暖花开，在这样一个万物复苏的季节，绿色调正好符合春季的含义，新的希望将在这里萌发。

夏：夏季本店采用冷色调蓝为主调，夏日炎炎，一个凉爽的咖啡店无疑是最好的选择，想想店外是烈日炎炎，而你却悠闲地坐在一个凉爽的咖啡店中品味咖啡，是一种怎么样的享受？

秋：秋季本店采用暖色调黄为主调，秋风瑟瑟，在这样一个感伤离愁的秋季，一个温馨自然的咖啡屋正是绝佳的去处。冷清的秋日中，有这样一个温暖的气息围绕着你，是多么惬意的体验。

冬：冬季本店采用暖色调红为主调，寒风刺骨，在这样一个冰天雪地的季节里，热情的服务，火红的中国式环境装点，一定能让你找到家的感觉。

另外，我们还会设计一块白色的区域，白色是多么单纯优雅的颜色，透着浪漫的色彩。

背景音乐则是使人放松的轻音乐与浪漫音乐为主。

（五）宣传

本店运用cosplay人员去分发传单，把我们可爱的服务人员装扮成cosplay去街头以及人流量比较相对密集的地方去做宣传，同时带上我们的招牌菜去给人们品尝，更好地为本店做宣传，利用网络的普及性和广泛性实行网络营销。同时我们还在报纸周刊刊登宣传。

实行学生优惠和节日促销活动的方式，提高在各校学生中与人群中的知名度。

（六）环保

本店采用符合国际标准的环保类项目，如采用LED节能灯，运用太阳能储电设施，自然通风型室内设计等，完全以低碳环保为主，将环保进行到底。

（七）服务人员计划

本店计划聘请一到两名专业的咖啡师与面点师，店长与服务员则是由我们来担当，服务员一共需要六名（三男三女），一名专门负责外卖服务、一名吧台小姐，其余四名则负责服务方面。店长主要负责店铺的管理与创新，并且担任采购员一职，等到中后期发展稳定时在另行聘请采购员。

（八）成本支出分析

店铺的租金在每月2万～2.8万元左右。

工资：服务生工资1000～1500元/月

食品	5000元/月
水电费	2000元/月
相关执照办理	5500元
杂项	3000元/月
按金	230000元
装修	130000元
用具	150000元
总计	525000元

营利：

特色咖啡冻与咖啡	15000元
其余饮料	13500元
其余食品	4500元
总计	33000元

估计四个月会收回成本并盈利。效益可观的话，以后打算在岛内多开设几家连锁店，甚至做到我们的宝岛台湾。

以上就是我们的梦吟浅痕咖啡屋创业设计方案。

1. 假如你正在经营梦吟浅痕咖啡屋，试想想，有没有什么更好的营销推广渠道？
2. 如今经营咖啡饮品市场竞争压力也很大，试分析在经营过程中会碰到什么风险并如何去避免它？
3. 请根据以下主题试写一份古情浓意DIY巧克力吧创业方案。

巧克力市场。起源于墨西哥，盛行于西方国家的巧克力，历来被人们视为"幸福食品"，据美国饮食协会研究表明，巧克力中含有一种多酚物质，该物质在水果、蔬菜、红酒和茶中也都存在，对人体健康有诸多好处。普通人每天食用200克巧克力，能让人的抗氧化能力增加，可有效降低胆固醇，减少患心血管疾病可能。然而在我国，巧克力的健康概念逐渐建立起来之后，市场却并未形成成熟销售体系，只有在"贵族"消费区域才能见到德、法、英、比利时等巧克力大国的原装进口巧克力，价格也是令人咋舌；事实上，进口巧克力在国内的利润达到100%～300%，而且无论是原料、工艺、包装、口感等方面均与国产巧克力有很大的区别，目前已成为新兴一代的馈赠与享受佳品，受到众多消费者的追捧。

而国产巧克力在蓬勃发展的形势下,在产量和质量上却远远未能满足国人的需求,据中国食品工业协会糖果专业委员会透露,我国目前巧克力厂家年产量约11万吨,人均占有量不足100克,而发达国家人均年消费巧克力量早已经超过12公斤,相对这个数字,我国的巧克力市场无论是生产还是销售,均有广阔的空间待于开发。相关机构预测,拥有近14亿人口的中国,市场消费的潜力将高达200亿元,而目前这个数字仅是30亿元,伴随着每年10%~15%的迅猛年增长率,中国必将成为世界上最有发展潜力、增幅最快的最大巧克力市场。

为此,我们拟开一家古情浓意DIY巧克力吧,它是一家专门从事为顾客提供原料和模具让顾客自己制作巧克力的休闲馆。

(厦门集美职业技术学校　林碧云)

汽车修理创业设计方案

一、创业项目设计

开汽车维修与改装店,我非常的喜爱汽车,我一直梦想能拥有一辆自己喜欢的汽车,为此我不断了解汽车,因为不断地了解,我开始迷上汽车维修与改装这门技术,为此我就想开一家属于自己的汽车维修与改装店,因为爱车,开汽车改装店便成为我想要创业的项目。

项目介绍:

随着汽车工业的发展以及赛车运动的深入人心,汽车改装也早已揭开了神秘的面纱,成为普通车迷汽车生活的组成部分,并渐渐成为一种时尚。在欧洲各国、美国乃至日本、韩国、马来西亚及中国的香港、台湾,汽车改装早已蔚然成风,"无车不改"成为青年车迷的座右铭。世界各大著名汽车厂商,如奔驰、宝马、三菱、丰田、日产、本田等,都推出了专业的改装品牌。

我国最初的汽车改装是广东自1997年从香港引进的。目前汽车改装市场主要集中在以广州、深圳、珠海为代表的广东地区以及北京、四川等地,并逐渐向长三角及环渤海湾地区发展。

2008年10月1日,我国汽车改装首次得到法律许可,汽车改装限制政策全面放宽。2009年,我国汽车改装行业增长率达到300%,全国市场规模已达到50亿。2010年1月19日,中国首个汽车改装专业委员会在广州成立,旨在促进行业快速健康发展。

目前我国的汽车改装市场还处在起步阶段,与国外汽车改装行业相对完整的产业链相比,无论是行业政策、管理规章制度还是应用技术及市场环境,都还存在较大差距。随着中国汽车市场的进一步成熟,更专业的、以汽车生产厂商强大支持为基础的汽车改装市场会很快出现。中国汽车改装业将呈现巨大增长,并会成为汽车产业链的重要组成部分。

中投顾问发布的《2010—2015年中国汽车改装行业投资分析及前景预测报告》共六章。首先介绍了汽车改装的相关概念,接着分析了国际国内汽车改装行业的现状,然后具体介绍了汽车音响改装、发动机改装、疝气灯改装等方面的发展,最后细致分析了国内5家重点汽车改装企业的运营状况。您若想对汽车改装市场有个系统的了解或者想投资汽车改装,本报告是您不可或缺的重要工具。

二、市场情况

1. 市场分析:受经济危机的影响,大部分行业出现不景气的状况,然而,我国汽车销售却是一枝独秀。据最新的数据统计,2009年上半年,全国共销售乘用车4474739辆,比2008年同期增长34.2%,创历史新高。这从某种程度上说明了汽修行业存在巨大的需求空间,然而与汽车消费迅猛发展形成鲜明对比的则是,汽修店分布不均匀、管理不够规范,专业人才缺失,包括技术人才及经营管理人才。

2. 所处环境:厦门是一个优美的城市,海在城中。高楼一栋接着一栋,路上车来车往,一幅繁华的景象,人们对爱车从外观到性能的要求越来越高,也有一定的经济基础。

三、汽修行业的新形势及发展趋势

由美国引发的金融危机,正在席卷全球,对中国也产生了较大的影响,正在由中国的沿海地区逐渐向内地蔓延。影响最大的是汽车制造业,比如国内的许多大型汽车生产企业减产或减员四成左右。

由于经济的萧条,人们买车和用车的欲望降低,进而影响到4S站的销售和售后服务。比如说别克站,7月份前后,每月进站维修、维护的车辆大约100台左右,最近每月60台左右。4S中最主要的两个S是销售和售后服务,也是我们就业的主要方向,因此会对我们明年的就业产生一些影响。这种影响不仅仅在用工量的减少,还反映在人员流失的减少。前个影响好理解,行业或某个企业发展减缓,用工量自然减少。人员流失的减少怎样理解,跳槽的少了人员流失就少了,跳槽少的原因是岗位少了。

从前面的分析可以得出:汽车维修市场正处于发展和完善的时期,汽车维修行业是一个有广阔前景的朝阳行业,正在日新月异地向前发展。

人们的传统观念中,汽车维修这一行业既脏又累、满身油污,干的是力气活。随着我国汽车保有量的不断增加、改革的深入、高新技术的发展,汽车维修企业已逐渐走向成熟。汽车维修企业不断向大规模、高档次、高水平发展,同时购置美国、德国等国家生产的先进维修设备和检测仪器,提升自己的维修能力及效率。并且在管理方面,技术工人必须经培训持证上岗,同时重视汽车维修新技术的培训。另外,随着车辆的社会化、私有化,维修市场出现了大的变化,特别是交管部门对维修市场加强管理后,汽车维修行业面临一些新的形势,主要表现在以下几个方面:

1. 汽车保有量迅猛增增长,维修需求增幅明显

近几年汽车市场发展很快,汽车保有量直线上升,尤其是私人汽车所占比例迅速提高。2008年,中国私人汽车保有量已经达到1760万辆,其中小轿车已超过500万辆,汽车保有量增长特别是私人轿车保有量高速增长对机动车维修产生了深远影响。据有关部门预测,至2010年中国私人轿车保有量将突破2000万辆,汽车进入家庭步伐加快,维修服务成为社会焦点,维修行业面临新的挑战,同时也面临新的机遇。

2. 汽车技术含量不断提高,维修作业方式发生根本变化

"手艺修车"的方式转变成技术型维修的方式。

传统的汽车维修以机械修理为主,凭经验大拆、大卸"手艺修车"的方式。然后稍带一些简单电路的检修。

现代轿车从结构到控制技术已经高科技化。

现在的修理是依靠电子设备和信息数据进行诊断与维修。许多汽车维修设备生产厂家推出最新的专用检测设备和仪器,为机动车维修行业注入了高科技成分。

规范化的修车方法:不拆离、不解体,用检测仪进行诊断,正确地寻找出故障及产生故障的原因,制订排除故障方案。从而以换件修的方式,取代了大拆、大卸的加工式修理。

四、投资分析

对于首次创业的我们来说,首先要有的就是资金,在资金不足的情况下我们有三种选择:

第一,我们可以把计划好的店改一改,对于刚刚起步的我们来说可以小投资先不开太大的店。

第二,我们可以去找其他一起想开这样店的朋友,让他们一起投资,这样资金问题方面可以解决,还可以听听他开这样的一家店还有什么意见,这样可以结合多人的意见,好的我们吸取,不好的我们可以改掉。

第三,如果真的觉得自己可以有万分的把握可以开好这店,我们可以去银行贷款或寻求亲朋好友的帮忙。

五、成本分析

1. 场地选择：交通方便、安静、不太偏僻、有标准的维修空间即可。
2. 场地租金面谈。
3. 拥有一整套维修工具。
4. 成本总结：以上成本大约8万。

六、经营管理理念

1. 从业人员素质需要大幅度提高

目前，维修企业的从业人员技术素质普遍偏低；总体的技术水平不能适应汽车新技术的发展需要。据不完全统计，现有维修企业的从业人员中有七成左右是高中、初中甚至小学毕业生，两成来自各类技术学校，将近一成为大中专以上相关专业毕业生，拥有技师、工程师职称以上的人员更少。各类技校生正在成为企业的技术骨干，由此看来，维修企业正需要有理论基础、经过正规培训的技术型人才，这类人才经过实践锻炼后能迅速提高，能直接充实到生产一线，提高整体技术水平。

2. 建立员工"服务理念"

做到："今天的事情今天做、明天的事情计划做、重要的事情优先做、必要的事情穿插做、困难的事情想法子做、所有的事情认真做、别人的事情帮着做、店里的事情抢着做。"提高员工的办事效率，激发其做事动力，赢得客户们的信赖。

3. 连锁经营理念

当前的汽修厂或4S店，真正拆开发动机大修的情况很少，比较普遍的是换轮胎、四轮定位、汽车电路方面的维修以及汽车刮花、碰撞等方面的维修。连锁经营由于其独具的经营特点，越来越被机动车维修经营者所看重，成为机动车维修行业经营方式发展的方向，同时也成为现阶段行业发展的一项政策。

当前车主对车辆维修保养的需求已集中在"快捷、方便、便宜"三方面。

快捷：在生活节奏加快的今天，时间就是金钱，多数车主已经对大型维修厂动辄一天甚至数天的维修保养时间心怀不满。而多数快修连锁店实行一对一的专项服务，并对单个项目作业时间做出了严格的承诺，保证在较短时间内完成作业，不会耽搁车主过多时间。

方便：随着城市化进程的加快和城市规划的调整，加上占地较大、环保要求较高，不少大型的维修企业都搬迁或者建在距市中心较远的郊区或城乡接合部，给不少车辆的维修带来不便。而快修连锁店只要拥有几个店面、具备废油回收功能就可以"深入群众"，开设到社区，深受车主欢迎。

便宜：据测算，一辆新车从购入到汽车报废全部花费中，购车费用只占到35%左右,燃油、税费、险费、停车等占到20%,后期维修保养占到45%左右。"买车容易养车难",不少车主从拥有爱车的那一天起,就不得不算计着这笔不菲的保养、维修费用。既收费低廉又保证质量的快修连锁店满足了客户省钱的要求。

七、实施方案

1. 人员与制度
(1)前台引导服务人员:1个
(2)洗车美容养护部:4个
(3)汽车维修部:4个
(3)财务人员:2个
2. 销售计划
广告采用传单形式(最廉洁、高效的),开业一周内入店优惠政策,办理储值卡及会员卡项目。

1. 随着社会的发展、人们生活水平的提高,汽车在当代人的生活中是必不可少的家用代步工具,汽车美容装潢维修店也如雨后春笋在大街小巷随处可见。试想,如果你是一位汽车维修店的老板,如何能让你的店在众多此类店中脱颖而出?
2. 在新店刚开业的时候,如何让你的店一炮而红,如何制定具体的营销策略?
3. 对于现代企业来说,员工素质越来越被重视,在日常的工作中,如何制定员工服务准则,具体从哪些方面提高员工素质?

(集美轻工业学校 郭育宁)

翔安湾岛屿生态游创业设计方案

一、创业背景

我们是一群失海渔民的后代,在市政府对厦门环东海域的整治中,我们的父辈收起

了吊箱,洗脚上岸,生于海边,长于海边,我们对大海有种说不出的情结,岛屿生态游已成为现代人一种时尚的休闲旅游方式,我们想利用我们的地域优势,现有自然资源及政府给我们的失海补偿款,带领喜欢大海的人士把岛屿生态游进行到底。

厦门因鼓浪屿而闻名于世,翔安是厦门的城市副中心,她的海岸线很长,岛屿也有几个,比如大嶝、小嶝、鳄鱼屿、白蛤礁等,其中最著名的就是鳄鱼屿了。我们的创业地点就在美丽的翔安湾,因为还没有开始创业,所以我们就以有世外桃源之称的鳄鱼屿为假设地点。今天我们想借创业这个机会,把我们翔安著名的鳄鱼屿好好介绍给大家,希望若干年后,我们美丽的翔安也因鳄鱼岛而闻名于四方……

繁忙的都市生活,紧张的生活节奏,是不是已经把你压得喘不过气来?想找个地方好好放松下?

好不容易熬到周末,冰冷的水泥,压抑的高楼,飞涨的物价,让你除了宅在家里,还有别的选择么?这个时候是不是想走出家门,远离城市?

是否怀念儿时的绿树蓝天?清晨听鸟叫,傍晚看落霞。

是否怀念泥土的芳香?种树,栽花,让绿色在自己手中生长。

是否怀念阿妈的渔网?提一只小篮,赶着潮水,捡拾滩上的泥螺。

而你又有多久没有认识新朋友了呢?在安静的夜幕下,在徐徐的海风中,与陌生人变成知己。

感受一个不一样的假期。这是你给自己的机会。这也是鳄鱼屿给你的改变。竭诚邀请您及家人、朋友来我们美丽的鳄鱼屿,好好放飞您的心情。

鳄鱼屿是厦门翔安湾内的一个面积仅 0.8 平方公里的无居民海岛,岛上的植被茂密、地形平缓,在南、北岸各有一片长约 300~400 米的沙滩,东北岸有丰富的海蚀地貌,西岸则是一片红树林,整个岛屿虽然袖珍,但自然景观却很丰富。有意思的是,退潮之后,从空中俯瞰,鳄鱼屿的形状与我国的宝岛台湾颇有几分形似——但它的面积,仅为台湾岛的二十四万分之一。

鳄鱼屿还有诸多地理优势,比如离五缘湾近,坐快艇 5 分钟可抵达,离热闹的环东海域酒店群也很近,只需几分钟航程。鳄鱼屿所处的翔安湾是内湾,是绝佳的游艇停靠港湾,附近又有东坑湾的游艇基地等。如此美丽的岛屿怎么让她默默地闲置在那呢?因此我们打算以开创以环游鳄鱼屿、尝琼头生猛海鲜、海上垂钓、摸虾摸贝、培育红树林、小岛烧烤、岛上野生动物普教育等作为我们一条龙服务生态旅游项目。

二、市场分析

鳄鱼屿将成为我市继火烧屿之后,第二个进行开发的无居民海岛。经过两至三年的建设,鳄鱼屿将成为国际交流及旅游休闲中心。未来,鳄鱼屿将与五缘湾遥相呼应,共同构筑我市休闲旅游的新港湾。

鳄鱼岛因其独特的自然地理环境,给旅游者以远离城市喧嚣和回归自然的心理感受,突出生态与主题旅游。因为鳄鱼岛属于无居民海岛,无居民海岛因其旅游环境的原生性和独特性,具有更大的可塑性,是新型的旅游产品,同时更能迎合现代旅游者对旅游的需求,而成为海岛旅游开发的重点。小渔村琼头就是个以捕鱼为生,所以能保证游客能常到最鲜活的野生海鲜。

鳄鱼岛上有着丰富的野生海洋动物,可供中小学生进行科普教育。甚至搞海洋生物研究的单位也可作为一个研究基地。

城市的喧嚣,超负荷的工作压力,都市弥漫的汽车尾气,让上班族对这个远离城市喧嚣的世外桃源充满憧憬,以宣泄积压的工作压力。

三、项目介绍

鳄鱼屿是人间的世外桃源。岛屿四面环海,景观位置优越,海岛风光迷人,是厦门第一个游客可以零距离接触的无居民魅力海岛。我们将环岛游玩、餐饮、休闲娱乐一条龙的服务项目。我们主推的是红树林培育这一块,众所周知,红树林有着抗风消浪、造陆护堤,减弱温室效应、净化大气以及改善小气候等作用。因为鳄鱼屿如不加以保护,若干年后,将被海水侵蚀没。

休闲游玩的具体项目及收费如下:

休闲　项目	内容	收费	备注
岛上烧烤	出租烧烤架,木炭	30元/摊	另售烧烤食品
海边垂钓	出租钓鱼用具,卖鱼饵	30元/小时	所钓的鱼按低于市场价10%出售
海上垂钓	出租竹筏到海上垂钓	80元/小时	每条船限坐4人
水上皮划艇	出租皮划艇环游岛屿	50元/人次/小时	
红树林下摸螃蟹、摸虾摸贝	抓螃蟹,网大虾,拾鲜贝	30元/小时	按低于市场价20%出售
科普教育基地	讲解海上琳琅满目的野生小动物及认识了解红树林的生态及作用	免费	

现代中职生创业导向

餐饮特色菜(主打生猛海鲜)

菜名	特色	价位	备注
加力面	野生加力鱼,味道鲜美,面条有劲道	50元/盘	
品尝生猛海鲜	保证都是鲜活的野生海鲜、螃蟹、虾、深海鱼、海螺	都是低于市场价20%	
八珍鸡汤	岛上放养的鸡、鸭、鹅、羊都不是人工饲养的,保证汤头十足甜美,让您回味无穷	60元/锅	
老鸭汤	岛上放养的鸡、鸭、鹅、羊几乎是半野生的,保证汤头十足甜美,让您回味无穷	60元/锅	
爆炒鹅肝	"世界绿色食品之王"的美誉,降低胆固醇、降低血脂、软化血管、延缓衰老	50元/盘	

具体运作:

1. 我们崇尚追求的是原生态旅游,开创这个事业的宗旨就是让每个游客有返璞归真的感觉,让一个每个游客的心灵得到净化,彻底放松。能远离城市的嘈杂,到这个孤岛做一回"鲁宾逊"。

2. 所创建的休闲娱乐节目能全方位考虑,包括趣味性、娱乐性、安全性,无论男女老少都能从各自合适的项目中体会到不同的快乐和享受。保证让每位顾客从一上岛就能有"宾至如归"的感觉,就像卸掉一个大包袱一样的放松。

3. 顾及有些人对海鲜可能会过敏,我们还利用我们岛屿空气好、岛上植被茂盛的优势,放养一些家禽家畜,如鸡、鸭、鹅、羊、牛等,这些家禽可以说是半野生的,因为岛上植被足可以供给。"八珍鸡汤""老鸭汤""爆炒鹅肝""铁板鹅肉""鱼羊鲜汤"等就是我们的特色菜,这些特色菜不仅美味可口,而且是营养价值极高,让不太喜欢海鲜的游客也不枉此行,让游客能真正尝到"山珍海味",过把"活神仙"的瘾,使顾客能"乘兴而来,来了还想再来"。

4. 与厦大合作,借助专业技术人员,培育红树林苗。

四、经营场所

在离鳄鱼屿最近的琼头村,租用一个店面作为我们游客接待点。装修简约大方、舒适。房子是村部公社,660平方米左右,1500元/月。

五、成本及效益

(一)成本预算总投资15万,每人各3万(资金源于失海赔偿款):

1. 租金 18000 元/年
2. 装修费 10000 元
3. 宣传广告费 5000 元
4. 当日用的海产品 2000 元
5. 预定的烧烤食品 1000～2000 元
6. 采购各类设备 43120 元

设备名称	价格	数量	金额（元）
钓鱼竿	85	20	1700
捕虾用具	20	15	300
双人自行车	550	6	3300
三人自行车	800	4	3200
竹筏	4000	3	12000
蒙古包	800	6	4800
烧烤架	70	6	420
桌子	300	8	2400
椅子	100	30	3000
整套炊具设备	2000	1	2000
风能发动机	10000	1	10000
合计			43120

7. 办理各类证件 5000 元
8. 人员分工

职位	姓名	职责	薪酬（元/月）
总经理	杨奇	对公司整个运营情况统筹安排，主要负责财务（本身是琼头人，有一定的地缘关系）	由当月盈利进行分红
业务员	文芽、丽雅	负责公司的宣传广告，业务，接单	由当月盈利进行分红
后勤经理	志文、燕飞	负责游客的接送、休闲项目，及餐饮	由当月盈利进行分红
厨师	杨奇父母	负责丰盛的午餐	各 2000
小工若干名（初定 6 人）		负责内务、卫生、安全及其他	各 1500

一年所付的薪酬有：

(4000＋9000)×12＝156000 元

预计前期投入为 9 万～10 万元，预留 4 万～5 万元作为后备资金

盈利前景：

万事开头难，尤其是旅游业。因为鳄鱼屿有个很大的优势就是岛上有淡水资源，还有滩涂很适合培育红树林，现正跟厦门大学合作，正大面积培育红树林苗，北面 60 多亩红树林试种成功。岛屿因有岛主林北水投入 20 多年的心血种了几十万棵树，岛上植被茂盛。海洋生物资源也丰富。风景优美独特，空气质量优，是适合放松度假的好去处。

假如每周我们接待 40 名游客，每人消费 200～300 元（取最低 200 元）

一个月的营业额是 8000×4＝32000 元

一年的营业额是 32000×12＝384000 元

另外的收入（按年计算）：

(1)螃蟹、海虾及其他海产品一年可卖 5 万～6 万

(2)培育的红树林一年可卖 8 万

总收入为：384000＋50000＋80000＝514000 元

纯利润：总收入－年租金－工人薪酬－原材料－其他费用

利润：总收入－年租金－工人薪酬－原材料－其他费用

514000－18000－156000－100000－5000＝235000 元

除去前期的投入 10 万元，一年就可回本，并盈利。

六、营销策划做法

1. 广告。前年中央电视台、福建东南电视台就曾对鳄鱼屿的红树林有过系列的报导，我们想借这股春风把鳄鱼屿的原生态旅游做起来。我们会在营业前向各报纸如《旅游时报》《厦门商报》等较有影响的报纸来发表新闻稿。在厦门电视台《闽南风》宣传本公司的特色及风味小吃。

2. 与旅行社合作。我们会与厦门海峡旅行社、厦门旅游集团国际旅行社（宝中旅游）等多家旅行社合作，以此宣传本公司，并告知如何预约，如何游玩。

3. 免费提供中小学生科普教育基地，分发制作精美的海洋动植物册子，附带介绍我公司的特色旅游，休闲项目及美味佳肴，并列出网站名及电话号码。

4. 建立网站，便于游客了解预约。

5. 与外国友人的合作。很多外国友人如日本、德国、韩国对我们培育的红树林的培育很感兴趣，我们可把这一块做大，做得更有技术，更科学，以此打响我们鳄鱼屿的知名度。

七、小结

海岛因其独特的自然地理环境,给旅游者以远离城市喧嚣和回归自然的心理感受,已成为世界旅游的重要地点。海岛旅游的开发和滨海旅游的发展紧密联系在一起,其旅游产品的发展受备有工作压力的上班一族的青睐,强调区位特色、突出生态与主题旅游等方向发展,红树林的培育是我们最为重视的一块,这有利用于我们的环保。

有益于社会的事情我们会多做,包括对中小学生免费提供科普教育基地,这也是我们能回馈社会的举措。我们相信只要我们有信心,有一种不怕困难的好心态,坚信我们的这项事业会越做越大。虽然现在看上去像个"小作坊"似的。我们是有想法、有胆量、有魄力的一代,心有多大,舞台就有多大,相信我们的激情能使我们在创业路上走得更顺更远!也相信若干年后,翔安会因我们的鳄鱼屿而闻名于四方。

八、创业感言

首先感谢厦门市教育局厦门市教科院给我们提供这样好的一个交流平台,让我们有机会把翔安美丽的世外桃源鳄鱼屿介绍给大家。在推介鳄鱼屿生态游的同时,不仅给失海渔民二次就业的机会,更重要的是,我们希望更多的人来关注环保卫士红树林的培育与保护,呼唤更多的人用自己的行动参与到环保事业中来。创业道路不可能一帆风顺,不仅需要创业激情与勇气,更需要锲而不舍、不怕困难的精神。我们是有想法、有胆量、有魄力的一代,心有多大,舞台就有多大,相信我们的激情能使我们在创业路上走得更顺更远!

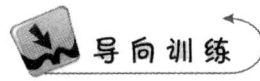

1. 旅游业是综合性服务行业,服务产品的特征和强大的产业关联性决定了旅游行业与一般的生产性行业有很大的不同。旅游业具有依赖性,旅游业的发展在很大程度上依赖于国家宏观环境、经济、社会等多重因素,旅游行业的依赖性决定了它是一个较为敏感和脆弱的行业,也是风险较大的行业。

2. 风险应对措施:旅游业具有一定的风险,如何把风险系数降到最低,我们就得积极采取市场风险应对措施,采用先进的统计评估手段对项目决策的客观性、可行性进行研究论证,通过可靠的市场调查,做出正确的市场定位、产品定位、功能定位和价格定位。利用先进的营销手段,为投资项目产品开拓市场,转移或回避市场供求风险。

3. 在翔安,小嶝岛的休闲旅游度假村在整体市场运作、营销等方面算是较成熟,也日趋完善。我们要好好借鉴他们成功的运作模式,当然主要是有自己的特色,突出自己的原生态。

　　4. 开拓鳄鱼屿生态游的主要亮点是岛上的滩涂适合红树林的培育,红树林的"环保卫士"的作用是不言而喻的。现在是提倡绿色、环保、原生态的时代,我们相信我们的创业理念"环保、健康、快乐"一定能赢得大家的共鸣,也欢迎大家来鳄鱼屿畅游一番!

(厦门市翔安职业技术学校　王春阳)

第八章 创业名人的故事

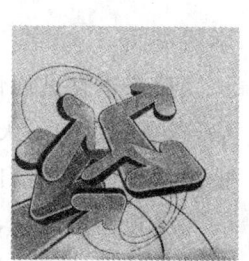

从茶楼的跑堂伙计到世界华人首富
——李嘉诚的创业故事

李嘉诚被称作香港商业神话,华人世界最成功的商人!中央电视台十套的《人物》栏目曾介绍,在2006年时,他每分钟赚取2504美元,被《财富》杂志评为世界华人首富。2012年3月《福布斯》杂志公布的全球富豪排名,李嘉诚的净资产总值高达255亿美元,排名第九。他和很多政界领袖都建立了良好的关系,被认为是国际舞台上接触面最广泛的香港商人。那么,他的传奇之路如何成就的呢?

2006年在他回顾过去时讲道:"58年、58年了!工作了58年!逆境的时候,你要问自己是否有足够的条件!当我逆境的时候,我认为自己有足够的条件,因为我勤奋、节俭、有毅力,我肯求知,肯建立一个信誉。"香港电台选风云人物时记者曾问道:"李先生你今天的成功与运气有多大关系?"他说:"我不能否认时势造英雄。但我创业初期,几乎百分之百不靠运气。是靠工作,靠辛苦!靠工作能力而赚钱。"2006年在接受中央电视台采访时,他还谈道:"年轻时我表面谦虚,但其实内心很骄傲。为什么骄傲呢?同事去休息的时候,我去求学问,彼此同是受很少教育,你看见他们每天都保持原状,而自己的学问却日渐提高。大家虽然都做同样的工作,但我却不断求进。"以上这些绝对是成就李嘉诚传奇之路的重要因素。下面来讲讲他的创业过程。

一、艰难的童年岁月

李嘉诚经历的最大逆境是童年时代面临的战乱、忧患和贫困,1928年7月他出生在广东潮州,父亲是位教书先生,在他12岁的时候,为了躲避战乱,全家逃难到了香港。投靠舅父,操着一口潮州话的李嘉诚为了尽快成为一名香港人,每天都会去找他的表妹

学习英文。

后来李嘉诚回忆说:"太平洋战争发生之后,只有爸爸和我在香港。不久,他患上肺病,爸爸过世前一天,问我有什么事跟他说? 若你细想一下,也觉得悲哀! 但我很自信地跟他说,我很有自信! 安慰他我们一家一定会过得很好!"

父亲去世之后,为了养活母亲和三个弟妹,李嘉诚当了茶楼的跑堂伙计,而和他朝夕相处的表妹则留学日本明治大学。回忆时李嘉诚还讲道:"我的童年岁月很艰苦,苦在没有人可以诉说。难道你写信告诉妈妈? 绝对不会! 一生之中有什么不如意事,绝对不告诉妈妈。"后来李嘉诚还讲:"我人生的历程跟普通人不一样,没有童年。"

二、长江公司的创立

1950年,22岁的李嘉诚白手起家,用借来的5万元开了一家塑料厂,取名为长江。意为(李嘉诚原话)"长江不择细流的道理,因为你要有这样豁达的胸襟,然后你才可以容纳细流? 没有小的支流,又怎能成长江?"

后来他说:"当年的长江塑胶厂只是生产一些普通塑胶玩具和家庭用品,经由出口洋行运销欧美。在最初10年间,每星期要工作7天,每天至少工作16小时,晚上还要自修,加上工厂人手不够,自己要身兼买货、接单等工作,经常睡眠不足,早上必须用两个闹钟起床,可说是每天最难过的时刻。"

1958年长江公司的营业额达到1000多万港元,塑料花为李嘉诚赢得了第一桶金,也为他赢得了塑料花大王的称号。张华达(前潮侨塑料厂商会会长):"他60年代已经很有名,做塑料花生意,业务不断扩大。70年代他仍然经营工业。不过他知道工业越来越难经营。"后来李嘉诚感慨地说:"人们赞誉我是超人,其实我并非天生就是优秀的经营者。到现在我只敢说经营得还可以,我是经历了很多挫折和磨难之后,才领会一些经营的要诀的。"

三、抓住机遇,逆市而行,做别人不敢做之事

20世纪70年代的香港,政局动乱,大量的居民移居到海外。李嘉诚看准这个时机,买入了大量廉价地皮。他后来说:"我逆市而行,用多余的资金买了不少地产,六七年的机会,我赚到很多钱,但数额不至于天文数字。"

1977年李嘉诚击败香港最具实力的置地公司,长江集团逐渐成为香港地产界的龙头。香港自开埠以来,英资集团一直操纵着香港的经济命脉。1979年9月25日,李嘉诚以小博大,凭借6.93亿港元的资产,成功控制了市价62亿港元的英资第二大洋行"和记黄埔"。成为香港第一位入主英资洋行的华人大班。后来李嘉诚说:"踏入70年代,我的实力比较好。开始注意外资控制的机构,发现他们用很少股份,便可控制庞大资产,假如我能收购这些公司,不但取得其资产,人才也相当有用,有助我开展跨国公司的念头。"

80年代的香港处于动荡时期,李嘉诚决定利用这个机会再次扩大自己的实力。他谈道:"香港股市和物业市场低落的时候,我记得只用了一两亿元,便得到第六号货柜码头的四个泊位。""后来的第七号码头,却要 40 多亿元才投得。当时是我的决策:即在最不景气的时候大力扩展。所以奠定了 HIT(国际货柜码头)的地位。"

1984 年对李嘉诚来说是重要的一年,当年他发展六号货柜码头的决定,令 HIT 今日在香港市场稳占领导地位,同时也为他发展跨国事业奠下了基础。

90 年代,实力雄厚的香港财团准备进军海外,扩大投资空间。李嘉诚却早在 1986 年就已经开始有计划地开拓他的跨国业务,1987 年李嘉诚投资 34 亿元收购加拿大石油公司赫斯基能源的股权,并首次登上《福布斯》富豪排行榜。不过第一次的大规模海外投资,在最初几年回报并未符合理想。反而因为过度扩张而令公司负债急升,李嘉诚不得已再动用 35 亿元全盘收购赫斯基,掌握了管理权。赫斯基的经验让他再次感悟到企业管理的重要性。他说:"赫斯基大约有 1500 名员工,我派来这里的人,其中有两个为我工作过 20 年,有一个工作了 10 多年,原来在这里工作的人,渐渐也变成自己人。可以说是取之不尽,用之不竭。"

1989 年,李嘉诚大举进军中国内地市场,成为香港在内地的最大投资者。北京的大型综合物业项目"东方广场"就是他在的"得意杰作"。后来他把内地的投资项目组成长江基建,长江基建在中国的能源建设占有很重要的分量。

1991 年李嘉诚开始进军英国货柜码头业务。1994 年他全资拥有了当地第一货柜港——菲力斯都。1998 年初他再收购英国两个港口,重点发展港口跨国业务。李嘉诚在弹丸之地的香港操纵着全球最大的货柜吞吐量。2006 年他说:"我现在在全世界有 80 个货柜港泊位,占世界市场占有率达 11%。现在欧洲多个国家,包括德国、荷兰,都很欢迎我们前往投资。"在他的 Orange 电讯公司客户服务大楼揭牌仪式上,英国首相布莱尔说:"我们十分高兴 Orange 电讯公司在 Darlington 开设客户服务大楼做出庞大投资。这是本市最大的雇主!"他掌控着香港的经济,经营着世界上最大的港口。还获得了英皇伊丽莎白二世颁发的 CBE 勋爵衔勋章。

至今,他创立的长江公司早已发展成为长江集团。经营的业务包括物业发展及投资、房地产代理及管理、港口及相关业务、电讯、酒店、零售及制造、能源、基建、财务及投资、电子商贸、建材、媒体及生命科技等。其业务遍及全球 54 个国家,2006 年雇员人数约 22 万。

四、知人善任,让员工有归属感

人在企业的发展之中是占第一位的因素,李嘉诚十分重视公司的人员,设立"长实集团员工同乐日"。后来他谈道:"假如今日,如果没有那么多人替我办事,我就算有三头六臂,也没有办法应付那么多的事情,所以成就事业最关键的是要有人能够帮助你,

乐意跟你工作,这就是我的哲学。"

他又谈道:"如果是一间小公司,一个家庭生意,你要亲力亲为。但当公司变大了,要令员工有归属感。令他们安心,这十分重要。所有高级同事和我的关系非常好,令人快慰。管理之道简单来说就是知人善任。但原则上一定要令他有归属感。要他喜欢你。"简单的几句话,把李嘉诚重视公司人员的思想说得十分透彻。

五、富豪的简单生活

李嘉诚的长子李泽钜在接受记者采访时说:"星期一晚上我们一定会一起吃晚饭。而且每星期吃同样的饭,足足吃了四年,每星期如是。吃一模一样的饭,都是番薯饭。""我觉得自己很幸运,别人估计不到,我们的生活是这么简单。但简单不是苦,简单是幸福!"

面对记者李嘉诚说:"若想过富豪生活,1960年我绝对有这个资格。你是否相信,他们小时候,我带他们去木屋区,带他们乘电车、巴士。当时我已经有司机和私家车。"他后来还介绍说:"创业的过程,实际上就是恒心和毅力坚持不懈的发展过程,其中并没有什么秘密,但要真正做到中国古老的格言所说的勤和俭也不太容易。"中国的古话讲得好,"由俭入奢易,由奢入俭难。"勤俭也是成就富豪的主要因素之一。

六、办善事、行义举

李嘉诚在接受记者采访时谈道:"人生是否有钱便真的会快乐?那时候开始感到迷茫,觉得不一定。后来终于想通了,事业上应该多赚钱,有机会便用钱。这样一生赚钱才有意义。我人生的历程跟普通人不一样,没有童年。十岁逢战乱,四处奔波。在我一生中,我认为若能补偿年少时所失去的——例如教育、医疗等。若能在这些方面作出贡献,我想多做一点。"

由于他对父亲的怀念,促使他于1981年做出决定,将100多年来一直停留在纸上谈兵阶段的建立汕头大学的计划付诸实施。由他全资投入,因此,才有了今天的汕头大学。

后来,外国记者陪李嘉诚在冰天雪地的湖边散步,李嘉诚感慨道:"我两个孩子小的时候,我和他们曾在那里划船。"外国记者问:"真的吗?""是真的!十多二十年前,当时两个孩子还年幼,记得当时是夏天,我们来到这个湖,在这里划独木舟。一样的山色,一样的环境!一百年后,一千年后,山色依旧,人可不同了!当你想起人生只是短短的旅程,便希望趁有能力做事的时候,尽量在世上播下好的种子。"

2011年4月26日,第八届中国慈善排行榜揭晓,他以捐款额28929万元荣获2010年度慈善家捐赠排行榜第六位。

(厦门海沧职业中专学校 毛泽政)

中国首善

——陈光标的创业故事

陈光标(1968年7月—),江苏泗洪人,祖籍安徽,中国企业家,中国致公党党员,现任江苏黄埔再生资源利用公司董事长。一个拥有9项国家专利的儒商,全国36个市县的荣誉市民,17个市县的高级经济顾问。他从1998年开始慈善事业,截至2010年10月累计捐献款物约14亿元人民币,直接受益者超过70万人。尤其是在2008年汶川大地震后第一时间出钱出力救灾,被温家宝总理称为"有良知、有感情、心系灾区的企业家"。并当选全国抗震救灾模范,被媒体称为"中国首善"。2010年9月,他宣布死后将捐出全部财产(50余亿人民币)。功成名就的陈光标常说:"常怀感恩之心,没有党、国家、亲友和他人的关心帮助,我们在社会上就不会有发展和成就。"那么,他是怎样走向成功的呢?

一、自古雄才多磨难——陈光标艰难的童年岁月

陈光标小时候家里面非常贫穷,姊妹5个,哥哥姐姐是饿死的。2010年,他说:"我到现在42岁不知道自己的真实生日,到18岁办身份证的时候,我问母亲生日是多少,她说不知道,我只知道你是属猴,大概是7、8月份生的,是在夜里干农活生出来的。"出生以后,母亲靠借别人的奶、熬米粥喂他到3岁。他上小学一二年级的时候,一块多钱的书本费也是东家两毛、西家三毛钱凑起来的。他的父母亲借了钱之后就常念叨,等鸡下蛋后卖掉还债。后来他感慨道:"现在我虽然身家百亿,但(过去的一切,尤其是艰难的童年岁月)至今仍然无法释怀!"

二、17岁的万元户——初显经商才干

1978年,他开始了人生的第一笔生意。当时年仅10岁的他利用中午放学时间,用两个5公斤重的桶从三四十米深的井中提出水,用小扁担挑到离家1.5公里的小集镇上卖,一分钱随便喝,每天能赚个两三毛钱。开学的时候要交书本费,也就1.8元。后来听说邻居家的孩子还没有钱交书本费,就去学校帮他把书本费交了。

除了卖水外,儿时的陈光标还利用课余时间,到村上去捡垃圾、破绳头、破鞋底,打上孔后到集镇的供销社去卖。在暑假里,他卖过冰棍、拉板车卖粮食,在寒假就从温州

小商品市场批发鞋、帽、服装到安徽蚌埠的鞍马路市场或者江苏淮阴车站的淮阴市场去摆地摊。此后他还学会了修理收音机、放电影。他用这些办法,解决了家里的大部分生计。从小学三年级开始,家里吃的油、盐,用的肥皂,包括一家人穿衣的布料都是他做这些小生意积攒的钱来供给的。

17岁(1985年)那年暑假结束的时候,陈光标已挣了两万块,成了全乡第一个"少年万元户"。陈光标正是在这样艰苦的环境中逐渐显现了他的经商的才干。

三、靠自己改变命运——陈光标的创业历程

创业初期,陈光标认识了一个在车站旁的淮阴小商品市场做生意的温州人,两人决定在一起做棉鞋生意,那是陈光标第一次决定与人合伙做生意。当时,忠厚的陈光标先行支付了3万元的货款,可是等货发过来,才发现那些货全是伪劣产品,鞋底全是硬纸板糊的,晴天还看不出来,一到雨天鞋底就全烂了。这一次陈光标把辛苦几年挣来的钱全赔了进去,当时心疼得几天吃不下饭,睡不着觉。

但这一次挫折并没有吓倒陈光标,几天之后,他又重新振作起来,从自己的老本行贩粮生意重新开始。没有本钱收粮,陈光标只能暂时赊欠着,凭借着当年做生意留给乡亲的诚信形象,家乡的老百姓都愿意把粮食赊给他,"卖了再给钱,咱信得过你!"多年以后,当陈光标回想起这段往事时,总是眼含着泪水,他常说:"正是乡亲们的信任和支持,才有了他今天的成就。"陈光标扭转了危机之后,又相继跑过客运运输、贩过花生,生意虽几起几落,但却愈挫愈奋,一次又一次的成功与失败磨炼了陈光标坚韧不拔的精神品质。

陈光标后来对年轻人讲:"要有把握机遇的敏锐和果敢,在关键时刻该出手时就出手,从而赢得尊重和支持。"一次,陈光标来到药店闲逛,见一群人围着一个袖珍式的仪器在反复询问,他立即上前去看个究竟。原来,这是一个新近上市的耳穴疾病探测仪,把两个电极夹在耳朵上就能测出身体哪个部位有病。陈光标灵机一动,他想:这个疾病探测仪好是好,就是没有直观性,如果能让患者直观地看到探测结果,那一定会大受欢迎。决定了就要干!第二天,陈光标手里拿着随身仅有的3000元钱,请南京中医药大学的专家和南京师范大学物理系的专家提供指导,按照自己的想法给耳穴疾病探测仪做简单的改进,安装上显示器外壳,输入生理图像,患者只要手握仪器的两个电极就能在显示器上直观地看到自己身体哪个部位有疾病。

新仪器研制成功后,陈光标已经没什么钱了。当时,每检测一位患者收2元钱,一天可以收入200多元。2个月以后,陈光标已经挣到1万多元。不久,陈光标租了房子,开始生产销售"跨世纪家庭CT",并在旁边的安徽做电视广告,打开了安徽市场。就这样,一个原本简单的疾病探测仪,经过一番创新之后,立即身价倍增,从原来100多元的样机改装后卖到了8000多元。仅邻县五河一县就卖了100多台。随着产品销路

逐渐打开,每天有两三百人排队等着看病。瞅准商机的陈光标立即申请了专利,将仪器命名为"跨世纪家庭CT电子疾病探测仪"。

陈光标凭借着自己的智慧和艰苦卓绝的精神终于掘取了人生的第一桶金。1997年,陈光标用他人生中的"第一桶金",创立了属于自己的首家公司——南京金威利电子医疗器械有限公司。

1997年以后,陈光标的事业开始渐入佳境。第二年,一次山东泰安之行,使陈光标发现了他人生的第二桶金。当时的泰安盛产灵芝,而且价格较低,200元一公斤,对治疗慢性病有良效,陈光标敏锐的目光发现其中大有商机。

"灵芝好是好,可食用不方便,如果能磨成粉,制成胶囊服用就方便多了。"带着这个令他自己都兴奋的想法,他敲开了南京大学和省各大医院专家的大门,请南京大学专家做广告策划,再请医院做临床报告。拿到生产许可证后,他又筹款到上海买了6台胶囊生产机,再赴山东泰安大量收购灵芝粉,回来制成灵芝胶囊销售。这样一来,200元一公斤收来的灵芝制成胶囊后,售价达到2000元一公斤,这使陈光标收益颇丰。而更令陈光标感到高兴的是,他开发的"灵芝胶囊"项目促进了山东泰安的"灵芝经济",带富了一方百姓,泰安市政府还因此颁发给陈光标特殊津贴。

2000年,陈光标组建了江苏黄埔投资集团,刚开始主要业务是收购银行不良资产,进行整合、盘活再出让。后来的一次机会,使他对循环经济发生了兴趣。当时南京为迎接世界华商大会,江苏展览馆旧馆需要拆除,南京市领导找到陈光标,问他愿不愿意接手。陈光标表示愿意试试。结果一接手才知道,这里简直就是一座富矿:废旧的钢材可以卖给钢铁厂,报废的车胎可以清洗切块研磨成粉做塑胶跑道和农用车胎等用。而且,更为重要的是,可以变废为宝,减少污染,利于环保。以后,陈光标又将这一循环经济模型,移植到废旧家电、电脑、生产设备甚至高速公路设施方面。为自己带来倍增的经济效益。

至今,陈光标的江苏黄埔投资集团现已涉及新型材料制造生产、再生资源利用、房地产开发、青少年国防教育、电厂配套设施生产以及智能识别系统研发等诸多产业,并致力于发展循环经济、绿色经济,立志成为中国传统产业新价值的发现者和创造者。2005年黄埔投资集团荣获"中国诚信示范单位"荣誉称号,2006年成为"中国最具生命力百强企业"。2012年集团公司营业收入有望达到129亿元。陈光标后来感慨地说道:"一路走来,我认为两样东西吃的特别多,第一个吃的苦多,第二个吃的亏多,吃亏是福,吃苦是财富!其次就是放下架子和面子。我今天两手空空再回过头摆地摊完全是可以的!因为我卖过水,睡过马路!"

四、有良知、有感情的企业家——陈光标的慈善事业

少年极度贫困的经历和父母的谆谆教诲,使成功以后的陈光标总是竭尽所能去帮

助别人,做好慈善事业。陈光标说:"我觉得,一个人来到这个世界,可以说是'赤条条地来,赤条条地去',应该把财富看得淡一些。我经常说财富是水,是身外之物。如果有一杯水可以一个人喝,有一桶水可以存放在家里,要是有一条河就该与大家分享。"同时还讲道:"让我们一起约定,每天做一件可以帮助别人的力所能及的小事。我打赌,你会和我一样收获一个美好的人生,我们会共同拥有一个更幸福美好的社会。"

早在1996年创业之初,陈光标就开始投身于慈善捐助活动之中。那年陈光标刚刚创立南京金威利电子医疗器械公司,一年的收入不到20万元,就拿出3万元资助一个安徽的白血病患者。2002年以来,陈光标领导下的江苏黄埔向南京市公安消防局捐助近千万元,用于消防公益宣传。2003年"非典"期间,陈光标又向江苏省医疗机构捐赠了800台远红外温度检测仪和200万元现金,用以支持抗击"非典"。2004年底,东南亚发生海啸,陈光标积极响应国家号召,向海啸灾区捐出了300万元。2006年成为中国最年轻的十大慈善家。

(厦门海沧职业中专学校 毛泽政)

兴趣为帆,努力为船

——丁磊的创业故事

丁磊,网易公司创始人,"网络三剑客"之一。2003年中国首富,2012年福布斯中国富豪榜,丁磊以185.9亿元的个人资产排15位。

也许有人不知道低调的丁磊,但几乎没有人不知道他创立的网易。网易产品丰富,有门户网站、免费邮箱,游戏《梦幻西游》、《大话西游II》、《魔兽世界》和《倩女幽魂》等、翻译软件有道辞典、网易免费公开课等。

一、学生时代的丁磊

丁磊1971年出生于宁波奉化,父母都是高级知识分子,父亲是宁波一科研机构的工程师。他小时候就对小家电的构造感兴趣,经常摆弄电子管件、半导体之类的东西。初一的时候还组装了一台在当时看来非常复杂的收音机,可以收到中波、短波和调频广播,被誉为"神童"。

1989年丁磊考入位于成都的电子科技大学,攻读通讯专业,但他将大部分时间花在了当时方兴未艾的计算机技术和知识上。大四下学期,丁磊开始在计算机公司兼任工程师,第一次接触了 Modem、Windows NT 等新设备。他给同学和老师的印象是爱好编程,有闯劲,不张扬。1993年大学毕业,丁磊被分配到老家宁波,进入令人羡慕的宁波市电信局工作。

二、创业前的探索

丁磊在宁波市电信局工作了两年,几乎每天都是晚上12点才离开单位,原因是单位有 Unix 电脑。他认为网易的成功和他这个时期掌握了 Unix 精化是分不开的。1995年丁磊从待遇不错且旱涝保收的电信局辞职,尽管家人强烈反对,他还是毅然地辞职。辞职不是突然发生的,1993年,丁磊无意中得知一个名叫"火腿"的 BBS 网站,他敏锐地意识到以后发展的方向是 BBS。于是,登陆"火腿"的当天晚上,丁磊就在别人的帮助下在宁波建成了自己的 BBS 网站。1994年丁磊第一次登陆 Internet,并浏览了 Yahoo!,这让丁磊很兴奋。当丁磊向单位建议在本局开展信息服务业务,等了一段时间无果,他便决定离开电信局,出去实现自己的想法。

从电信局辞职后,丁磊于1995年5月来到广州。面试了多家公司,最终丁磊进了外企 Sybase 工作。工作一年,丁磊再次辞职,原因是他感觉自己每天都在安装调试数据库,几乎没有什么进步。离开 Sybase 后,丁磊与人合作经营了一家小型 ISP 企业,他相信他们的工作内容会对国内 Internet 的发展产生影响,这段时间他架设了 Chinanet 上第一个"火鸟"BBS。但是,好景不长,丁磊所在的企业由于激烈的竞争和昂贵的电信收费难以生存。于是,在1997年5月丁磊又一次辞职。

经历了电信局工作、外企工作、小型私企工作的丁磊在第三次辞职后,丁磊花了好几天的时间来思考自己的前途和发展方向。最终,他决定自己出来单干,丁磊的创业之路开始了。

三、创业之路

1997年5月,26岁的丁磊创办网易公司,他占有超过50%的股份,成为真正的老板。丁磊可以按照自己的意图来做事了。尽管年轻,缺乏管理经验,资金也不充足,他克服了种种困难,一步一步将网易做起来。他注册了简单好记的数字"163"域名,接下来的两年,网易发展迅速,创造多了多个中国互联网的第一。1998年7月,CNNIC(中国互联网信息中心)投票评选十佳中文网站,网易喜获第一。听到这个消息,丁磊简直不敢信这是真的。"因为我们一直把自己看成是搞技术的,是靠开发软件维持公司运行的公司,不是做内容的站点。"1999年1月,网易再获 CNNIC 十佳中文网站第一。

注册成立公司标志着一个公司的成立,但工作往往是要提前做的。在网易公司还没正式成立时,网易 BBS 就开始运营了。并且只用了3个月的时间,网易 BBS 的人数

就超过了当时资深的 BBS"一往情深"。

为了业务更好发展,也为了压缩公司的开支。丁磊向广州电信局提交了一份"丰富 Chinanet 服务,吸引上网时间"的方案。方案指出:现在 Chinanet 上的服务很少,因此无法吸引用户上网,用户即便上了网,没有好的服务,也待不住。而网易提供的 BBS 服务能够吸引大批用户上网,并且能让网民一泡就是几个小时。这个方案得到了广州电信局领导的肯定,于是网易的 Internet 服务器就免费获得一个 IP 地址,落脚在广州电信局里。

网易 BBS 发展起来后,丁磊又觉得服务器只用来存放 BBS 和公司宣传网页太浪费,于是他决定给网友免费提供个人主页空间。为了吸引网友来网易申请个人空间,他们使用多种方法,甚至不惜花钱在各大知名网站做 3 个月的广告。丁磊这样做不是为了赚钱,只是单纯地想扩大网易的知名度,他确实成功地做到了。

BBS、个人主页很成功,但是不能为公司赚钱,开发的搜索引擎 Yeah 没有成功。丁磊他们不得不思考公司下一步的发展。当丁磊发现 Hotmail 时,他眼前一亮,感觉找到了网易接下来的发展方向——做电子邮箱!但购买 Hotmail 的系统价格昂贵,于是他们决定自己开发。经过辛苦钻研、摸索,网易免费邮箱成功诞生。263、国中网等纷纷向网易购买免费邮箱系统,免费邮箱为丁磊他们赚了大笔收入。

网易做 BBS、个人主页、免费邮箱都是丁磊他们一步步摸索、嗅到发展前景做出来。同样的,1998 年 6 月,当一个国外大网络门户网站的老板告诉丁磊,他们一个月的广告收入高达 25 万美元时,丁磊意识到一个新的发展方向:网上广告收入。于是他们将网易改版,做成门户网站,丁磊再一次成功了。网易改版成门户网站后,4 个月的时间,就赚取了 10 多万美元的广告收入。网易经过两年时间的发展就跻身中国著名的门户网站之一,且利润丰厚。

2000 年 6 月网易在美国纳斯达克上市,而此时网络股票正走下坡路。接着网易就遇到了发展危机,当日股价就由发行价 15.5 美元跌至 15.12 美元。此后,网易在纳斯达克一路艰辛,股票一直下跌。2001 年初,丁磊迫切想把网易卖掉,但却没有如愿。在 2002 年 7 月网易因未能呈报年度报表而收到纳斯达克计划予以停牌的通知,同时网易在纳斯达克交易的股票代码也由 NTES 改成 NTESE。9 月网易因涉嫌财务欺诈被停牌,停牌长达 4 个月,此时想出售都无法出售了。

面对如此危机,年轻的丁磊没有慌张,经过不懈努力,网易向美国证券交易委员会和纳斯达克以 20-F 表格呈报年度报告,并进行审慎的抗辩。最终网易上诉成功,网易公司股票于美国当地时间 2003 年 1 月 2 日上午恢复在纳斯达克股票交易市场的交易。网易股票在恢复交易后立即上升 46.33%。

网易经历一段时间的发展后,丁磊确定了网易的三大业务重点,在线广告、无线互联和在线娱乐。尽管网络游戏市场竞争激烈,网易从 2001 年底推出游戏《大话西游》,此后又推出多款游戏,最终在游戏行业也发展得风生水起。

此外,网易的有道词典用户量也非常广泛,网易免费公开课更是得到大家一致的好评和认可。

四、拓展新的发展领域

在互联网领域取得很大成功的丁磊,不看重权力和地位,不担任 CEO,不担任董事长,他依然拥有网易超过半数的股票。靠虚拟网络成功后的丁磊开始将眼光从互联网转向实业,养猪和中医。并于 2011 年 3 月正式宣布,网易的养猪场落户浙江省湖州市安吉县经济开发区,占地 1200 亩。网易养猪的成果怎么样目前还不得而知,但相信自信的丁磊会按自己的思路将猪场经营好。

丁磊的成功给我们的启示是创业要有强烈的兴趣和勇于开拓的精神,在面对困难时要沉着面对,冷静分析。发展不局限于某一个领域,当在一个领域做强做大后,可以向其他领域拓展发展空间。

(厦门海沧职业中专学校　李迎娣)

独特多产的房地产商
——潘石屹的创业故事

一、个人成就及荣誉

华夏经纬网曾这样评价一个人:"这个人物现在在圈里圈外都红透了。他有一种魅力,无论是什么领域,只要他想去玩,仿佛都能成功,从 SOHO 的概念,到拍电影、出书,再到现在干脆正式进军'电视主持圈',他是越玩越时尚,越活越潇洒。同时,他的主业也毫不含糊,SOHO 系列楼盘一直是京城名盘,多年销售额也位于北京前列。"这个人就是房地产商潘石屹,SOHO 中国有限公司董事长,一位被看作是当今中国最活跃、最具有鲜明个性的房地产领袖之一。

潘石屹在房地产方面非常成功,创办了北京中鸿天房地产有限公司、创建北京万通实业股份有限公司和创办 SOHO 中国公司,荣获众多房地产方面的荣誉。如,2001 年被深圳住交会评选为"中国地产十大风云人物";2003—2006 年,连续三年当选新浪网

现代中职生创业**导向**

"地产10大影响力人物";2008年,荣获第十届中国住交会(CIHAF)颁发的"中国房地产十大功勋人物"奖;等等。

房地产是潘石屹的主业,主业之外他还涉足其他领域,且取得不错成绩。2006年2月8日由潘石屹首次主演的电影《阿司匹林》正式上映,剧中与梅婷演对手戏。与罗永浩、周云鹏演出《语录》。2007年12月23日潘石屹新浪博客总访问量突破4000万。2012年4月19日潘石屹个人新浪微博粉丝总数突破1000万。2008年4月1日潘石屹亲自下笔撰写的第一本图书《我用一生去寻找》正式发行,截至2012年他出版了《我用一生去寻找》、《童年的糖是甜的》、《茶满了》等七本书;2012年8月由潘石屹主持的首档网络跨界神侃节目《老友记》第一季之《Mr. Pan》正式开播。

二、成长经历简介

没有人的成功是一蹴而就的,成功往往都是经过不断的磨难、积累、思考,当机遇来临时能果断抓住机遇,然后完成破茧成蝶的美丽。让我们一起看看潘石屹的成长经历有哪些故事。

潘石屹1963年出生于甘肃天水潘集寨,童年生活在农村,父亲被打成"右派",母亲身体不好,常卧病在床。童年的苦日子让潘石屹养成了一切从简、提高效率的习惯。1977年其父亲被平反,一家人从农村户口变成城镇户口,搬到清水县城。

1979年,潘石屹考入兰州培黎学校(一所中专),由于通讯不便,开学十多天他才到学校报到。做自我介绍时,他的乡音很重,引得全班同学哄堂大笑。那时候的潘石屹每天都低头走路,埋头读书,很少抬头看看蓝天。1981年,潘石屹从培黎学校毕业,以600名学生中第二名的成绩被河北的中国石油管道学院(大专)录取。1984年,他从石油管道学院毕业,被分配到河北廊坊石油部管道局经济改革研究室。工作中,潘石屹很快便得到了领导的赏识和肯定。后来单位的一件事情触动了潘石屹,使他有了出去闯一闯的念头。事情是这样的,当时,单位新分配来的一位女大学生对自己要用的桌椅十分挑剔,当潘石屹劝她凑合着用时,对方非常认真地说:"这桌椅要陪我一辈子的。"当时潘石屹被触动了:难道这一生将与这套桌椅共同度过?这件事情后,潘石屹开始思变,当他从一位在深圳创业的老师口中得知深圳机会多,可以赚很多钱时。鉴于他当时的工资与家中的负担,1987年他毅然辞职,决定去深圳开始自己不一样的生活。潘石屹的创业打拼也就此拉开帷幕。

三、创业初期

潘石屹的创业开始于1987年从河北廊坊石油部管道局经济改革研究室辞职。创业的过程并不是一帆风顺的,中间经历了起起落落,在他不断学习、不断努力和不断坚持下,最终取得了让人羡慕的成功。

1."偷渡"深圳

1987年年底潘石屹第一次到广州、深圳,温暖的气候让他觉得到了天堂,经济特区深圳的美好景象尤其吸引他。春节过后他辞职南下深圳,到达南头关时,身上剩下80多块钱,这便是多年后外界描述的潘石屹的"创业资本"。由于没有边境通行证,他便花了50元请人带路,从铁丝网下面的一个洞偷爬进了深圳特区。

理想是美好的,现实往往是残酷的。到深圳后,潘石屹进了一家皮包公司。这家公司业务杂乱,什么赚钱就做什么,电脑培训、给香港人当跑腿的、接待内地游客等。两年后,也就是1989年,公司要到刚刚建省的海南设立分部,认为"不能错过历史机遇"的潘石屹主动请缨南下海南,迎来了他自认为最多姿多彩的人生阶段。

2. 海南炒房,北京奠定成功基础

在海南,潘石屹给砖厂当过厂长,砖厂吃住条件都很差,大半夜还被工人叫起来谈工资问题。他研究佛学,还当上了海南省佛学研究会的秘书长。创办海南农业高科技联合开发总公司。让潘石屹在海南真正赚到钱的事情是炒房。炒房——以相对低价买入房子,以相对高价卖出房子——让潘石屹淘到了第一桶金。

潘石屹并没有被热闹的炒房冲昏头脑,一天在海口房地局看到两个对比数字让他心惊胆寒:北京市人均住房面积只有7平方米,海口市人均住房报建面积却已经达到了50平方米。他意识到海口房地产市场存在危机,于是他果断地到北京发展以分散风险。

人生充满偶然,机会给有准备的人。在北京怀柔县政府食堂吃饭时,潘石屹无意中听到北京市给了怀柔四个定向募集资金的股份制公司指标,但没人愿意做。潘石屹敏锐地发觉这是一个机会,他及时地抓住了这个机会。1991年8月他注册了北京万通实业有限公司,这也是他日后发展壮大的底盘。

1992年万通在阜成门开发了万通新世界广场,在当时中国的房地产企业还不打广告的时候,他们在《人民日报》(海外版)、《文汇报》和《大公报》上都打整版广告。最终,万通新世界写字楼卖到当时市价的3倍,成为北京房地产界一个里程碑式的项目。之后,公司开始涉足其他许多陌生领域,经营理念方面出现严重分歧,一直闹到分家。潘石屹最后离开万通公司独立创业,他认为:"人一定要有梦想,有梦想才有动力,我相信自己能做得更好。"

四、SOHO成功典范

1994年4月,潘石屹结识了在华尔街高盛银行工作、当时正在内地寻找投资对象的张欣。同年10月两人结婚,并在1995年创立了SOHO中国有限公司。

SOHO是英文Small Office,Home Office四个单词首字母的缩写,意为"小型办公室,家庭办公室"。使房子的功能多样化,既可以居住,又可以作办公场所,提高了房子

的使用效率。但这样的理念也引起了其他房地产商的一些不满。潘石屹坚持SOHO的理念,使SOHO的知名度大增。

SOHO在发展的过程中不是一帆风顺的,遇到了不同的困难和挑战,但都被潘石屹长远的眼光和睿智的公关技巧所化解。1999年SOHO公司员工被"挖墙脚",潘石屹反应迅速,不仅构建起了新的销售队伍,还写出了《SOHO现代城批判》。"挖人事件"不仅没有影响到SOHO的生意,还使SOHO的现代城建筑大大扬名,销售速度飙升,甚至还出现过夜间排队领号购买的火爆场面,创造了北京市楼盘销售的最高纪录。当SOHO的房子发生"氨气事件"时,潘石屹勇于承担责任,公开道歉,承诺业主可以退房,并退还业主全部房款,双倍支付银行定期存款利息。结果,客户被潘石屹的真诚打动,没有一个客户退房。

在潘石屹的用心经营下,SOHO开发出了一系列引人关注的项目,SOHO现代城、博鳌蓝色海岸、建外SOHO、长城脚下的公社、SOHO尚都以及朝外SOHO等。

潘石屹在总结自己创业成功的经验时谈到诚实是一切发展的基础、学习是永无止境的、团结合作是做企业最重要的品质。他忠告大家:绝对不能在诚实上犯错,要对同事诚实,对税务、对政府诚实,一旦在诚实上有了污点,创业是走不远的。关于学习,要学以致用,并不是学了就完事了,而要在实践中检验所学的知识,如学了MBA,就要在实践中去应用。潘石屹最看重团结和合作,在今天这个时代,任何一个人的成功都难以靠个人单打独斗完成,都需要团队的合作,大家的支持。

(厦门海沧职业中专学校　李迎娣)

磨出来的成功

——俞敏洪的创业故事

"仔细观察你就会发现,世界上任何一个人的成功,不是一蹴而就的,都是慢慢磨出来的。我自己不聪明,也没有过人的天赋,但我能一心一意做好每一件事,坚持做好每一个细节,吸取创业教训,所以新东方在大家的努力下一步步长大。"

——俞敏洪

从高考三次落榜,到北大毕业后申请出国留学接连失利;从提着糨糊瓶满世界贴招生广告的穷民办教师,到纽约证交所上市的亿万富豪,新东方创始人、现任新东方教育科技集团董事长兼总裁俞敏洪的成功之路走得并不轻松。

俞敏洪出生于江苏省江阴市一个普通农民家庭,母亲虽然不认字,但有一个愿望,就是希望儿子将来能当老师。1978年,俞敏洪第一次参加高考,由于知识基础薄弱等原因,他的第一次高考失败了,英语仅得了33分;第二年又考了一次,英语得了55分,依然是名落孙山。那时俞敏洪并没有远大的志向,作为一个农民的孩子,离开农村到城市生活就是他的梦想,而高考在当时是离开农村的唯一出路。尽管生活条件比较艰苦,俞敏洪仍在微弱的煤油灯下坚持学习。

1979年,俞敏洪挤进县里办的一个外语补习班,这是他第一次学习外语。住在30人一间的大房子里,俞敏洪的感觉就是进了天堂:可以一整天都用来学习了,可以在电灯下读书了。到了第二年春节,俞敏洪在班里的成绩已经进入前几名。

功夫不负有心人,1980年,俞敏洪坚持考了三年后,最终考进了北京大学西语系。在北大,俞敏洪是全班唯一从农村来的学生,开始不会讲普通话,结果从A班调到较差的C班。大三的一场肺结核又使俞敏洪休学一年,人也变得更加瘦削。

1985年,俞敏洪毕业留在北大成了一名教师。接下来是两年平淡的生活。中国随后出现的留学热潮,让俞敏洪也萌生了出国的想法。1988年俞敏洪托福考了高分,但就在他全力以赴为出国而奋斗时,美国对中国紧缩留学政策。以后的两年,中国赴美留学人数大减,再加上他在北大学习成绩并不算优秀,赴美留学的梦想在努力了三年半后付诸东流,一起逝去的还有他所有的积蓄。

终于,美国的一所二流大学答应给他提供3/4的奖学金。大部分学费是有着落了,但剩余的1/4的学费(相当于4万元人民币),要靠他120元的月薪支付。那时候的4万元相当于现在的40万元,为了能赚取这4万元学费,俞敏洪只好在校外北京中关村一带的民办外语培训机构教课,但是却并不顺利,因为打着学校的名头私自办学,北京大学在校园广播、有线电视和著名的三角地橱窗里高调宣布了对俞敏洪的处分决定。

1991年,俞敏洪被迫辞去了北京大学英语教师的职务,为了挽救颜面不得不离开北大,生命和前途似乎都到了暗无天日的地步。但正是这些折磨使他找到了新的机会。尽管留学失败,俞敏洪却对出国考试和出国流程了如指掌;尽管没有面子在北大待下去,反而因此对培训行业越来越熟悉。

离开北大后,俞敏洪开始在一个叫东方大学的民办学校办培训班,学校出牌子,他上交15%的管理费。这一年他29岁,他的目标是挣一笔学费,摆脱生活的窘境,然后像他的同学和朋友一样到美国留学。

1993年11月,俞敏洪拿到了办学执照,在只有10平方米漏风的违章建筑里,开始了新东方充满艰难的发展历程。

那年冬天,俞敏洪自己拎着糨糊桶,骑着自行车穿行在中关村的大街小巷,在零下十几度的冬夜去贴广告。北京的冬夜经常刮大风,往往广告还没贴上去,糨糊就冻成冰

了。

尽管困难重重,但经过这样的摸爬滚打,俞敏洪的培训班渐渐有了起色,俞敏洪从一介书生成长为能打理方方面面的合格"校长"。到1994年底,学校同期有2000人在读。那时,他又有了出国的机会,但是终究舍不下苦心经营的学校,留了下来。

曲折的经历使俞敏洪具备了忍受孤独、忍受失败和忍受屈辱三种能力,也形成了他著名的"揉面定律":"人刚开始没有任何社会经验,也没有任何痛苦,就像一堆面粉,手一拍,它就散了。可是你给面加点水,不断揉搓,它就有可能成为你需要的形状——虽然它还是面,却不会轻而易举地折断。不断被社会各种各样的苦难所搓揉,揉到最后,结果是你变得越来越有韧性。"

经过艰苦环境磨炼的俞敏洪,的确是越来越有韧性了。正是这种韧性,让俞敏洪声名远播。1995年,学生已经达到1.5万人,新东方开始步入了迅速发展的黄金时期。

新东方创业之初,当时出国考试培训市场已经有了30多家单位,为了能在激烈的竞争中站稳脚跟,俞敏洪采取了让利的办法,从重围中杀出了一条血路。当时其他培训学校的收费在300元到380元之间,为了吸引学生,俞敏洪将价格降到160元;同时开设了免费培训课,20次授课之后,感觉效果不错的学生再交160元继续学习。新东方在付出了沉重代价的同时,也赢得了社会上的良好声誉。

2006年9月新东方在美国纽交所上市后,俞敏洪身价已逾10亿,其他董事会成员徐小平、包凡一、钱永强身价可能也将上亿。

时至今日,新东方已成为中国最大的私立教育服务机构,在全国49个城市设立了55所学校、7家产业机构、32家书店以及600多家学习中心,累计培训学员近1300万人次。

俞敏洪说,"新东方走到今天,不在我的意料之中,因为最初只是为了糊口,招几个学生办个小小的补习班而已。新东方到了今天,我们就有了更多的期待,希望能够用自己的行为和思想,为中国学生做更多的事,为中国教育做更多的事,为中国未来做更多的事。"

一路走过来的俞敏洪,成功前经历过很多挫折,包括考大学、出国,包括新东方上市前内部一些矛盾等等,但他没有停下,最后超越了许多人,走上巅峰。

俞敏洪的艰辛的创业之路给了我们怎样的启示呢?

俞敏洪创业心语

● 人生的奋斗目标不要太大,认准了一件事情,投入兴趣与热情坚持去做,你就会成功。

● 哪怕是最没有希望的事情,只要有一个勇敢者去坚持做,到最后就会拥有希望。

● 生命,需要我们去努力。年轻时,我们要努力锻炼自己的能力,掌握知识、掌握技能、掌握必要的社会经验。

● 机会,需要我们去寻找。让我们鼓起勇气,运用智慧,把握我们生命的每一分钟,创造出一个更加精彩的人生。

● 只要制定目标,并且专心地坚持,好的结果就会自然而来。就算没有结果,你也有所收获,因为你毕竟有了与众不同的经历。

● 勇敢地面对任何困境,保持乐观的心态,并且坚持到底,态度决定一切,也决定了最终的结局。

● 只有两种人的成功是必然的。第一种是经过生活严峻的考验,经过成功与失败的反复交替,最后终于成大器。另一种没有经过生活的大起大落,但在技术方面达到了顶尖的地步。比如学化学的人最后成为世界著名的化学家,这也是成功。

● 生活中其实没有绝境。绝境在于你自己的心没有打开。你把自己的心封闭起来,使它陷于一片黑暗,你的生活怎么可能有光明! 封闭的心,如同没有窗户的房间,你会处在永恒的黑暗中。但实际上四周只是一层纸,一捅就破,外面则是一片光辉灿烂的天空。

(厦门海沧职业中专学校 李荣海)

"困难无其数,从来不动摇"
——柳传志的创业故事

柳传志,1944年4月出生于上海,1966年毕业于西北电信工程学院(现西安电子科技大学),曾在国防科工委十院四所和中科院计算机所从事科学研究工作,1984年中国科学院创办北京计算机新技术发展公司(联想集团前身),柳传志是创办人之一。1986年任总经理,1989年升为总裁。香港联想于1988年创始时,柳传志担任香港联想主席。1997年北京联想与香港联想合并,柳传志出任联想集团主席,现任联想集团名誉主席及高级顾问。曾获得"中国改革风云人物"、"全国劳动模范"、"CCTV中国经济风云人物"、"全球25位最有影响力的商界领袖"等称号,2011年获得中国经济年度人物终生成就奖。

柳传志把创业之路比喻为就像一列前进的火车,不断有人上车下车,都很正常,但总有人想要去更远的地方。如果你坐上了这列创业的火车,即使半路又因为某种原因下了车,也比你从来没坐上过这列火车要幸运得多,因为你毕竟见识了更多沿途的风景。当然,要随着这列火车到达你想要到达的目的地,你就必须要做好更充分的心理和身体准备,对一路上的艰苦要有所准备。柳传志最常说的一句话是:"困难无其数,从来不动摇!"

柳传志走上创业之路,是因为"憋得不行",他大学毕业正赶上"文化大革命",此时年轻力壮但不知道干什么好,想做什么都做不了,心里非常愤懑……物换星移,潮涨潮落,柳传志在科学院计算所外部设备研究室做了整整的13年磁记录电路的研究。柳传志不太愿意提那段经历,因为虽然也连续得过好几个奖,但做完以后,却没有什么用,一点价值都没有。只是到最后,1980年,单位做了一个双密度磁带记录器,送到陕西省一个飞机试飞研究所,用了起来,心里特别高兴……就在这个时候,开始接触国外的东西,发现自己所做的东西和国外的差得太远,因此萌发了跳出来创业的念头。

柳传志非要从头开始的时候,此时已经整整40岁了。柳传志开始了职业生涯中的创业之旅,他用了20年的时间实现了一个成功企业家的创业传奇。1984年11月的一天,柳传志和11位同事在单位的传达室这样一个完全与传奇无关的地方缔造了一个令人震惊的"传奇"。在那里他决定成立一家名为"中国科学院计算机技术研究所新技术发展公司"(联想的前身),公司的注册资金为20万元,公司只有两张破旧的三屉桌,连沙发、电脑都没有,启动资金是从计算机所借来的。王树和任经理,柳传志担任主管日常工作的副经理。上任前,中科院副院长周光召找柳传志谈话,问他对公司有什么打算,他信誓旦旦地说:"将来我们要成为一家年产值200万元的大公司。"

在创业中柳传志悟出了这样一个道理,学会做贸易是实现高科技产业化的第一步,"不把贸易做通了,再好的科研产品你也不知道怎样卖;不把制造业搞精良了,好的科研产品的一些特点也会被制造业的粗糙掩盖。搞科研的人最怕做贸易,主要是这段苦,他没吃过,一定要干下去,一定要对市场有个理解。会做贸易以后,看问题才会有穿透力。"柳传志学会了做贸易,联想代理的ASTPC,一个月能销售几百台,打通了销售渠道之后,柳传志决定自己生产,同时计划开拓海外市场,把外向型和产业化并作一步跨越了。

1988年,柳传志带着他的创业团队成员来到香港,手里只攥了30万港币,就先从做贸易做起,通过贸易积累资金与经验,同时了解海外市场。接着联想选择了板卡业务,然后打回国内,为联想PC的成功奠定了基础。

经历了艰苦多磨的创业阶段后,到了2007年联想集团从一个初创的11人团队发展成为拥有3万多名员工,拥有600多亿元的总资产,旗下公司的总营业额达1400亿元、多元化发展的大型企业,并于1994年在香港联合交易所挂牌上市,成为国内外具有影响力的高科技集团。进军海外成功之后,柳传志的胆子越来越大了,敢往上做了,创业团队第一次制定了一个长远战略目标以及分几步去实现。学会了制定战略目标,然后把战略目标分解成具体的步骤。目标太高了,就将土垒成台阶,一台阶一台阶往上走。1998年,北京联想更名为联想集团(控股)公司,并成为香港联想的最大股东。

2003年年底,当IBM主动与联想接洽收购PC业务之时,柳传志比以往更强调"把问题想透彻",先按照其"退出画面看画"理论将宏观层面的问题——联想国际化需要什么？跟 IBM 合作，到底能不能得到想要的东西？有多大风险？我们要付出多少的代价？——逐个看清，这是最初决定是否推进谈判的关键。决意之后，则对每个细节问题进行深入研究，以避免潜在危险。很大程度上，这是对之前多元化的问题考虑不足的一种矫正。2004 年底，联想宣布收购 IBM 的个人电脑业务，此举已经成为闻名于全球的交易，成为中国企业在海外收购知名企业的破冰之旅，此前，尚未有过一家中国企业吞下更大、更加成熟的西方标志性企业的资产。联想花了 24 年的时间从当年的小企业成为跻身全球的 500 强，并成为国际奥运会战略合作伙伴，同时也浓缩了改革开放 30 年中国民营企业的发展和荣耀。

柳传志之所以能执掌联想是和他立意高远、总能为联想提出新的发展目标有着直接的联系。柳传志争取追随者的方法很简单——取信于他的下属。领导人争取追随者有两个关键步骤：一要使追随者相信将要为之奋斗的事业有意义；二要使追随者相信这个领导人有能力带领他们完成此项事业。在创业的过程中，柳传志特别强调立意，是因为他明白，公司发展过程中，肯定会遇到各种各样的难题，首先，只有立意高，才能牢牢记住自己所追求的目标不松懈，才能激励自己不断前进；其次，如果立意不高，就必须不停地提出新的、更高的目标，那么，稍有成功就会轻易满足；再次，立意高了，自然会明白最终目的是什么，不会急功近利，不在乎个人眼前的得失。

柳传志认为，自己能够成功的第二个原因是他掌握了以"建班子，定战略，带队伍"为主要内容的"管理三要素"。建班子的主要内容是："一把手是有战斗力的班子的核心，一把手应该具备什么条件，应该如何进行自身修养？一把手应该如何选择班子的其他成员，其他成员不合标准怎么办？班子的成员如何进行考核？没有一个意志统一的、有战斗力的班子，什么定战略，带队伍都做不出来。"定战略的主要内容是：确定长远目标；决定大致分几个阶段；当前的目标是什么；选什么道理到达；行进中要不要调整方向。带队伍的主要内容是："兵会打仗吗？兵有积极性吗？要让他们学会炸碉堡。事业部体制、舰队模式是不是能调动人的积极性？规章制度定得是不是合理？另外包括激励方式、培训和发现人才、企业文化等等。柳传志追求的是尽量使管理科学化，能实施，管理中讲究艺术性。"

柳传志认为联想需要各种各样的人才，但主要是三种人才：能独立做好一摊事的人；能带领一班人做好事情的人；能审时度势，具备一眼看到底的能力，制定战略的人。在联想柳传志将员工分成三个层面：普通的员工，应该要有责任心；到了中高层的这个层面，要求还要有上进心；到了最高层上面，还提出了要有事业心。

柳传志是一个传奇，他 40 岁才开始创业，用 20 年的时间实现了一个成功企业家的创业传奇。这个传奇的意义，不仅仅在于他领导联想由一家小公司成为中国最大的跨国企业集团，更重要的是，他的传奇故事对许多立志创业的青年人来说，是一种激励，让创业青年都可以怀有这样的梦想——如果我足够地努力，也可以像柳传志那样成功。与时俱进，开拓创新，联想就是伴随着改革开放的步伐不断地成长，在变革中不断地推动联想品牌化战略,最终成为改革开放的中流砥柱,创造了让世人瞩目的"中国制造"。

(厦门海沧职业中专学校　陈　平)

创业教父

——马云的创业故事

很多人都想创业,但他们经常会有一个同样不创业的理由:我没有钱,我要是有钱的话……似乎只要有钱,他就一定能创业成功。马云有过三次创业经历,创业开始都没什么钱。马云的创业经历告诉我们,没钱,同样可以创业,同样可以创出一番伟大的事业。马云——阿里巴巴创始人,被称为"创业教父"。曾经的创业艰辛、今日的荣耀辉煌,使得这位卓越企业家身上有散发不完的光环在萦绕,下面就来看看马云创业故事吧,听听他的创业经历、伟大梦想、经营哲学和人生感悟。

第一次:创办海博翻译社

1964年9月10日,马云生在杭州。父母是半文盲。马云英文很好,13岁起,骑自行车带着老外满杭州跑;数学很差,只考1分;18岁,当他想上北大的时候,他经历了第一次高考落榜;19岁,再次参加高考,再次落榜;20岁,第三次高考,勉强被杭州师范学院以专科生录取。因同专业招生不满,后被调配进入外语本科专业。1984年,考上大学,只论英语,马云从此如鱼得水。很快当选校学生会主席,随后当选杭州市学联主席。1988年毕业,马云被分配到杭州电子工学院,教英语,每月89元工资。马云很快成为杭州优秀青年教师,发起西湖边上第一个英语角,开始在杭州翻译界有名气。因此,很多人来请马云做翻译,马云做不过来,于1992年成立海博翻译社,请退休老师做翻译。海博第一个月全部收入700元,房租2400元。为生存下去,马云背着大麻袋到义乌、广州去进货,海博翻译社开始卖鲜花,卖礼品。马云还曾经销售过一年的医药,推销对象上至大医院,下至赤脚医生。1994年海博持平,1995年开始赚钱。海博翻译社赚钱之后,马云就没再管它。

马云之所以要办翻译社,主要是基于三个方面的考虑:(1)当时杭州很多的外贸公司,需要大量专职或兼职的外语翻译人才;(2)他自己这方面的订单太多,实在忙不过来;(3)当时杭州还没有一家专业的翻译机构。

很多人光有想法,从来都不会有行动。但是马云一有想法,就马上行动。海博翻译社已经成为杭州最大的专业翻译机构。虽然不能跟如今的阿里巴巴相提并论,但是海博翻译社在马云的创业经历中也划下了重重的一笔。海博翻译社给马云最大的启示就是:永不放弃。没有钱,只要你永不放弃,你就可以取得成功。

第二次:创办中国黄页

1995年初,信仰互联网的比尔领马云去西雅图第一个ISP公司VBN参观。两间很小的办公室,猫着5个对着屏幕不停敲键盘的年轻人。马云不敢碰电脑。公司的人对马云说:"要查什么,你就在上面敲什么。"马云在上面敲了个beer,搜索出了德国啤酒、美国啤酒和日本啤酒,就没有中国啤酒。马云敲Chinese,返回是no data.,马云又敲china history,找到一个50字的介绍。马云问:"为什么有些能搜索到,有些搜索不到?"公司的人告诉他:"要先做个homepage,放到网上去,然后,全世界人都能搜索到了。"马云马上想到应该给海博翻译社做个homepage。上午9:30,马云守在机器旁,等着海博翻译社网页完工。按照马云的意思,制作人员在海博翻译社网页写明了报价、电话和信箱。中午12:30,马云离开。晚上,马云回来收到5封回信。来自日本、美国、德国的客户来问翻译价格,最后一封来自海外的华侨,是个留学生,他对马云说:"海博翻译社是互联网上第一家中国公司。"马云感到了互联网的神奇,他兴奋地对VBN公司说:"你在美国负责技术,我到中国找客户。咱们一起来做中国企业上网。"1995年4月,中国第一家互联网商业公司杭州海博电脑服务有限公司成立。三名员工是马云、马云夫人张瑛和何一兵。此时离中国电信通互联网还有4个月。

1995年5月9日,http://www.chinapages.com 中国黄页上线,马云开始从身边的朋友做生意。他的生意经是,先向朋友描述Internet怎么怎么好,然后,向要他们资料,通过EMS寄到了美国,VBN将homepage做好,打印出来,再快递寄回杭州。马云将网页的打印稿拿给朋友看,并告诉朋友在Internet能看到。此时,离中国能上Internet还有3个月。1995年,互联网上的中国网站太少,中国黄页效果很好。望湖宾馆是当时网上能看到的唯一的中国宾馆,时逢世界妇女代表大会,许多世界妇女代表到杭州后,专程过去看看望湖宾馆。钱江律师事务上线之后,留的是家里电话,半夜三更老是有人打电话给他。

很多人都说,做网络公司,没个几百万上千万是玩不转的。又有人说,如今的坏境跟马云创办中国黄页的时候截然不同了,那时10万可以,现在肯定不行。我说,这全都是借口。说这样的话的人,这辈子也不可能有什么大的成就,因为他们眼里看到的都是困难。对于中国黄页来说,创办初期,资金也的确是最大的问题。由于开支大,业务又少,最凄惨的时候,公司银行账户上只有200元现金。但是马云以他不屈不挠的精神,克服了种种困难,把营业额从0做到了几百万。当然,后来中国黄页被杭州电信收购了。但是我以为,中国黄页在马云手里,依然是成功的。

第三次:创办阿里巴巴

1999年2月21日,杭州湖畔花园马云家。摄像机在进行全程录像。马云妻子、同事、学生、朋友,18个人或坐或站,围绕着他们的首领马云。马云将手一挥,"从现在起,我们要做一件伟大的事情。我们的B2B将为互联网服务模式带来一次革命"。根据马云"不得向亲戚朋友借钱"的指示,后来被称为18"罗汉"的创业者们凑了50万元本金。办公室设在马云家里,最多挤过35个人。马云规定,员工必须在他家附近租房,确保5分钟可以到公司。工资大家都一样,每月500元,10个月内没假期。"发令枪一响,你不可能有时间去看对手是怎么跑的,你只有一路狂奔。"马云要求员工每天工作16到18小时,困了就席地而卧。干得太辛苦,马云就下厨为大家做几道菜。alibaba.com 域名是马云1998年底在美国餐厅吃饭时突然想到,他随即问餐厅侍者,知不知道阿里巴巴?侍者笑了:芝麻开门!马云跑到街上又问了几个人,回答都是:芝麻开门。"从我外婆到我儿子,他们都会读阿里巴巴。""世界上几乎所有语言中的发音都是'a-li-ba-ba',也就是说全世界的商人都可以没有困难地接受我们网站的名字。"马云最终从100多个名字中选择了阿里巴巴。

阿里巴巴无疑是中国互联网史上的一次奇迹,这次奇迹是由马云和他的团队创造的。但是阿里巴巴创业开始,钱也不多,50万,是18个人东拼西凑凑起来的。50万,是他们全部的家底。然而,就是这50万,马云却喊出了这样的宣言:我们要建成世界上最大的电子商务公司,要进入全球网站排名前十位!那是1999年。1999年,中国的互联网已经进入了白热化状态,国外风险投资商疯狂给中国网络公司投钱,网络公司也是疯狂地烧钱。50万,只不过是像新浪、搜狐、网易这样大型的门户网站一笔小小的广告费而已。阿里巴巴创业开始时相当艰难,每个人工资只有500元,公司的开支一分钱恨不得掰成两半来用。外出办事,发扬"出门基本靠走"的精神,很少打车。据说有一次,大伙出去买东西,东西很多,实在没办法了,只好打的。大家在马路上向的士招手,来了一辆桑塔纳,他们就摆手不坐,一直等到来了一辆夏利,他们才坐上去,因为夏利每公里的费用比桑塔纳便宜2元钱。阿里巴巴曾经因为资金的问题,到了几乎维持不下去的地步。8年过去了,2007年11月6日,阿里巴巴在香港联交所上市,市值200亿美金,成为中国市值最大的互联网公司。马云和他的创业团队,由此缔造了中国互联网史上最大的奇迹。

中国大部分想创业的人都是一样,马云说"晚上想想千条路,早上醒来走原路"。他们比马云聪明多了,能想出非常多的创业好点子来,但是他们从来没有去执行过。因为他们有着太多的借口和理由。"我没有钱。"他们都这样想。于是,他们继续过他们平庸的生活。今天看到了俞敏洪在北京大学2008年开学典礼上的发言,俞敏洪在发言的最后说了这样一段话,让我特别感动,他说:人的一生是奋斗的一生,但是有的人一生过得很伟大,有的人一生过得很琐碎。如果我们有一个伟大的理想,有一颗善良的心,我们一定能把很多琐碎的日子堆砌起来,变成一个伟大的生命。但是如果你每天庸庸碌碌,没有理想,从此停止进步,那未来你一辈子的日子堆积起来将永远是一堆琐碎。看完之后,你还会对自己创业没有资金或没有其他什么的找借口吗?你要做的是:想到了,马上就去做!像马云那样,只要你努力了,世界上,其实没有你做不到的事情!

(厦门海沧职业中专学校　夏东风)

"搜"出未来

——李彦宏的创业故事

李彦宏,男,汉族,1968年11月生,山西阳泉人,无党派,研究生学历。现任全国工商联副主席、百度在线网络科技(北京)有限公司董事长兼首席执行官。山西省政协委员、全国工商联副主席。

1987年考上北京大学计算机专业。

1991年赴美国布法罗纽约州立大学完成计算机科学硕士学位。

1996年,他首先解决了如何将基于网页质量的排序与基于相关性排序完美结合的问题,并因此获得了美国专利;

1998年,根据在硅谷工作以及生活的经验,在大陆出版了《硅谷商战》一书;

1999年底,携风险投资回国与好友徐勇先生共同创建百度;

2001年被评选为"中国十大创业新锐";

2002年、2003年荣获首届、第二届"IT十大风云人物"称号;

2004年4月,当选第二届"中国软件十大杰出青年";

2005年12月28日,荣获"CCTV 2005中国经济年度人物";

2006年12月10日,当选美国《商业周刊》2006年全球"最佳商业领袖";

2009年12月8日,获2009年度华人经济领袖奖;

2010年4月30日,获"全球100位影响力人物,领袖类榜单第24位";

2010年11月,荣获《福布斯》2010全球最具影响力人物";

2010年11月18日,《财富》年度商业人物百度CEO李彦宏上榜;

2012年3月8日,列2012福布斯全球亿万富豪榜第86位;

2012年12月10日,当选全国工商联副主席。

19岁背上行李离开山西阳泉到梦想中的北大读书,23岁远渡重洋赴美国布法罗纽

约州立大学主攻计算机,31岁创建中国最大的搜索引擎公司——百度网络技术有限公司。知识改变了命运!正是北大的信息管理专业让他深谙搜索内涵,正是美国的计算机学业让他掌握计算机工具,正是互联网让喜欢新事物的李彦宏激动不已,原来还有个世界如此美妙。

在美国8年的人生历程,李彦宏亲身感受了硅谷的腾起:他先后担任了道琼斯公司高级顾问、《华尔街日报》网络版实时金融信息系统设计者以及在国际知名互联网企业——Infoseek资深工程师。他为道琼斯公司设计的实时金融系统,迄今仍被广泛地应用于华尔街各大公司的网站,他最先创建了ESP技术,并将它成功地应用于Infoseek/的搜索引擎中。

硅谷文化深深影响了他,硅谷的"完全投入模式"和从零开始,一切为了股票上市的风格,失败是允许的……时过境迁,读1999年李彦宏专著的《硅谷商战》一书仍让人心潮澎湃。当时身在美国硅谷,每天看到商战无数,李彦宏问自己:再去加入这场商战是不是已经太晚了?可是按照信息经济现在的发展速度,谁又能够负得起不参战的责任呢?他要参战!

1999年底,李彦宏携120万美金的风险投资回国与好友徐勇先生共同创建百度网络技术有限公司,并在短短6个月的时间内完成目前中国最大、最好的中文搜索引擎的开发工作。"众里寻他千百度,蓦然回首,那人却在灯火阑珊处。"李彦宏打出口号:"活的搜索改变生活。""搜索是百度成功的所有秘密,"李彦宏说:"这是互联网用户最常用的服务之一,越来越多地影响着互联网产业,百度就是一个佐证。"

创业与守业没有哪家公司会一帆风顺。虽然百度在成立半年内狂扫国内门户网站,占领了国内搜索引擎80%的市场,但后来一些客户投靠了GOOGLE,有的自立门户自己开发搜索,市场的竞争是残酷的。李彦宏总结百度创建风风雨雨的4年中,面临了两次重大挑战:一是创业初期,拿着120万美金做公司,原计划花6个月花光的钱公司做了一年计划,所以能够坚持到第9个月等到第二笔融资。如果创业伊始只会烧钱,就没有今天的百度。第二次是当世界所有使用人气质量定律的搜索引擎公司要么遭人收购,要么推迟上市时,百度根据李彦宏总结的搜索引擎自信心定律推出竞价排名。自信心定律指出,搜索结果的相关性排序,可进行竞价拍卖。谁对自己的网站有信心,为这个排名付钱谁就排在前面。就这样一个创新举措开创了真正属于互联网的收费模式,使百度的目标群体瞄准数十万的中小企业网站。李彦宏为搜索引擎找到了市场出路。

推出竞价排名并实施"闪电计划"对百度实行第二次技术升级后,百度现在已经是全球第二大的独立搜索引擎,在中文搜索引擎中更是遥遥领先,名列第一,近期排名上升趋势十分明显,再加上2000多个联盟伙伴,通过竞价排名,当6800万中国网民通过搜索引擎寻找各种信息,80%以上的用户会看到由百度提供的结果。

有人评价百度的成功在于:目标明确,市场定位准确,而且头脑冷静,不跟风,不抢潮。用这句评语描述其创始人李彦宏的性格特点也是非常适当的:他知道自己想要得到的是什么,他一直坚信 ASP 商业模式必将获得成功,他知道自己所专注的,而别人做不到同样程度的就在搜索领域;在互联网高潮时,他能预言对于国内公司的烧钱做法,国外的投资人要吃亏,在互联网低谷时他能鼓励员工不要看到眼前利益要把眼光放得长远些……

在浮躁的互联网产业,李彦宏以一种另类的平和心态,不急功近利,不随波逐流,在专注经营搜索领域中自己这"一亩三分地"。所有百度的华尔街投资人对百度公司的运作非常满意,专注的技术发展,节俭的支出,仍取得了公司整体价值的提升的成绩。

像很多硅谷技术人员的理想一样,李彦宏的理想是希望靠技术改变世界。"希望自己做的事能改变大多数人的生活方式,让足够多的人受益,这是我的人生理想和目标。无论当初做 Infoseek 还是现在做百度,我看到每天有上千万的人在用自己的技术,大家从中受益了,我心里就特别高兴,觉得对社会作出了贡献。而且现在这个社会越来越趋向合理,你对社会作出贡献了,社会也会给予你同样的回报。"

2010 年 10 月 25 日,百度公司董事长兼 CEO 李彦宏在中国科技大学发表演讲。在谈及如何在创业中少走弯路时,李彦宏以自己的经历为例指出:"专注、专业是保证自己不偏离既定轨道的最好办法。人生存在诸多让人妥协、分心乃至屈从的事,应学会舍弃不必要的迂回和避让,遵从内心最真实的渴望,并为此竭尽全力。李彦宏称,只有为自己最喜欢并擅长的事而奋斗,创业之路才不会枯燥乏味,人生才有可能走向成功。在大学毕业准备出国的那段日子里,我也有过在一间小广告效果调查公司里工作的经历。谁能说几个月枯燥的调研工作,对十几年后我做大搜索引擎产业不是一种有效的积累?人生是可以走直线的,这条直线在自己心中。但我们的妥协、分心和屈从让我们往往偏离了原来的轨道,浪费了很多时间。信念是强大的,一定要做自己喜欢并且擅长做的事,不要跟风,这就是我给大家的建议。"

(厦门海沧职业中专学校　许晓斌)

华为"教父"

——任正非的创业故事

任正非,华为技术有限公司总裁。

1944 年 10 月 25 日,生于贵州省安顺地区镇宁县,居七兄妹之长,从小就经历了战争与贫困的折磨。任氏兄妹 7 个,加上父母共 9 人,生活全靠父母微薄的工资维持。当时家里每餐实行严格分饭制,以保证人人都能活下去。任正非上高中时,常常饿得心慌,也只能用米糠充饥。他家当时是两三人合用一条被子,破旧被单下面铺的是稻草。他高中三年的理想只是吃一个白面馒头!可以想见,任正非青少年时代是在怎样的贫困中度过的。生活的艰辛以及心灵承受的磨难,成就了少年任正非隐忍与坚定的性格。他感慨:"我能真正理解活下去这句话的含义!"

1963年就读于重庆大学(工程学院)。1967年在重庆上大学时,因挂念挨批斗的父亲,任正非扒火车回家。因为没有票,挨过车站人员的打。步行十几里,半夜到家,父母来不及心疼长子,怕被人知道,受牵连,影响儿子前途,催促着他第二天一早就返校。分别时父亲脱下唯一的翻毛皮鞋给他,特别嘱咐:"记住,知识就是力量,别人不学,你要学,不要随大流。"任正非知道那临别嘱咐的分量,啃书本、钻研技术,成了他唯一要做的事情,带着父亲的嘱托回到重庆,把电子计算机、数字技术、自动控制自学完,接着学习了高等数学、逻辑、哲学,还自学了三门外语。

1968年大学毕业后应征入伍。1974年为建设从法国引进的辽阳化纤总厂,加入承担这项工程建设任务的基建工程兵,历任技术员、工程师、副所长。之前对知识的追求和积累,落实到技术钻研上。1978年,因技术方面的多次突破,被选为军方代表,到北京参加全国科学大会。

1983年复员转业至深圳南海石油后勤服务基地,任正非在家庭和事业中都出现了不适应。当时任正非与父母等住在深圳一间十几平方米的小屋里,在阳台上做饭。父母通常在市场收档时去捡菜叶或买死鱼、死虾来维持生活。最后妻子离他而去。

1988年,为了活下去,任正非以2万元注册资本创办深圳华为技术有限公司,主营电信设备。经过两年的艰苦创业,公司财务有了好转。少许好转的财务并没有用来改善生活,而是继续被投进了经营。此时,国内在程控交换机技术上基本是空白。任正非敏感地意识到了这项技术的重要性,他将华为的所有资金投入到研制自有技术中。经过几年的努力,华为研制出了C&C08交换机,由于价格比国外同类产品低2/3,功能与之类似,C&C08交换机的市场前景十分可观。成立之初确立的这个自主研制技术的策略,最终奠定了华为适度领先的技术基础,成为华为日后傲视同业的一大资本。

1994年,参加亚太地区国际通讯展,获极大成功。

1996年,国际电信巨头大部分已经进入中国,盘踞在各个省市多年,华为要与这些拥有雄厚财力、先进技术的百年老店直接交火,未免是以卵击石。最严峻的是,由于国内市场迅速进入恶性竞争阶段,国际电信巨头依仗雄厚财力,也开始大幅降价,妄图将华为等国内新兴电信制造企业扼杀在摇篮里。熟读毛泽东著作的任正非,选择了一条后来被称之为"农村包围城市"的销售策略——华为先占领国际电信巨头没有能力深入的广大农村市场和广大发展中国家,步步为营,最后占领城市,一边壮大自己,一边推进国际化。所以任正非带领公司展开行动,大规模与内地厂家和广大发展中国家合作,走共同发展的道路。正是这个策略,任正非揭开了华为迅猛发展和不断国际化的黄金时间。

从1996年到2006年,华为走过了非常光辉和繁荣的十年。但是任正非并没有骄傲自满。在企业不断发展壮大的同时,"华为的冬天来临了吗?"任正非经常用这样一句话提醒华为。随着《华为的冬天》、《华为的红旗到底能打多久》、《我的父亲母亲》和《北国之春》等文章的发表,任正非以自己的危机意识和卓越思想指引着自己的企业不断战胜各种危机,不断取得更高的成就。他关于企业"危机管理"的理论与实践曾在业内外产生过广泛影响,他的名篇佳作《华为的冬天》曾经被许多企业(尤其IT界)作为企业危机管理的范本。任正非励精图治十多年,把华为建成了中国IT界的标杆企业,与国际著名企业一样成为众多名牌大学学子择业的首选企业之一。

2011年任正非以11亿美元首次进入福布斯富豪榜,排名全球第1056名,中国第92名。

2012年《财富》中国最具影响力的50位商界领袖排行榜,华为CEO任正非位列榜首,联想控股董事长柳传志和海尔董事局主席张瑞敏分列二、三名。任正非凭借自己的危机管理理论、"狼狈组织计划"(华为的每个部门都要有"狼狈组织计划",既要有进攻性的狼,又要有精于算计的狈:一个人再有本事,也得通过所在社会的主流价值认同,才能有机会)和压强原则(在成功的关键因素和选定的战略生长点上,以超过主要竞争对手的强度配置资源,要么不做,要做,就集中人力、物力和财力,实现重点突破)获此殊荣,当属名至实归。

著名财经作家、《华为真相》作者程东升评价任正非和华为:大凡真正的大企业家,首先应该是个思想家,对企业的宏观战略有清晰的认识,以自己独特的思想认识、影响和指导企业的发展。华为之所以成为中国民营企业的标杆,不仅仅因为它用10年时间将资产扩张了1000倍,不仅仅因为它在技术上从模仿到跟进又到领先,而是因为华为独特的企业文化,这种文化的背后则是总裁任正非穿透企业纷繁复杂表象的深邃的思想力。从产品营销到技术营销再到文化营销,华为做得有条不紊。任正非对企业目标的界定,对企业管理的创新,对智力价值的承认,都开创了中国民营企业之先河。

以下摘录任正非的一些个人妙语:

"不奋斗,华为就没有出路。"

"天道酬勤,幸福的生活要靠劳动来创造。"

"企业发展就是要发展一批狼。狼有三大特性:一是敏锐的嗅觉;二是不屈不挠、奋不顾身的进攻精神;三是群体奋斗的意识(狼文化)。"

"人是有差距的,要承认差距存在,一个人对自己所处的环境,要有满足感,不要不断地攀比。……宿命是人知道差距后,而不努力去改变。"

"世界上一切资源都可能枯竭,只有一种资源可以生生不息,那就是文化。"

"什么叫成功?是像日本那些企业那样,经九死一生还能好好地活着,这才是真正的成功。华为没有成功,只是在成长。"

"任何一个国家、任何一个民族,都必须把建设自己祖国的信心建立在信任自己的基础上，只能在独立自主的基础上，才会获得平等与尊重。"

（厦门海沧职业中专学校　许晓斌）

赤脚走出来的黄金路

——刘永好的创业故事

刘永好，生于1951年9月，四川省成都市人，早年当过知青，下乡插过队，后来先后毕业于四川工程职业技术学院和四川电大，大学文化，高级工程师。现任新希望集团有限公司董事长、中国民生银行股份有限公司副董事长、希望集团有限公司总裁，全国政协委员。

四川省成都市郊古家村走出来的"知青"刘永好，和自己的几个兄弟一起，制造了一个创业奇迹：筹集1000元人民币，作为创业初期的投入，从种植、养殖起步，历经磨难，坚持不懈，经过六年时间，积累了1000万元并在80年代末期转向饲料生产。随后的8年时间里，他们以自己的努力让企业滚雪球式地发展，创出了中国最大的本土饲料企业集团——希望集团。刘永好先后荣获中国十佳民营企业家、中国改革风云人物、中国十大扶贫状元、中国企业管理杰出贡献奖以及美国《商业周刊》评选的"2000年亚洲之星"、2004亚太最具创造力华商领袖、2006年CCTV年度经济人物、三农人物。2007年刘永好先生被美国著名的安永会计事务所评为"安永企业家奖"、荣获2007年中国管理100"持续创价值"奖、2007年度"光彩人物榜"，2008年获称"中国改革开放30年影响中国经济30人"等等。刘永好完成了从贫穷少年到草根创业，从企业老总到商界精英，再到内地首富的跨越！刘永好，他是如何白手起家，建立起他的世界级农牧业帝国的？

一、穷则思变

刘永好出生在四川成都郊区的一个非常普通、非常贫穷的农民家庭，由于家庭生活困难，他的三哥甚至被过继到农民陈耀云家。刘永好自己常常说，20岁之前，他没有穿过一双像样的鞋子，没有一件新衣服。为了让孩子过年的时候能够吃上一点肉，他和三个哥哥一起被逼上了创业之路。

如果说"穷"是刘永好兄弟的生活现实的话，那么"变"则是他们内心的强烈创业愿望。有一个故事，1980年春节，刘永好的二哥刘永行为了让自己4岁的儿子能够在过年的时候吃上一点肉，从大年初一到初七，在马路边摆了一个修理电视和收音机的地摊。短短几天时间,他竟然赚了 300 块钱,相当于当时 10 个月的工资!如同一颗重磅炸弹在兄弟们的心里炸开了花。刘氏四兄弟一商量:"既然能靠修理无线电挣那么多钱,我们是不是可以办一家电子工厂呢?"很快,中国第一台国产音响横空出世,他们给起了个名字叫"新意音响"。没有想到,这个事情报到公社之后,公社书记一句"集体企业不能跟私人合作,不准走资本主义道路",就让刘氏兄弟们的美梦胎死腹中。

音响虽然没有做成,但是,刘永好心里创业的强烈愿望却被点燃了。

二、抓住机遇,敢为人先

20 世纪 80 年代,"万元户"是最时髦的词汇,是那些有着强烈致富渴望的人们的最高理想。当"万元户"成了刘永好的新追求!刘永好跟几个哥哥商量:搞音响投资大,何况还有那么多条条框框;而搞养殖业不需要很多投资,技术含量低,自己也熟悉,那就从养殖业开始做起。于是,在左邻右舍鄙夷不屑的眼光和议论声中,刘永好和兄弟们在自家的阳台上养起了鹌鹑。

鹌鹑越养越多,下的蛋也越来越多。刘永好兄弟们琢磨着,要不,干脆去古家村办一个良种场吧?说干就干,1982 年,刘永好兄弟四人变卖了手表、自行车等家中值钱的物件,筹集 1000 元人民币,办起了"育新良种场",孵小鸡、养鹌鹑、种蔬菜,所有的事情都是他们亲力亲为。一年下来,兄弟们一盘点,这一年育新良种场孵鸡 5 万只,孵鹌鹑 1 万只,并带出了同村 11 个专业户。

哥几个更是兴奋异常:他们挣来了人生的第一桶金!

当内心的创业激情被点燃,当他们有了一个良好的开始,他们开始斗志昂扬,决心将"小"鹌鹑养"大",将这条路扎扎实实走下去。

大学生出身,四兄弟专业各有所长,抱团养小小的鹌鹑。无论学到什么最新的技术,哪怕听起来是"天方夜谭",他们也愿意尝试。不久之后,他们开始用电子计算机调配饲料和育种选样,并且摸索出一条经济实用的生态循环饲养法:用鹌鹑粪养猪、猪粪养鱼、鱼粪养鹌鹑,使得鹌鹑蛋的成本降低到和鸡蛋差不多。

4 年之后,到了 1986 年,育新良种场已经年产鹌鹑 15 万只,鹌鹑蛋不仅贩卖到国内各个城市,而且冲出亚洲走向了世界。刘永好则在这个过程当中实实在在地显露了他的销售才能。

"当时所有的鹌鹑和蛋都是我卖出去的。"在一次采访时,刘永好显得十分得意,"一开始,我在成都青石桥开了一个鹌鹑蛋批发门市部,后来生意越做越大,我们又在成都最大的东风农贸市场开了一家奇大无比的店,每天都堆放着数十万只蛋,近的是重庆、西安,远的是新疆、北京,还有老外的订单。那时候,我们成了全国鹌鹑蛋批发中心,我们已经把鹌鹑养到了所能达到的最大的目标。在我们带动下,整个新津县有 1/3 的农户养鹌鹑,最高峰的时候全县养了 1000 万只鹌鹑,比号称世界鹌鹑大国的德、法、日还要大,我们是当之

无愧的世界鹌鹑大王和世界鹌鹑蛋大王。"刘永好喜笑颜开,眼里闪着调皮的光芒。

1986年,刘氏四兄弟决定用一个充满美好前景的词来重新命名自己的养殖场——"希望"。

三、坚持学习,专注做事

刘永好虽然被称作"内地首富",但是不管生意做得如何大,他始终保持低调,没有架子,从来不骂人,脸上永远带着温和的微笑,作为一代巨富,刘永好除了名气之外,普通得实在不能再普通了。同时,他还始终小心翼翼地坚守自己的主业,专注做事。应该说,刘永好比常人更加坚持学习和更加坚持专注。

刘永好非常地爱学习。他常说,只有好好学习、天天向上,方能不断进步,方能跟得上社会大环境和企业小环境的变化,有能力和知识面对来自外部和内部的挑战。刘永好一天工作12个小时以上,生活的主色调就是学习。无论和谁交谈,他都会拿出随身携带的本子,碰到有用的便往上记。

另外,刘永好非常专注做事,从开始创业以来,他公司的主业一直专注于农业,并在这个领域内做深做广。他很清晰地认识到并且专注践行:中国有9亿农民,他帮助农民兄弟挣钱,然后再挣农民的钱。

四、感谢磨难,珍惜失败

1968年,17岁的刘永好插队到了成都市郊的新津县古家村,那可是一个"兔子都不拉屎"的地方啊!刘永好一去就是四年多!许多年以后,刘永好在和名牌大学的MBA座谈时谈到了这段经历:"我当了四年零九个月的知青,我觉得非常荣幸,因为这段经历锻炼了我的身体,坚强了我的心态,磨炼了我的意志。在农村能够学到很多东西,使我了解了中国的农民,了解了中国的市场,懂得了艰苦创业,我觉得这是非常重要的一课,是一定要上的。"

刘永好在另一次接受采访时说,"其实,这20多年的磨炼对于我来说,拥有了多少财富并不重要,重要的是,我拥有了创造这些财富的能力!……对于我来说,自信和勤奋是无价的。"

俗话说,在失败时昂起头的人,更容易看到成功!是的,刘永好兄弟就曾经历了一场"灭顶之灾",当他们扛住了,最终扛过去了!

那是在他们创业之初的1984年,有一天资阳县的一个专业户找到他们,一下子就下了10万只小鸡的订单,这可是笔大买卖!被冲昏了头的刘氏兄弟马上借了一笔数额不少的钱,购买了10万只种蛋。但他们万万没有想到的是,2万只小鸡孵出来交给这个专业户之后不久,他们便听说这个专业户跑了。他们去追款,发现交给这个专业户的2万只小鸡,一半在运输途中闷死了,一半在家里被大火烧死了,对方已经是倾家荡产。

"但剩下几万只小鸡马上就要孵出来,而我们又没有饲料,这时候又是农忙时节,农民不会要,借的钱又要马上还,我们真的是绝望了。"回忆起当时的情景,刘永好的语气中还是透露出一丝悲凉。

走投无路之下,兄弟们一碰头,商量着究竟是从岷江的桥头跳下去,还是隐姓埋名远遁新疆。那次会议,真有种"风萧萧兮易水寒,壮士一去兮不复还"的感觉。最终,他们决定留下来,不逃、不躲,正视并解决这个问题。

想来想去,既然农民不要,就把种蛋和小鸡卖给城里人。于是,兄弟四人连夜动手编起了竹筐……带着鸡仔去农贸市场卖!

人就是这样,没有逼到分上,谁都不知道自己的潜力有多大。当你坚持到不能再坚持,执着到不能再执着的时候,事情也就成了。接下来,刘永好和他的兄弟几个,连着十几天,每天都是凌晨4点就起床,风雨无阻,蹬3个小时的自行车,赶到20公里以外的农贸市场,再用土喇叭扯起嗓子叫卖。连他们也没有想到,虽然身上掉了十几斤肉,下雨天里摔得跟泥猴一样,但8万只鸡仔竟然全部卖完了!

从受人尊敬的人民教师到被学生看不起的市场小贩,刘永好经历了商业人生的第一次磨难,直接的结果是心理逐渐走向成熟。他的内心从此变得坚强起来。内心的坚强,是在那样一个年代奋起成功的人所必备的条件。

五、大爱无疆,"希望"永在

"私营企业有希望"!这是希望集团总裁刘永好作为非公有制经济界推选出的政协委员,出席全国政协八届一次会议,第一次站在人民大会堂讲台上发言时讲出的第一句话。

刘永好认为,每个人的一生都有许多改变命运的关键时刻和关键事件,而1993年是他的关键点。他说这一年命运对他格外地垂青,他站上了一个更高、更宽、更广的学习平台。

3月,他被推选为全国政协委员;10月,作为来自企业界的唯一代表,他当选为全国工商联副主席,开始和全国的企业家成为朋友;11月,他赴港参加第二届世界华商大会,作为大陆首次派往这个国际盛会的代表,刘永好又开始和来自全球的企业家们交起了朋友。

"事事留心皆学问,人情练达即文章。"无论是在企业界、学界还是政界,与其说刘永好交了很多朋友,不如说刘永好认识了许多老师。一向谦虚谨慎的他将众多智囊纳入他的"知识库",随时需要,信手拈来。所以,不是一个刘永好在治理企业,而是中国各个领域最优秀的专家在帮助他治理企业。

这就是刘永好的希望集团,这就是刘永好。

(厦门海沧职业中专学校　谢剑飞)